高职公共基础课"十三五"创新教材

U0649546

高职
创意创新创业教育及案例分析

主　审◎陈晓琴

主　编◎丁振国　陆　莹

副主编◎郑建佳　史方敏

大连海事大学出版社

图书在版编目(CIP)数据

高职创意创新创业教育及案例分析／丁振国,陆莹
主编. — 大连：大连海事大学出版社,2020.8
ISBN 978-7-5632-3985-6

Ⅰ. ①高…　Ⅱ. ①丁…②陆…　Ⅲ. ①高等职业教育
—创业—案例　Ⅳ. ①G717.38

中国版本图书馆 CIP 数据核字（2020）第 148837 号

大连海事大学出版社出版

地址:大连市凌海路1号　邮编:116026　电话:0411-84728394　传真:0411-84727996
http://press.dlmu.edu.cn　E-mail:dmupress@dlmu.edu.cn
大连金华光彩色印刷有限公司印装　　大连海事大学出版社发行

2020 年 8 月第 1 版　　　　　　　　2020 年 8 月第 1 次印刷
幅面尺寸:184 mm×260 mm　　　　　　　　　印张:14.5
字数:343 千　　　　　　　　　　　　印数:1~4000 册
出版人:余锡荣

责任编辑:杨　洋　　　　　　　　　　责任校对:刘若实
封面设计:张爱妮　　　　　　　　　　版式设计:张爱妮

ISBN 978-7-5632-3985-6　　　定价:38.00 元

前　言

教育部在《关于大力推进高等学校创新创业教育和大学生自主创业工作的意见》中指出："在高等学校开展创新创业教育,积极鼓励高校学生自主创业,是教育系统深入学习实践科学发展观,服务于创新型国家建设的重大战略举措;是深化高等教育教学改革,培养学生创新精神和实践能力的重要途径;是落实以创业带动就业,促进高校毕业生充分就业的重要措施"。大学生创业贵在创新,源自创意。有创意才有创新,有创新才能创业。高等职业院校要做大做强"双创",关键就是要让学生产生好的创意,以创意来驱动创新,以创新来驱动创业。

本书注重创意、创新、创业的基本理论与实践的结合,全面系统地介绍了创意、创新和创业的基本理论和方法,并通过特色案例分析了从理论到实践的转化。全书分为创意奠基础、创新求发展、创业谋未来和案例精选荟等4篇,包括创意与创意思维、创意方法与原则、创意人才的特征、创新与创新意识、创新能力和方法、创新教育、创业机遇的识别、创业团队的构建、创业资本的筹集、新创企业的管理等10章理论知识和交通运输业、先进制造业、新兴旅游业、航运管理业等4章案例分析的内容。

全书由江苏海事职业技术学院丁振国、陆莹、丁倩、蒋明霞、李二喜、王仁强、陈恩玉、张一鸣、郭亚娜、李淼、宫慧慧、樊霆,青岛远洋船员职业学院郑建佳、李振中,浙江国际海运职业技术学院史方敏、李永广,苏州农业职业技术学院鞠鹏杰,广州番禺职业技术学院陈剑参与编写。全书由郑建佳、史方敏负责修订,由丁振国、陆莹负责统稿与定稿,由江苏海事职业技术学院陈晓琴担任主审。

本书在编写过程中,参与了大量的中外有关创意、创新和创业方面的文献资料,在此全体编写人员向这些文献资料的著者、译者、编者表示由衷的感谢。

由于编者水平有限,对于教材中存在的缺点和不足,敬请国内同行和读者批评、指正!

编　者
2020 年 5 月

出版说明

新科技革命的蓬勃发展正加速带动产业转型升级,催生新的经济发展方式。这使得经济社会发展对劳动力市场中的人的知识和技能提出了更高要求,未来工作和生活所需要的人才不仅应具有高技能,还应该具有良好的职业素质和职业精神。

公共基础课是高职教育课程体系的重要组成部分,既承担着对学生基础能力和综合素质的培养任务,又可为学生的专业学习奠定基础,在促进人的全面发展、培养职业道德、提升综合素质和可持续发展能力等方面,均具有不可替代的地位和作用。切实发挥好公共基础课在人才培养过程中的基础性作用,是当前高职院校落实立德树人根本任务、创新教育教学育人模式和深化产教融合、提高人才培养质量的前提和基础。

教材建设对教育事业的改革发展和人才培养至关重要,为使高职公共基础课教材适应新技术、新形势的发展,与现行教学相匹配,中国交通教育研究会职业教育分会学术委员会主办,大连海事大学出版社承办,召开了高职院校公共基础课教材编写研讨会。此次编写研讨会得到了江苏航运职业技术学院、江苏海事职业技术学院、天津海运职业学院、浙江国际海运职业技术学院、浙江交通职业技术学院、上海交通职业技术学院、云南交通运输职业学院、大连航运职业技术学院等众多职业院校的积极响应和大力支持,在此对这些院校的领导及老师表示衷心的感谢。

在大连海事大学出版社前期对公共课教学、教材现状的充分调研和深入调查的基础上,在各职业院校近百位一线教学专家的精心打磨下,高职公共基础课"十三五"创新教材顺利出版。本系列教材具有如下特色:

(1)目标明确、针对性强。本系列教材围绕高职院校教学要求和课程标准进行编写,结合学科特点进行设计,既注重了公共基础课的基础性,又体现了职业教育公共基础课程的职业性。

(2)内容创新、与时俱进。从新时期高职公共基础课面临的新要求出发,在内容选择上注重素质、知识、能力、技能的创新结合,在掌握知识的基础上,又突出技能的培养。

(3)框架合理、适应性强。部分教材采用模块式编写体例,融入现代教育新理念,各模块间既各自独立又相互联系,主次分明又有机结合,具有较强的适应性。

(4)图文并茂、难度适中。文字语言通俗易懂,部分教材配有图片,知识性与趣味性并存,符合高职院校学生的心理特点。

(5)资源丰富、立体教学。部分教材有配套电子资源,扫描二维码即可下载资源,方便教师教学。

作为出版高校教材的大学出版社,我们继续精益求精、殚精竭虑,充分发挥出版人在知识传播中的桥梁和纽带作用,也欢迎广大师生能与出版社密切互动,有任何问题与建议及时反馈给我们,以使教材日后的修订臻于至善、创新不止,确保本系列教材的高水平使用。

目　录

第四篇　案例精选荟

第一章
创意与创意思维

学习目的

1. 掌握创意的内涵与特征；
2. 掌握创意产生的基础；
3. 掌握创意思维的含义；
4. 掌握创意思维产生原理及障碍；
5. 掌握创意思维的表现形式。

　　本章内容对创意与创意思维做了内涵界定，同时通过分析创意的特征及产生的基础，创意思维产生的原理及表现形式等，结合古今中外的各种案例使同学们对创意及创意思维有所了解。

第一节　创意的内涵

案例导入

案例 1

风靡欧洲的"斜口杯"

　　据报道，日本的一名营销人员在一家饭店看到外国人饮茶，由于这个外国人的鼻子较高，当茶水少于半杯时，他的鼻子便碰到了茶杯沿，若想喝完整杯茶水，必须仰起脖子，既不方便，也有失绅士风度。这名营销人员回国后，便研制生产了"斜口杯"（图 1-1）。

图 1-1　斜口杯

（资料来源：《创意故事 100》）

点评：创意是一种注重人文属性的创新。给杯子开个斜口为欧洲人饮茶提供了方便，是一种以人的需求作为创新点的创意。

一、创意的内涵

创意是一个从西方引入的外来词，也可译为创造性，对应的名词是创造力或创新力。在英文中，"创意"一词有三种表达方式：形容词"creative"，原意是创意性的、有创造力的，现在常被人们引申为创意；名词"creativity"，原意是创造力，有时也被译为创意或创意力：名词"idea"，原意是思想、概念、主意、念头、计划、打算等。

创意大师泰勒（Taylor）曾在 1988 年对创意的定义进行了整理与归纳，并分为六个主要类群，包括：（1）"格式塔"（Gestalt）或"知觉"（Perception），强调的是格式塔之意念的再组合或重新建构，其代表性的定义是韦特海默（Wertheimer）在 1945 年所提出的"创意是为了一个较好地摧毁另一个格式塔的过程"；（2）"最终产品或创新"（End product or innovation）取向的定义，此类以斯坦（Stein）为代表，创意被定义为"一种新奇产品诞生的过程"；（3）"美感或表现"（Aestheticor Expressive），强调自我的表现与需要，这个类别可以援引盖斯林（Ghiselin）在 1995年提出的定义"创意是组织中的个人进行的一种改变，发展或变革的过程"；（4）精神分析或动力，是将创意视作自我和超我间互动强度的比例；（5）解决问题的思考，强调的是思考过程本身对问题的实际解决；（6）一些无法简单归类的定义。美国创意大师罗伯特·弗兰兹（Roberto Franz）认为，创意必须是最新的，具有独特性、震撼力和强大的吸引力。"创意之父"约翰·霍金斯（John Howkins）认为可以把创意简单地定义为"新思想"，并认为这种新思想必须符合个人、原创、有意义、有用处四项标准，并指出"只有当创意的思想转化或改善了商业产品时才能体现商业价值"。

从上文可以看出，创意的本质是思想的创造。从起源上看，"创意"的"创"字本身具有创新、创作、创造等含义，而"意"字则具有意识、观念、思维、智慧等含义。创意起源于人类的创造力、技能和才华，它源于社会生活又反作用于社会生活，对社会发展具有指导性的作用。从认识上看，创意是逻辑思维、形象思维、发散思维、模糊思维、逆向思维等多种思维方式和直觉、灵感等多种认知方式综合运用的结果,创造是个体根据一定目的和任务,运用一切已有的条件,产生出新颖、有价值的成果(精神的、社会的、物质的)的认知和行为活动。因此,我们可以将创意理解为:人们在实践中产生的,具有想象力、创造性的主意、立意、观念和思想。从狭义而言,创意是指思想、观念、立意、想象等新的思维成果。从广义而言,创意既是一种新的思维成果,又是一种产生新的思维成果的能力(如生产新设计、新工艺、新理论、新方法、新发明创造等);既是创造性解决问题的方案,又是创造性解决问题的能力。

创意是客观存在的,但从物质的角度而言,它的产生又是有条件的,这些条件主要表现在四个方面:第一,主观动机,这是创意产生的前提。要制造或产生创意,每个人在主观上首先要有一个动机,这个动机可能是有意的,也可能是无意的,但它在创意产生的过程中是必不可少的并且是第一位的。第二,智力积累,这是创意产生的基础。这里的智力积累主要是指知识的储备及用脑素质,知识的储备即平时知识的积累,用脑素质则指智力开发、思想观念、思维方式等。用脑素质实际上也指智商,就是是否能够灵活用脑,它需要观察仔细、思维敏捷、勇于创新。反之,反应迟钝且墨守成规的人很难产生创意。第三,大脑思考,这是创意产生的途径。任何创意的产生都要有大脑思考的过程,这个过程是创意产生的途径。思考方式不同,所产生的创意也自然不同。第四,智能放大,这是创意产生的过程。任何创意的产生,都是在联想假设的基础上,积极地用大脑去进行分析、总结、归纳,只有经过这样反复论证才能产生创意,而这个过程就是智能放大,智能放大在产生创意的过程中起到关键作用。总之,在整个创意产生的过程中,这些条件缺一不可。

案例 2

UrbanX 可以将自行车变成电动车

最近众筹网上一款名叫 UrbanX 的自行车轮子吸引了许多网友的关注。能吸引这么多人关注当然并不简单,因为它可以在几分钟内将一辆普通的自行车变成电动车。

UrbanX 不是什么高端黑科技,整个结构设计相当简单,由三个部分组成:电池、主体车轮和控制节流阀。安装过程也不难,用扳手将原来的前轮拆下来,将 UrbanX 替换上去,然后把节流阀安装在车把上,最后将节流阀和车轮连接起来就可以了,整个过程只需几分钟时间,可自行独立完成。

节流阀是用来控制 UrbanX 的驱动模式,有三种驱动方式可供选择:第一种是全电动模式,由车轮上的电机驱动自行车,扭一下油门就能向前飞奔;第二种是人力和电力混合模式,UrbanX 可以根据蹬踏板的力度自动识别人的需求,为其提供辅助动力,以便轻松前进;第三种是纯人力,即 UrbanX 不提供任何辅助。

车轮中心的蓝色部分就是电池,充满电需要 90 分钟,可续航 48 千米,电池安装和拆除可瞬间完成。UrbanX 独有的"Sinus 算法控制系统",可使其电池使用效率更高,可用最小的输出行走最大的距离。目前该公司正在为这个算法系统申请专利。

UrbanX 总重量只有 7 千克,车轮框架采用了航空铝合金材料,强度相当出色。有 24 寸、26 寸、27.5 寸、29 寸等多种尺寸可供选择,支持轮辋和盘式制动器,V 科和碟刹都能完美兼容,基本可以适用所有自行车。

(资料来源:http://www.fsdpp.cn/sheji/14970011076078.html)

二、创意的特征

作为一种特殊的生产要素,创意不同于一般的,已经显性化、编码化的知识,它具有可行性、深刻性与互补性的鲜明特点。

创意的可行性集中体现为其使用价值和价值实现的未知性,需要根据实际情况随时进行调整、改进原有思路或假说、假设、方案等的品性。创意属于思维能力,但它需要操作能力的检验,而操作能力属于实践范畴。如果只是完成创造性的思考方案,而方案本身不具备可操作性,那么这样的创意很大程度上是无效的。因此,若想完成一个创意,其是否具有可行性是必须考量的一个重要因素。

创意的深刻性,是指具有善于透过现象而深入本质的品性,能从多个方面和多种联系中理解问题,进而找到解决问题的突破口,而思想过于肤浅,抓不住问题的根本,就不可能产生创意性的思维成果。

创意的互补性体现为它是在已有知识存量基础上的一种增量知识,是对知识的一种分裂和对社会知识分工的一种深化,其本身并不能直接转化为现实生产力,只有与已有的各种相关知识及各种类型的要素资源有机结合起来,并发生不同程度的嬗变,才能有效发挥自身的使用价值。

拓展阅读

"概念钟"

"概念钟"的意思是将 1 小时分成 12 份,每 5 分钟换一种思维思考,产生 12 种不同的创意。

12 种思维分别是:有趣、观点、新媒体、戏剧化、视觉化、对比、讲故事、外形化、图腾、滑稽模仿、主角、夸张。

提出"概念钟"的目的也是启发大家,发散思维,从多种角度认知产品的特点。

它包括数据、产地、发明人、制作过程、功能和相关竞品资料等,将这些信息通过有趣的手法表现出来,让消费者看完后对这些事物产生兴趣。

1. 适合表现有趣效果的范围有两种:

(1)产品信息比较好识别(比如 24 小时营业、洗衣粉洗得超干净等,因为其他竞品有相似服务,所以视觉上需要与众不同)。

(2)有趣更适用于新鲜的基本信息(本身很少见到,所以做出来的画面会很有趣)。

2. 用新的角度去思考

有洞察力的广告才能真正戳中人心,这种表达不分地域、文化。如果服务没什么区别,那就从人性上出发。总之,要有个吸引别人的亮点。

3. 把产品相关的最基本的信息变得有趣

把媒体(传统媒体和新媒体)最为创意的一部分,用来吸引观众,因为这种体验式的营销是通过现场的媒体直接传达的,所以更讲究把产品最核心的卖点利用媒体将其最大化。

4. 将需求和问题形象化、戏剧化

一句话:创意就是要么展现问题,要么解决问题。

快速寻找视觉干扰元素的方法:把图变小,然后眯着眼睛看,看哪个元素是先看见的,如果这个元素不是主角,就想办法把这个元素变小或者变暗,降低其干扰程度。

5. 在视觉上夸张消费者的需求或问题

越单纯的表现,越考验细节。

视觉化的夸张不是指把问题放得多大,而是指把需求或问题用更直接、更有创意的画面展现出来。

6. 做比较

利用各种已知的标准和竞争者的产品或服务做比较,或对产品使用前后做比较,让消费者看到产品带来的直观效果。

7. 讲故事

讲一个好故事,消费者会记住;讲一个绝妙的故事,会形成一种口碑。讲故事有两种方式:画画或者故事文,故事文更适用于产品本身有深厚的历史背景。

8. 产品本身即图案

局限性:要求产品本身与众不同并且具有年代文化积淀,经过了多年的传播,大众都很熟悉。如果产品的形体本身很有特点,可以考虑用这个方法给品牌塑造强有力的形象。

9. 突出产品个性

从不同的角度(名称、LOGO、符号、起源等)看产品的属性。

10. 滑稽模仿已知事物

借用熟悉的事物或事件,突出产品卖点,消费者看到熟悉的现象会产生共鸣。幽默地模仿已知事物,利用大家对知名事物的认知,推动产品的传播,当然,采用的元素要适合产品本身的特点。

11. 让消费者成为主角

让消费者或者大众人群成为主角,使观者更愿意接受产品的相关信息,因为他们就生活在身边,他们的建议比广告更有说服力。

12. 视觉化的大利益点

用夸张的视觉产品给消费者带来直观的感受,重点在利益上,夸张不仅仅只是放大,而是把利益点用具体的画面表现出来。

创意在思维的高度、广度和深度方面有明显优势,这也表明了创意的产生对创意主体的总体智力水平要求颇高。好的创意产生具有非模仿性、非抄袭性和差异性,这代表着从不同寻常的角度和不依常规的思路思考问题和解决问题,既不复制他人,也不重复自己,体现出来的是一种别具一格、一种方法论上的区别。创意永远不允许任何的照本宣科、盲目跟风和一哄而上,它应该是因地制宜,依靠现有的条件整合重组而产生的符合现实状况。

三、创意产生的基础

(一)创意产生的生理基础

创意是一种复杂的心理整合,而这种整合又是以生理机能,即人脑作为基础。创意是由人脑产生的,是左脑和右脑两半球的沟通。

沟通两半球的组织是胼胝体。胼胝体是由约两亿条左、右神经组成的"束",大脑皮层的每一个部位都有神经纤维进入胼体,以每秒40亿个神经冲动的速度在两半球之间传递信息。这就使得两半球总是息息相通,构成了统一的控制系统。

创意活动正是在这个统一的控制系统的基础上实现的。大量的相关研究表明,两个半球在功能上不仅有分工,而且还有一定的互补能力,它们在一些具体的功能上虽然存在主次之分,但都是相对而言的,而不是种"全或无"的关系。它们既各司其职,又相互密切配合。因此左、右脑就好比是个不同类型的信息加工和控制系统,两个半球之间存在着密切的相辅相成、协调统一的工作关系。

正是由于胼胝体具有沟通人脑的左、右两个半球的联结功能,才会有两个半球的协同合作,才会形成既具有抽象的性质、又具有形象的特征的"顿悟"或"灵感",才能保证创意得以成功。创意活动离不开左、右两个半球的沟通,它是大脑左、右两个半球的整体功能,是整个大脑的整合作用的结果。

(2)创意产生的心理基础

1.兴趣

兴趣是一种具有浓厚情感的志趣活动,它可以使人集中精力去获得知识,并开始创意活动。兴趣可以帮助人们选择创意方向,捕捉创新信息,激发创作思路,驱策创造行动。兴趣表现了人们揭示自然奥秘和社会现象根源的强烈愿望。浓厚的兴趣引发人们对该领域进行深入的研究。由于所有的思绪都围绕着兴趣展开,对于兴趣对象进行不断地发掘,以期更全面地理解与其相关的信息,这种深入的思考常常能够带来意外的收获。古今中外的科学家、发明家,都是由他们创意的兴趣和对事业的责任心所凝成的力量,推动他们去孜孜不倦地追求创意而获得成功的。

此外,创意不仅需要强烈的创意兴趣,还需要多样化的兴趣,多样化的兴趣能使人的观点新颖,产生创意性设想。有多方面的兴趣就能在创意中应付多变的、甚至于己不利的环境。如环境有变,由于有广泛的兴趣,可以随之变换创意的性质、内容,并很快熟悉新领域的创意,获得创意的内心满足。

总而言之,创意就是产生新颖独特、有社会价值的产品的过程,它是一种复杂的心理整合过程。培养创意思维,提高人的创意能力,一方面要从掌握科学思维方法、工具,加强思维训练着手;另一方面要根据心理学原理,注重科学地培养自身的创造动机和兴趣。

案例3

可伸缩折叠环保水瓶 que Bottle

如图1-2所示,塑料水瓶外观看上去很普通,除了能够伸缩折叠外也没有什么特别之处。不过,它在 Kickstarter 网站上居然集资了56万美金(合300多万人民币)!现在这个叫 que Bottle 的塑料水瓶在国外很流行,看来还是有很多人注重环保的。

que Bottle 的材质很有弹性,由医用级别的硅胶做成,完全不含双酚A,环保、无味、无毒而且抗菌,就算是将其吃掉也不会危害身体。最大亮点是可以伸缩折叠,柔韧性强,封闭性好,盖子由食用级不锈钢制成。瓶身采用了螺旋式设计,折叠后长度仅有4.8英寸(约合0.12米),

拉伸后就变成了 8.4 英寸(约合 0.21 米),拉伸时需将盖子打开。

瓶子虽然柔软但耐热性相当好,可承受 150 摄氏度高温。而官方推荐的使用温度是 60 摄氏度。为什么? 因为硅胶的隔热性不好,盛装的水温度太高的话会烫手。设计这个 que Bottle 的是两位热爱旅游的环保主义人士,目的就是提倡环保。伸长后三瓶水的量就是一天的喝水量,喜欢探险、爬山或户外活动的人士不能错过。

图 1-2　环保水瓶

(资料来源:http://www.fsdpp.cn/sheji/14877695075999.html)

2. 求知欲

求知欲即是对学习、通晓、掌握新知识的欲望,尤其是探求人类未知的欲望。在心理学上,求知欲也被称为求知动机。当人们由于缺乏某种生理或心理上的因素出现与周围环境的不平衡状态,导致某种程度的心理紧张,从而感受到对一定的生存和发展条件的渴求。当其中一部分需要被清醒地意识到必须采取行动予以满足或实现时,欲望就转为动机。在现实生活中,当一个人发现自己与别人的知识经验、已知信息与未知信息之间差距过大或对于未知的东西具有很大兴趣时,便会产生心理上的失调,并急于尽快消除这种不平衡,从而萌发迅速采取行动的强烈愿望,这就是求知欲。人的所有行为都是为了满足某种需要,在欲望与动机的策动下才会得以发生和发展。求知欲促使人不停顿地追求新知,而这正是创意产生的内在诉求。

案例 4

GATOR GRIP 万能扳手

很多时候,我们拼装家具或拆卸东西都需要拧动各种不同形状的螺母和螺丝,而我们不是专业技工,肯定没有各式各样的扳手。实际上扳手不用多,只需一个 GATOR GRIP 万能扳手套筒(图 1-3)就足够了,它能够拧动任何形状的螺母。

GATOR GRIP 的奇妙之处在于其内部有几十根密密麻麻的可伸缩钢棒,这个设计相当巧妙,当有螺母插进套管,伸缩钢棒会自动调节一个合理位置,紧紧地把螺母套住,最大扭力可达 1 000 公斤。钢棒材质为铬钛合金,有足够的硬度。

图1-3　万能扳手

3. 意志力

创意者自觉地为创意明确目的,并根据这一目的来支配、调节自己的行动,克服困难,最终实现预定目的的心理过程,就是我们所说的创意意志。创意意志包含三个要素,即意志果断性、意志自觉性和意志坚韧性。

意志果断性是指以善于明辨为前提,不失时机地做出决定并坚决执行的品质。这种品质是以敏锐的洞察力和勇敢、机智的应变力为条件的。如果缺乏对事物发展纵横变化的深刻认识和敏捷反应,就谈不上明辨。一方面,对于创意者而言,意志的果断性可以保证个体敏锐地捕捉到发展的每一个机遇,根据社会经济与科技发展的大趋势,做出带有前瞻性的战略决策,从而在竞争中旗开得胜。另一方面,一旦发现因主客观条件的限制,经过努力仍难以实现创意目标时,也会当断则断,停止执行原方案而去选择新的创意支点。

意志自觉性是指创意者对行为的目的与意义有正确的认识,并以此自觉地支配自己的行动,实现创意目标。创意者对目标在社会、经济与科技发展中存在的价值与意义的认识越敏锐、越清晰,意志的自觉性就越高。在这种情况下,人的注意力会清晰而明确地集中指向目标,创意思维就会被充分调动起来,继而促进积极行动的产生,加速目标的实现。

意志坚韧性表现为创意者在执行意志决定的过程中,为实现创新目标坚持不懈地保持旺盛的精力,不畏任何艰难险阻的精神品质。从古至今,众多重要的创新杰作、重大研究成果,无不是创意者凭借水滴石穿的坚韧意志、呕心沥血求索的结晶。甚至可以说,创意成果是意志与智慧的产物。创意最终成功与否,与个体意志力息息相关,创意的产生正是以坚韧的意志力为条件的。

第二节　创意思维

案例导入

案例 1

回头率百分百的"天使背包"

很多人都幻想过：如果能够像天使一样有一双翅膀，展翅高飞该多好啊！这个背包可以给你一双翅膀，不过不能飞，但走在大街上的回头率几乎是百分百的。这个"天使背包"是俄罗斯设计师沃克哈·考塔瓦(Volha Kotava)的作品，是用羊毛毡做出的背包，虽然不能令你变成真正的天使，但背着它能让你成为亮点(图 4-1 为"天使背包")。

图 1-4　天使背包

一、创意思维含义

思维是人脑对客观事物本质属性和内在联系的概括和间接反映。人类通过感官获得对世界的印象，再进行有目的的分析、整理，这一过程就是思维。人类的思维有多种形式，按照不同的形式，它又分为抽象思维、概念思维、逻辑思维、意象思维、形象思维和反向思维等。创意是一种生活的态度，也是一种思维的方式。具体来说，创意既是一种突发而又奇妙的思想，又是一种对实践活动具有指导作用的思维过程，它不仅能把握事物发展的本质，而且能进一步提供具有新价值的各种思维成果。创意是创造性思维的产物，是人类智慧的结晶，是人类思维的最高层次。

创意思维是多种思维活动的统一，以新颖独特的思维活动揭示客观事物本质及内在联系并指引人去获得对问题的新的解释,从而产生前所未有的思维成果,也称创造性思维。相较于传统性思维而言,它打破常规、无固定模式,其本质上是选择、突破和重新建构三者的辩证统一,这三者之间相互渗透、相互促进,从而构成创意思维的运行规律。

任何创意的产生,从本质上而言,都是一种选择的结果。选择就是结合事物的特性,从解决问题的各种途径中经过充分的思考选出最佳的方案。它既包括对复杂对象材料的选择,也包括对可行性创造方案的选择。在创意思维中,选择的目的不是盲目的,而是在于突破。突破也不是简单地对传统及常规思维进行批判或否定,它追求新的结果,包括新事物的产生、新价值的体现。同时与选择一样,突破最终目的是把突破的结果最终实现在新的建构之中,从而为各种新的思维成果奠定基础。重新建构是选择和突破的最终目标和归宿。人的创意行为及成果受创意思维的制约,准确而言是受重新建构后具有新价值的思想体系的制约。

二、创意思维产生的原理

1. 综合原理

综合原理是在分析各个构成要素基本性质的基础上,综合其可取的部分,使综合后所形成的整体具有优化的特点和创新的特征。唯物辩证法认为,整个世界是普遍联系的统一整体,事物之间及事物内部各要素之间相互作用、相互影响。综合原理考虑系统的元素、结构、功能、层次等,为我们在各个系统之间相互作用的基础上产生创意提供了内在的物质基础。同时它不仅要求用创意思维综合、全面而系统地考虑创意的各种因素,避免因某一问题的影响而产生偏颇,还要其科学地处理好创意思维过程中遇到问题的轻重缓急等,是实现创意思维的保障。

2. 迂回原理

迂回原理很有实用性,它要求人们打破常规思维模式,以质疑的态度重新审视现有事物,并有意从相反的方向去思索、探求创新的可能性。创意在很多情况下会遇到许多暂时无法解决的问题,这一原理主要是对创意思维过程中出现的暂时的障碍,不要钻牛角尖、走死胡同,而是改变视角另辟蹊径,暂停在某个难点上的僵持状态,采用迂回或包抄的方式来探索一条新的路径以求取得良好的成果。实践证明,当某个方向的思考迟迟得不到满意的结果时,要及时改变思维方向,进行逆向分析,往往会获得意想不到的成效。

3. 发展原理

发展原理是客观世界永恒的特性,整个世界就是一个无限变化和永恒发展着的物质世界,自然界、人类社会、人的思维都是如此。发展的实质是新事物代替旧事物,因而,在创意过程中,需时刻保持开放性的态度,用发展的眼光去观察和分析问题,把待解决的问题看成是一个变化发展的过程,因时因地制宜。事实上,创意思维的发挥本身也是发展原理在思维领域的体现。创意、创新意识能够促进新事物的产生和发展,同样,用发展的眼光看待事物才能产生更好的创意。

案例2

面包灯——融合科技元素的烘焙创意

豪华的水晶灯、清新的布艺灯、端庄的吸顶灯、梦幻的贝壳灯……你是否流连在各式灯饰中无从选择？如果你见过面包灯，那一定会被融合科技元素的创意而打动！

面包灯是由日本一家公司研发设计的，这里讲的面包灯不是传统意义上外形类似面包的灯，因为它是用真正的面包制作的灯。

面包灯制作的工艺与面包相同，前半部分完全是做面包的工序。经过和面、发酵、烘烤等步骤制作的面包灯，闪烁着面包特有的金黄色泽，而且散发出面包特有的喷香味道。只不过，做好之后它们没有被端上餐桌，而是被安装上 LED 灯泡，并涂上透明材料延长面包的使用寿命，于是它们退出美食殿堂，成为电池供电的创意家居用品。

面包灯造型独特，在外观上吸引眼球的面包灯兼具使用功能，无疑是甜点控居家灯饰的最佳选择。对于饼房来讲，在店内安装形态逼真的面包灯也是吸引顾客眼球的又一法宝。

三、创意思维的障碍

1. 思维定式

从理论上讲，思维定式就是思维在形式上常常采用的、比较固定的或者相对凝固的一种思维逻辑、推理或内容，是人分析问题和解决问题的某种固定思维模式。人在刚出生时，其思维并没有一个固定的模式，但随着对世界认知的逐步完善，头脑会慢慢建成一个反映的世界，相似信息经常会选择熟悉的道路到达，而那些不常走的路慢慢荒芜，于是思维模式也就形成了。随着知识和经验的积累，我们的思维方式会渐渐依赖已经形成的思维模式，这是我们在试图寻找新思路时最大的障碍，这一障碍就叫思维定式。

案例3

被思维定式困住的博士

阿西莫夫是美籍俄国人，世界著名的科普作家。他从小就很聪明，在年轻时多次参加"智商测试"，得分总在 160 左右，属于"天赋极高"之列。有一次，他遇到一位汽车修理工，是他的老熟人，修理工对阿西莫夫说，"嗨，博士！我来考考你的智力，出一道思考题，看你能不能回答正确"。阿西莫夫点头同意，修理工便开始说思考题："有一位聋哑人，想买几根钉子，就来到五金店，对售货员做了这样一个手势：左手指立在柜台上，右手握拳做出敲击的样子。售货员见状，先给他拿来一把锤子，聋哑人摇了摇头。于是售货员就明白了，他想买的是钉子。聋哑人买好钉子，刚走出商店，接着进来一位盲人。这位盲人想买一把剪刀，请问，盲人将会怎么做？"阿西莫夫脱口答说："盲人肯定会这样——"他伸出食指和中指，做出剪刀的形状。听了阿西莫夫的回答，汽车修理工开心地笑起来："哈哈，答错了吧！盲人想买剪刀，只需要开口说就行了，他为什么要做手势呀？"

很明显，高智商的阿西莫夫之所以会犯这种思维错误，就是由思维定式造成的。

思维定式具有强大的惯性,这种定式一旦建立,就会支配人们的思维过程、心理过程乃至实践行为,具有很强的稳固性甚至顽固性。思维习惯形成后,会逐步深入人的潜意识层面,成为不自觉的本能反应。由于这种定式存在于潜意识层面,人很难察觉到自己在受思维定式的影响,这可能导致当以为自己是在做理性的分析和判断时,实际上只是沿着一贯的思维模式在做决策。

我们需要主观上意识到思维定式的存在,正确对待自己和认识自己的思维定式。实际上思维定式有好坏之分,好的思维定式是动态的、辩证的,能使思考者提高思维效率,有助于加速人们对世界的认识,有助于加快对复杂事物的驾轻就熟的解决速度。而坏的思维定式则不利于人们对事物做出正确的判断,对于创造性地解决问题往往会成为一种障碍,它会使人困于某种固定的反应倾向,跳不出框框,打不开思路,从而限制自己的创造性思考,使心理活动表现出惰性,从而毫无创意可言。因此,在对思维定式的认识上,我们要区分思维定式是积极的还是消极的,避免思维被引入歧途,被某些条条框框固定住,使人在思考问题时很难有所突破。

2. 知识结构

创意需要实质性的内容,这也就意味着创意必须以知识作为背景。在一个人形成世界观及各方面观念的过程中,对知识的学习是我们了解世界的捷径。通过学习,我们能够快速掌握世界的基本规律,减少在黑暗中摸索的时间,当知识积累到一定的数量并系统化到一定的程度形成网状的组织结构以后,就能为创意提供生产新知的思维空间。

创意需要以知识作为基础,掌握基本的知识理论,能够大幅缩短创意的酝酿及形成的时间。但同时,创意也源于积累,这些积累的材料通常包括专业知识、其他学科知识、实践经验等。以设计为例,几乎所有具有创意的设计背后都凝聚着设计者无数的心血,设计者的知识、阅历、经验都将有可能成为设计中的精髓存在。

在自然科学及人文领域,每一个创意的产生都是以雄厚的知识作为背景,但创意并非用知识呆板地解决问题的过程,只有贴近生活,才能有突破性的创意产生。因而,在现实生活中,社会文化因素、心理因素也都会对思维产生极大的影响。社会文化是由价值观、规范、习俗、语言和符号所构成的,是每个人的"思维基因"。心理因素主要包含天赋、直觉、自我观念、情感等因素,这些因素会通过对进入人脑信息的检验和判断,做出自己的评估,最终决定对其采取何种方式处理,以此影响思维的创立。

四、创意思维的表现形式

1. 发散思维

发散思维也叫辐射思维、扩散思维或多向思维。它是指在对某个问题的思考过程中,从已有的信息出发,尽可能向多方向扩散,不拘泥于一点或一条线索,求得多种不同的解决办法,衍生出各种不同的结果。发散思维的示意图如图1-5所示。

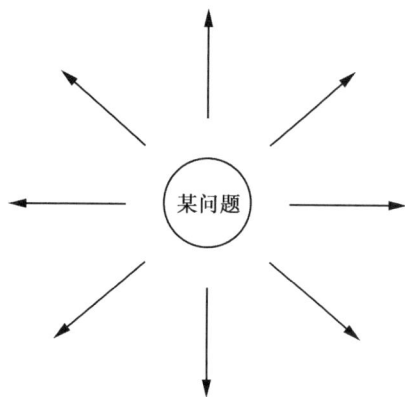

图 1-5　发散思维示意图

案例 4

1987 年,在我国广西壮族自治区南宁市召开了一次学术研讨会。该研讨会的主题是:"创造"。在这次会议上集中了许多来自全国各地的科学、技术、艺术等方面的杰出人才。同时,主办方也聘请了国外某些著名的专家、学者,其中就有日本的村上幸雄。在会议中村上幸雄先生为与会者讲学。他的讲座很新奇,深受大家的欢迎。其间,村上幸雄拿出一把曲别针,请大家利用发散性思维,想想曲别针都有什么用途。会议上大家议论纷纷。有的说可以挂日历、挂窗帘、订书本,有的说可以别文件、别胸卡,说出了 20 多种。大家问村上幸雄:"你能说出多少种?"村上幸雄轻轻地伸出三个指头说:"我可以说出三千种。"大家都非常惊讶,心想:这日本人确实聪明。然而就在此时,坐在台下的许国泰坐不住了,他是中国魔球理论的创始人。他想:我们中华民族在历史上就是以高智力著称于世的民族,我们的发散性思维绝不会比日本人差。他给村上幸雄写了个纸条说:"幸雄先生,曲别针的用途我可以说出三万种,甚至更多。"村上幸雄十分震惊,许国泰说:"幸雄先生所说曲别针的用途我可以简单地用四个字加以概括,即钩、挂、别、联。但是我认为远远不只这些。"接着他把曲别针分解为铁质、重量、长度、截面、弹性、韧性、硬度、银白色等要素,用一条直线连起来形成信息的横轴,然后把要动用的曲别针的各种要素用直线连成信息标的竖轴。再把两条轴相交垂直延伸,形成一个信息反应场,将两条轴上的信息依次"相乘",达到信息交合……所以曲别针的用途就无穷无尽了。徐先生的发散思维为中国人民在大会上创出了奇迹,使许多外国人都十分惊讶!

许国泰在学术研讨会上的发言,令许多外国人都刮目相看。他的发言为中国人民争了光,在大会上创造出了奇迹。其实他就是运用了发散思维的方法,在思考曲别针的用途时,从不同的角度去思考事物,分析了它的材料、结构、重量、韧性等要素,再分别考虑不同因素下的用途。他的思维方法,没有拘泥于一点或一条线索,而是尽可能向多方向扩散,所以得出了曲别针的用途是无穷无尽的。这种思维方法就是发散思维。

2. 收敛思维

收敛思维也叫聚合思维、聚敛思维、综合思维或集中思维,是指在解决问题的过程中,尽可能把已掌握的知识和信息,归纳到一个条理化的逻辑序列中,进行分析汇总研究,从而得出一个合乎逻辑规范的结论。收敛思维的示意图如图 1-6 所示。

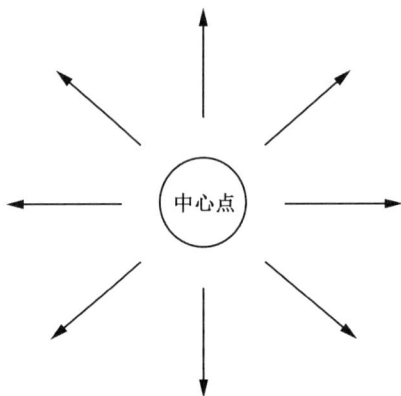

图 1-6　收敛思维示意图

案例 5

查理·罗伯特·达尔文是英国著名的生物学家、进化论的奠基人。他从小就热爱大自然，尤其喜欢打猎、采集矿物和动植物标本。上学期间，他把大部分时间都用在听自然科学讲座上，并且自学大学的自然科学知识。他曾乘"贝格尔"号做了历时 5 年的环球航行，对动植物和地质结构等进行了大量的观察和采集。其间他收集各种动植物和地质标本，挖掘古生物化石，研究生物遗骸，观察荒岛上许多生物的习性。经过多年的积累，他终于完成了《物种起源》这一划时代的著作。达尔文的理论成为对演化机制的主要诠释，并为现代演化思想打下基础，是现今生物学的基石。

案例 6

隐形对于一般人来说都不陌生，但是您有没有听说过隐形飞机？隐形飞机并不是飞机隐形了、看不见了，而是指雷达无法侦察到飞机的存在。隐形飞机能够尽量减少或者消除雷达接收到的有用信号，是最为秘密的军事机密之一，目前隐形技术已经受到了全世界的极大关注。隐形飞机的研制过程是非常复杂的。它是科学家们通过研究仿生学，并把最新的技术和材料应用在飞机上。要达到雷达探测不到、红外及热辐射仪等追踪不到的效果，就需要分别完成雷达隐身、红外隐身、可见光隐身、声波隐身四个目标。每个目标中还有许多具体的小目标，通过完成一个个小目标，最终才能制造出隐形飞机。所以隐形飞机是一种多目标聚焦的结果。

点评：案例中的达尔文之所以能够成功，就在于他对事物的积累和坚持。它们的成功绝不是偶然的，是建立在对事物反复不断的分析、总结、研究的基础上的。隐形飞机的制造成功也是在完成一个一个小目标的基础上实现的。发散思维为我们提供了多种方案，而最终能否变成现实，就要依靠收敛思维的作用了。

3. 逆向思维

逆性思维是指从相反的、对立的、颠倒的角度提出问题、思考问题，是以背离常规的思考方法来解决问题的思维方式。

案例 7

孙膑是战国时期齐国著名的军事家，他曾立下赫赫战功，很是聪明。他曾经去魏国求职，但是魏惠王为人心胸比较狭窄,并且嫉妒其才华,所以想故意刁难他。他对孙膑说:"听说你挺有才能,那我就考考你。如果你能想个办法让我从这个座位上走下来,我就任用你做将军。"其实魏惠王心想:不管你用什么方法,我就是不起来,你又能对我怎么样呢?他想孙膑肯定做不到!孙膑心想:如果魏惠王赖在座位上,我也不能强行把他拉下来,那可是死罪。怎么办呢?这时聪明的孙膑心生一计。他对魏惠王说:"这个问题确实很难,我确实没有办法让大王您从宝座上走下来,但是如果您再给我一次机会,我有办法让您坐到宝座上去。"魏惠王心想,这还不是一回事,我就是不坐下,你又奈我何?于是他便乐呵呵地从座位上走下来,看看孙膑能怎么办。这时,孙膑马上说:"大王,您现在已经从宝座上下来了,我的任务完成了。"魏惠王这才醒悟过来,只好遵守承诺,任用他为将军。这就是逆向思维的妙用。

4.联想思维

联想思维是指人们在思考过程中将一种事物与另一种事物联想起来,利用它们之间共同的或类似的规律,从而达到解决问题的目的。

案例8

春秋战国时期,我国有一位创造发明家叫作鲁班。鲁班本姓公输,名般。因为他是鲁国人,所以人们尊称他为鲁班。鲁班是怎样发明锯子的呢?传说,有一年鲁班接受了一项任务:要建筑一座宫殿。这个工程需要很多木料,但施工期很紧张。他的徒弟每天都上山砍木材,但是当时没有锯子,只能用斧子砍,效率很低。徒弟们也每天累得筋疲力尽,可是木料还远远不够。他心里非常着急,就亲自上山察看。上山的时候,他偶尔拉了一把长在山上的一种野草,一下子手被叶子划破了。他摘下叶片轻轻一摸,原来叶子两边长着锋利的齿,他的手就是被这些小齿划破的。他还看到在一棵野草上有条大蝗虫,两个大板牙上也排列着许多小齿,所以能很快地磨碎叶片。鲁班就是从这两件事上得到了启发。他想:要有这样齿状的工具,不是也能很快地锯断树木了吗!于是,他经过多次试验,终于发明了锋利的锯子,大大提高了工效。

拓展阅读

大数据时代的思维革命

目前再说"我们生活在一个网络时代"的话,显得有点落伍了,当下最时髦的说法是"我们生活在一个大数据时代"。从表层意义上看,人们是用"大数据"来描述和定义信息爆炸时代产生的海量数据。实际上,"大数据"的渗透能力远远超出人们的想象,不管是在物理学、生物学、环境生态学等领域,还是在军事、金融、通信、贸易等行业,数据正在迅速膨胀,没有一个领域可以不被波及。"大数据"正在改变,甚至颠覆我们所处的整个时代,对社会发展产生方方面面的影响,也让我们的思维不得不跟随时代的变迁而经历自我革命。

2013年5月20日,在北京朝阳北路朝阳大悦城六楼,一家餐厅低调开业了。没有热闹的广告,没有红地毯,没有领导剪彩和讲话,有的只是长达半年的封闭测试,邀请一些明星"吃货"们试吃,这些明星"吃货"一旦被成功邀请,就立即通过微博、微信向粉丝们讲述就餐感受。而这家餐厅通过分析明星与粉丝的互动信息等大数据,渐渐掌握了话语权,并尽可能地改造菜品、环境、流程。于是,一个传奇诞生了。这家名为"雕爷牛腩餐厅"现在被标榜为中国第一家

"轻奢餐"餐饮品牌,其烹饪牛腩的秘方是向周星驰电影《食神》中的原型人物——香港食神戴龙,以 500 万元购买而得的。戴龙经常为李嘉诚等港澳名流提供家宴料理,他还是 1997 年香港回归当晚的国宴行政总厨,所以他的代表作,一道"咖喱牛腩饭"和一道"金汤牛腩面",成为无数人梦寐以求的舌尖上的巅峰享受。这是微博、微信的胜利,也是互联网的胜利,更是大数据的胜利。以互联网为主要手段的大数据,就这么征服了市场,颠覆了经典,创造了传奇。

(资料来源:https://wenku.baidu.com/)

参考文献:

1. 段轩如,秦朝森. 创意思维实训[M]. 北京:清华大学出版社,2015.

2. 王文博. 创意思维与设计[M]. 北京:中国纺织出版社,1997.

3. 罗伯特·弗兰兹. 创意无限[M]. 杨颖,译. 北京:中国社会出版社,2005.

4. 陈波. 创意思维与表达[M]. 北京:知识产权出版社,2012.

5. 赵明华. 创意学教程[M]. 西安:西北工业大学出版社,2003.

6. 陈国胜. 创新创意创业[M]. 北京:国家行政学院出版社,2018.

7. 陈放. 创意风暴[M]. 北京:中国盲文出版社,2006.

8. 宋一然,罗芳. 大学生创意创新创业教程[M]. 上海:上海交通大学出版社,2017.

9. 蒂娜·齐莉格. 斯坦福大学最受欢迎的创意课[M]. 秦许可,译. 长春:吉林出版集团有限责任公司,2012.

10. 丹尼尔·卡尼曼. 思考,快与慢[M]. 胡晓姣,李爱民,何梦莹,译. 北京:中信出版社,2012.

第二章
创意方法与原则

学习目的

1. 创意方法的发展；
2. 创意方法的原则；
3. 创意方法的分类；
4. 了解代表性创意方法。

本章内容对创意方法的发展进行了介绍,同时结合创意的发生及过程遇到的问题介绍了创意方法的原则,并对创意方法进行了四大类的划分,同时介绍各类中比较有代表性的创意方法,如头脑风暴法、提喻法、信息交合法、缺点列举法、希望点列举法等。

第一节　创意方法的发展

案例导入

案例 1

寻找隐藏的视觉关系

创建一个成功的广告绝不会错的方式是,围绕主题找到隐藏的视觉关系。这听起来很难,但让我们先来看一个例子,如图 2-1 所示的广告在这方面就做得很好。

这个广告是针对在线相亲服务网站——Parship. com 设计的一个广告,它描绘了男人和女人被拉链拉在一起的符号。在创作这个广告的过程中,设计师们会头脑风暴那些能够代表男性和女性的符号(通用卫生间符号),包括如何把两个符号拉在一起的想法（拉链）。

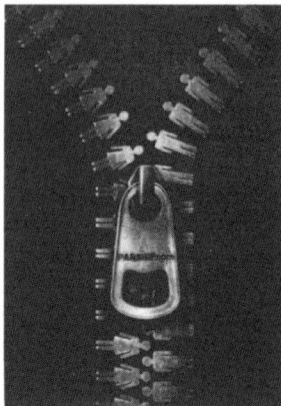

图 2-1 广告图案

提示:发现隐蔽的视觉关系可以为创作者提供一种独特的方式来宣传产品。试着通过头脑风暴列举出与创作者所想传达的信息相关的概念,这些概念可以是具有类似形状、线条或者轮廓的东西,然后试图将二者结合以达到宣传的目的。

创意方法是人们在创造发明、科学研究或创造性解决问题的实践活动中,所采用的有效方法和程序的总称。其根本作用在于根据一定的科学规律,启发人们的创造性思维,提升人们的创新效率。作为一种方法论,创意方法既是科技创新的手段也是科技创新的内容,包括科学思维、科学方法和科学工具。

创意方法的研究始于美国。1906 年,美国专利审查人员 E·J·普林德尔向美国电气工程师协会提交了论文《发明的艺术》。在论文中,普林德尔用实例说明了创意及技巧,且提出了对工程师进行创意技巧训练的建议,后来另一位专利审查人于 1931 撰写了《发明家的心理学》,其中有发明方法一章。同年,克劳福德发表《创造思维的技术》,提出特性列举法,在大学讲授以后,奥肯和史蒂文森相继开设了发明方法和创造工程课程。1938 年被誉为"创造工程之父"的奥斯本制定了"头脑风暴法",并取得成功。为推广这种技法,他撰写了一系列著作,如《思考的方法》《所谓创造能力》《实用的想象》等,并深入到学院、社会团体和企业,组织大家运用这些技法。一些大学、公司等先后采用其理论讲课或办训练班,为群众性的创造普及活动开拓了局面。1944 年,戈登提出了著名的"提喻法",成为最受欢迎的创意技法之一。

除美国之外,欧洲、日本和苏联对创新方法的研究都始于 20 世纪 40 年代。1942 年,瑞士的天文学家茨维基,在参与火箭研制中利用排列组合原理制定了"形态分析法"。他按照火箭各主要部件可能有的各种形态的不同组合,得到 576 种火箭构造方案。在各种创新方法相继出现后,欧美在很多大学和研究所设立了专门的创造学研究机构,专门对创造力方法进行了系统的研究。

在创造工程的研究和开发上,日本可谓"后起之秀",20 世纪 40 年代起有了自己的特色。1944 年,其创造学先驱之一市川龟久弥撰写了《创造性研究的方法》一书,1955 年提出等价转换理论,1977 年出版了《创造工学》。另一位典型人物丰泽丰雄,提倡"一日一创"活动,先后出版《发明指南》等著作。日本人提出了许多有特色的创造技法,如"KJ 法""ZK 法""CBS法"等,有多种创造力开发的著作,还有一些专门研究机构,群众性创意活动极为普及。

苏联的创新方法研究始于 1946 年,专利调查员根里奇·阿奇舒勒通过对专利进行研究,提出了解决发明问题的 TRIZ 理论。苏联一批学者从 175 万项发明专利中遴选出 4 万项高水平的专利文献，从中概括出一批普遍性、有效性强的技法，制定了《发明课题程序大纲》《基本措施表》《标准解法表》等，并不断完善，形成了有其特色的创造工程体系。此外，世界上许多国家和地区也对创造技法发展做了大量贡献。从 20 世纪 80 年代始，我国也开始了创造工程和创意技法的研究和普及，并出版了一批书刊。

总体上，对创新方法的研究在欧美、日本和俄罗斯都有了较系统且各有特点的发展，以美国为代表的欧美国家偏重思维上的训练，日本偏重实际操作方面的研究，苏联的创新方法研究围绕 TRIZ 理论，力求使创新成为严谨的学科。

国内关于创新方法的研究相对于国外而言，起步较晚。1983 年，全国第一届创造学学术讨论会和全国第一期创造学研究班开幕，是创造学正式引进中国的重要标志，也是我国创新方法发展的里程碑。随着国内学者对创新方法的研究，信息交合法、和田十二法等新的创新方法相继提出，标志着我国正在逐渐形成自己的有特色的创新方法。

第二节　创意方法的原则

近年来，各种文化创意不断影响着人们的思想，设计者把文化资源用创意思维加以转化，结合各种资源用有趣的形式加以表现，使设计出的创意产品不但有实用功能而且具有审美性、艺术性等，不断丰富人们的物质生活。文化创意方法可以灵活变换，但也有其独立的原则。

一、市场导向原则

一个创意能否会被接受，除了创意本身是否精彩外，还要考虑市场的接受程度。只有积累了足够的市场数据、产业信息、受众心理资料以及细致的市场划分条件之后，选择什么类型的文化创意，才能被大体定下。这包括调研主要目标人群，针对目标人群进行相关定位，必要时辅以调查问卷，以求得到更加准确的相关数据。主要目标人群的年龄特征、性格特征，找出他们的共同点，并以此为切入点，结合文化特征初步确定最适合目标人群的产品定位，了解主要消费人群可投入资金的概数等，创意方法要在市场允许范围内进行创意，才能事半功倍。

案例 1

百家讲坛

央视近年来推出的"百家讲坛"节目受到广泛的关注，也带来了积极的经济效益与文化效益。这是一个十分典型的文化创意案例，整个节目的策划过程，包括了对同类型节目的调查、节目时间段的选择、节目受众的心理分析、央视媒体的市场占有度、社会文化需求的调查、国学讲评嘉宾的选择、讲评题材的选择等种种因素。这些并不难理解，我国电视媒体一直没有火热的脱口秀节目，大众参与并且聆听的大都是有明星出场的文艺类、娱乐类等走秀活动。而这部分节目已经逐渐令观众厌倦，大家希望听到一种声音，把群众当作文化人，与其讨论生活思维、名家风范、生活轶事的内容。想做成这样的一档节目，倘若像古代夫子咬文嚼字、摇头晃脑，那样只能换来观众转台的结果。这样一来,选择讲评嘉宾和讲评题材就显得非常的关键,而"百家讲坛",最终选择了高校教师,而非文化界被炒得沸沸扬扬的一批文人,确实给观众带来了耳目一新的感觉。在题材方面,也同理可证,论语和现代生活的结合、红楼梦的各家学说、名家的潇洒轶事,都成了当今的国学热潮。"百家讲坛"打开了专业和娱乐节目的另一种结合方式,也可以说是此种文化创新的媒体运用,百态情感的叙说,披上了更科学、更有深度的心理学体系,满足了观众对专业知识的好奇,同时给故事的述说方式加上了理性的学理论证,让听者信服。

(资料来源:《文化创意方法与技巧》)

案例 2

方便面诞生的故事

方便面是大学生很熟悉的一种食品,不少大学生在周末就是以方便面为三食度过的,然而对方便面诞生的故事可能大家未必了解。方便面是 1958 年由华裔日本人安藤百福在日本的大阪府池田市发明的。

面条是日本人的传统食品。日本人虽然以珍惜时间闻名于世,但即使是在上班的时候,为了能吃到一碗热面条,他们宁愿在饭馆前排成一条长龙。这个现象被一家公司的经理安藤百福注意到了。他想:"做面条太费时间,为什么不可以让它更简便呢?那样人们就不用排队了。"产生了这样的想法后,安藤百福马上开始试制方便面。

他在开发之际设定了五个条件:

(1)必须简便;

(2)必须可口、有营养;

(3)必须能在常温下长期存放;

(4)必须卫生;

(5)必须低价。

但是,这种面条并不是一般的面条。安藤百福制造的是一种可以由工厂批量生产的可保存的食品。他买了一台轧面机,开始了试制工作。但轧面机轧出的不是一根根面条,而是像泡沫般的团块。后来他经过反复试验弄清了原因:面粉中的蛋白质遇到盐分失去了黏力。于是他先把无盐的面粉制成普通的面条,蒸熟后,浸到酱汤里泡一下,面条就带上了咸味。这一雕虫小技,无异于面食技术的一场革命。接下来就是如何将面条烘干,以便长期保存。最初,他曾采取原始的利用太阳光晒干面条的办法,但这太费时间且需手工操作,不适于工厂化的大规模生产。他试用过油的办法,效果良好。油炸后,水分立即蒸发,面条上出现许多细孔,这使面条在热水浸泡时吸水很多,很快变松软,而且过油的面条更富有弹性,味道之好非普通面条可比。第一批方便面条便是今日老幼皆知的"鸡肉方便面",1958 年 8 月第一次上市销售。

正如安藤百福所预想的那样,"鸡肉方便面"立即引起爆发性畅销,仅 1959 年 4 月就出售了 1 300 万包,这引得日本其他干面条制造商也来加入方便面行业的竞争。干面条制造商奥井清澄在 1960 年 1 月,用外添调料袋的办法,制造出食客可以随心所欲调味的方便面,挤入了这一新兴的市场。于是市场上出现了两种方便面:一种是不用调料袋的方便面,一种是外添调料袋的方便面。起初,安藤百福的方便面因为拥有专利权而畅销无阻,但不久后消费者开始青睐外添调料袋的方便面。因为它能适应众多消费者对味道浓淡的不同需要,从而更受消费者的欢迎。然而,大批量生产外添调料是一个难题,有兴趣向这一领域发展的一家东京食品公司攻克了这一难题。1962 年开始,他们利用制造速溶咖啡的喷雾干燥法制作调料粉末,获得了非常理想的效果。从此,外添调料方式的方便面占据了市场上的主要地位。鉴于方便面条已由多家公司大规模制造,日本农林省制定了方便面条的 JAS 规格,颁行于日本食品工业界。这样方便面就从早期的幼稚产品成长为一种大众化的据有稳定市场的规范产品。

安藤百福在发明方便面后,创立日清食品公司,贩售"鸡汤口味"拉面,最初的售价为 35 日元(2.33 元人民币),但仿制产品随即出现,导致产生削价竞争。

日清公司在发明方便面后,便积极向国外发展。1963 年先与韩国三养食品合作,1968 年再与我国台湾地区的国际食品公司合作推出鸡汤口味的生力面。最初的生力面因为沿用日本配方,在我国台湾地区销路并不好。在调整过调味与面条的口感之后,成为我国台湾地区的畅销产品,顾客多半买回家当宵夜食用,或者是加蛋煮食。曾有一段时期,"生力面"几乎成为这类产品的代名词。然而由于经营不善,生力面最后黯然退出市场。截至 2005 年,过去的国际食品公司仅剩一家生力面店在高雄新兴区继续营业,但早已退出方便面市场。

虽然方便面在亚洲颇受好评,20 世纪 60 年代末期在美国却无法顺利打开市场。因为一般美国人没有烧开水的习惯,而且家中的餐具也以餐盘为主。为了让不习惯用碗的人群吃到方便面,日清公司发明以发泡聚苯乙烯为容器的杯面,于 1971 年在日本上市,售价为 100 日元(6.66 元人民币),为当时袋装方便面售价的 3 倍以上。

杯面在试卖期间选择在球场与赛马场等地点销售,因价格过高并不受欢迎,最后只能在某些必须夜间值勤的单位,例如消防单位贩卖。为求打开市场,安藤百福在东京闹区与三越百货公司合作促销,创下四小时卖出两万份的纪录,才奠定日本人接受杯面的基础。由于杯面走高价路线,所以配料包括冷冻干燥法制成的干燥虾,同时也改以叉子作为餐具。东京街头促销让杯面在关东得以立足。

二、协作原则

文化创意的主体大多的时候是指一个团队,涉及多个学科,必须和多个领域的有关人员进行沟通。在每个成员的分工合作中集思广益,让产品和它的使用者之间建立一种有机的关系,尊重用户的目标,形成人们希望的产品使用方式,最终完成文化创意的制作。同时,在文化创意产业的发展,产业链在不断完善和延伸中,小到整合好一项文化创意工作的各种意见,大到整合整个产业链内部的各种因素,协作原则不能被忽视。

案例 3

团队协作

协作原则在广告创意中体现得极为明显,一个完整广告的出炉需要经过众多广告人之手,我们选取广告设计主题这部分来讲,其中包含了广告文案人员以及广告美工人员,虽然当今广告主体是图像部分,但最有效的广告,一般还是醒目有力的标题文案。例如,耐克的经典文案,JUST DO IT 配合图像标签,把洒脱、自信的文化内涵用文案和钩子的形式共同表现出来;大卫·奥格成为 M&M 巧克力豆所创的经典台词,"只溶于口,不溶于手"和形象的广告照片配合,才能得到最佳的效果,试想,若缺少这句文案的图片,广告会是什么样子?手捧两种巧克力的男人,无论如何也不能吸引消费者的注意力,这仅仅是在文案工作者和图像工作者两人之间的配合上,对一则广告发布带来的影响。那么加入市场调研人员、数据分析人员、广告主体几个方面的参与,效果才会更佳,倘若工作中出现单方面的意志主导,则必然破坏广告效果。

(资料来源:《文化创意方法与技巧》)

三、表现集聚原则

创意方法有很多,在具体工作时要注意灵活搭配,但不论采用了多少种方法,在文化创意成果上都要集中表现某一个特性,至少适用大部分载体,让受众集中感受一下理念或价值观如"品牌形象",就是此项原则的突出代表。

案例 4

突出主题

即使是在感性上我们也很容易理解这样一条理念:"超女"是要突出娱乐,"百家讲坛"是要突出文化,"蒙牛最新系列广告"是要突出安全健康,"百事广告"是要突出青春,"小沈阳的小品"是要突出表现东北二人转的幽默。虽然所有类型的文化创意都调动了各种创意方法,例如,思维法、发现法等。最终,它们都被用来突出某种价值内涵,一种消费理念,或是一种消费选择,又或是一种生活价值观。

(资料来源:《文化创意方法与技巧》)

四、道德、法纪原则

文化创意产业是跨越经济与文化二者之间的产业,它带来经济和精神的双重利益,那么也必然受到法律道德的双重约束。

案例 5

不正当竞争

文化创意广泛地涉及市场营销、新闻媒体、出版发行等行业领域,因而,也受到各领域的广泛制约,学习和研究相关法律是避免损失的最佳方法。以最广泛接抵各类行业、最广泛造成社会影响的广告行业为例,广告人作为该行业的文化创意工作者,一旦在工作中稍有不慎,获得的将是法律诉讼。以美国为例,在美国诉讼之风盛行,联邦贸易委员会(FTC)拥有非常强大的权限,所有涉嫌"不公正、欺骗性行为或活动"的商业行为都属于该机构的处理范围。根据法案,所有不公正的行为和欺骗性的行为都属于不正当竞争。一条欺骗性的广告,如果成功达到其目的,将使该广告主获得其他诚实竞争者所没有的不正当优势,即使他没有伤害到竞争者,广告也是违法的。1994 年,达能集团在他们生产的冻酸奶广告中,暗示其具有低脂肪和低热量的特点。联邦贸易委员会对他们这种错误的广告暗示提出指责,达能集团被迫同意向联邦委员会支付 15 万美元的罚金。

（资料来源：《文化创意方法与技巧》）

五、艰辛工作原则

对文化创意产业最错误的认识就是：把文化内容添进各行业中,创意就诞生了。尤其是准备从事文化创意工作的人,如果仅仅认为拥有一个奇思妙想的头脑就足够了,那就大错特错了。在这里必须要说,这是一项极其艰辛、偶尔才有成就感的工作。其中需要的常识、耐力、坚韧性,远远多于幻想,一项成功的创意背后,绝对是以数个、数十个,甚至数百个未成形的雏形作为铺垫的。

案例6

满足感与挫败感

创意工作,能带给从业者们无与伦比的满足感,但这只是天平的一边,另一边一定放着沉重的砝码,它叫作挫败感。从数十年的工作经验中,把握直觉,为的是给成功的文化创意提供生长的各种养分。"艰辛和努力"才是真正承载一切方法的土壤。和赖声川对"创意可以学吗?"这一问题的解答一样,创意是可以学的,但不太好的消息是并没有速成的方式让你立即学成,创意的学习不是一些表层的技巧,是要从对自己生命深度的思考开始。

（资料来源：《文化创意方法与技巧》）

第三节　创意方法的分类

创意方法种类繁多,在现有的几百字创意技法中,绝大多数技法都是研究者根据其实践经验和研究总结出来的,各种技法之间不存在线性递进的逻辑关系,但是多数的创新技法都是在基础型创新技法中衍生或分化出来的,其中联想是基础,类比、组合是进一步发展,而臻美是最高境界、最高层次。按照这样一种逻辑,可以将创意方法分为几个大类:

一、联想系列（联想族）技法

联想系列(联想族)技法是以丰富的联想为主导的创意技法系列,其特点是创造一切条件,打开想象大门;提倡海阔天空,抛弃陈规戒律;由此及彼传导,发散无穷空间。虽然从技法层次上看它属于初级层次,但它是打开因循守旧堡垒的第一个突破口,因此极为重要。

比如,说出与"风"相关的10件事物。大家也许可以想到寒冷、冬天、沙漠、海边、树叶、风筝、长发、尘土、丝巾、空气等。这些都是与"风"直接相关的事物。如果说横向联想是在一个点周围画了一个圈,那么我们还可以使它的半径变大,进行纵向联想。从核心事物开始,联想的后一样事物要与前一样事物有关联,深挖下去,找到与核心事物有二度、三度,甚至五度、六度关联的事物。比如,还是以"风"为主题进行纵向联想,我们可以想到"风—风筝—春天—柳树一枝芽—飞絮—种子—生命"等。除此之外,我们还可以从关联性这个角度进行联想,联想两事物之间的共通之处。这对于有一个以上主题的设计是很有用的。比如说出"风"与"火"的 10 个共通之处。我们可以想到风与火都是无形、有破坏力、可以产生能量、摸不到、可以感受到、自然、可以人为产生、可大可小、难以控制的气等。

"头脑风暴法"是联想系列技法的典型代表。它所规定的自由思考、禁止批判、谋求数量和结合改善等原则,都是为丰富的想象创造条件。

头脑风暴法又称为智力激励法、自由思考法、畅谈会法,是奥斯本于 1938 年首次提出、1953 年正式发表的,深受世界各国欢迎、付诸实践的激励创新思维的方法。一组人员通过召开特殊的专题会议,针对某一特定问题,在自由愉快、畅所欲言的氛围下,与会成员之间互相激励、互相交流、互相启迪、互相补充、互相修正、集思广益,从而产生大量新设想,它是个人发散思维的开放性、集体收敛思维的精准性相结合的体现。

头脑风暴法之所以能够在有限时间内产生很多优质创意,奥斯本是这样认为的:联合的力量可以成为复数。一个成员得到了一个创意,就会立马自动地运用想象力再思考其他创意,同时他的创意分享也会刺激、带动、启发他人的想象力,正所谓思想的碰撞。这种现象正如弗列特·夏普所说的:"如果确实融入意见发表会中,个人灵感可在别人卓越的创意上点火,引发更多创意的火花。"对这种群体效应有人称之为连锁反应。

为此,要想发挥头脑风暴会议的最佳效应,参会者必须遵循自由畅谈、延迟评价、以量求质、综合改善四项基本原则。此外,头脑风暴会议的可行性和有效性是通过一定的讨论程序和规则来保证的,因此,会议组织者和参与者必须共同充分做好准备阶段、会议阶段的各项任务。

1. 头脑风暴法原则

头脑风暴是无限制的自由联想和讨论。其目的在于产生新观念,或激发创造性设想的产生。由头脑风暴一词可想而知允许自由联想的程度以及创造者须将创造力(确切地说应是想象力、联想力)激发到何种程度。

这种集体自由联想方式可以创造知识互补、思维共振、相互激发、拓展思路的条件。

头脑风暴法的原则:

(1)禁止批判(褒贬)原则;

(2)自由奔放原则;

(3)先求设想数量原则;

(4)借题发挥规则。

2. 头脑风暴法的几种变异形式

(1)默写式头脑风暴法(鲁尔巴赫所创,6 人 3 个主意 5 分钟,用卡片)。

(2)卡片式头脑风暴法。

CBS 法(日本人创)——最初 10 分钟,各人在卡片上写出设想;后面 30 分钟,轮流发表设想;余下 20 分钟,与会者相互交流探讨,以诱发新设想。

(3)NBD 法——5~8 人参加,每人提 5 个以上设想,一张卡片上写一个设想。会议开始后,各人出示自己的卡片,并说明其设想。若有新设想立即写下来。将所有卡片集中分类,并加标题,然后再讨论。

(4)多路思维方法,一个方面一个方面地想问题,Why—Where—Who—Whom—What—

How。二战中,美军使用这种方法改善了许多兵工厂的工作环境。例如,改变光线波长,发明了紫外线灯、红外线加热灯、灭菌灯。

二、类比系列(类比族)技法

事物之间普遍存在着联系。类比法,就是不同事物、对象之间因存在着某些方面的相似或相同属性,通过比较可以推断它们在其他方面也可能有相似或相同属性,以此启发思路,获得创新线索,正所谓触类旁通。例如,将 A 事物与 B 事物进行比较,A 事物有 a1、a2、a3、a4 等特性,而 B 事物有 b1、b2、b3 等特性,其中 a1 和 b1 是相类似的特性。那么,B 事物应该也有 b4 特性,且 b4 与 a4 也相类似。(注:这个类比推理结论在实际上是否成立,需通过实验验证。)

类比法不是主观想象的产物,而是有客观依据的。类比是以比较为基础,其客观根据是对象之间的同一性,是建立在类比推理基础上的同中求异或异中求同式的创新技法。类比法的创新过程如图 2-2 所示。

以两个不同事物的类比作为主导的创意技法系列。其特点是以大量的联想为基础,以不同事物之间的相同或类似点为纽带,充分调动想象、直觉、灵感诸功能,巧妙地借助其他事物找出创意的突破口。与联想族技法比较,类比族技法更具体,是更高一个层次。

"提喻法"是类比族技法的典型代表。类比包括拟人类比、仿生类比、直接类比、象征类比和幻想类比等。

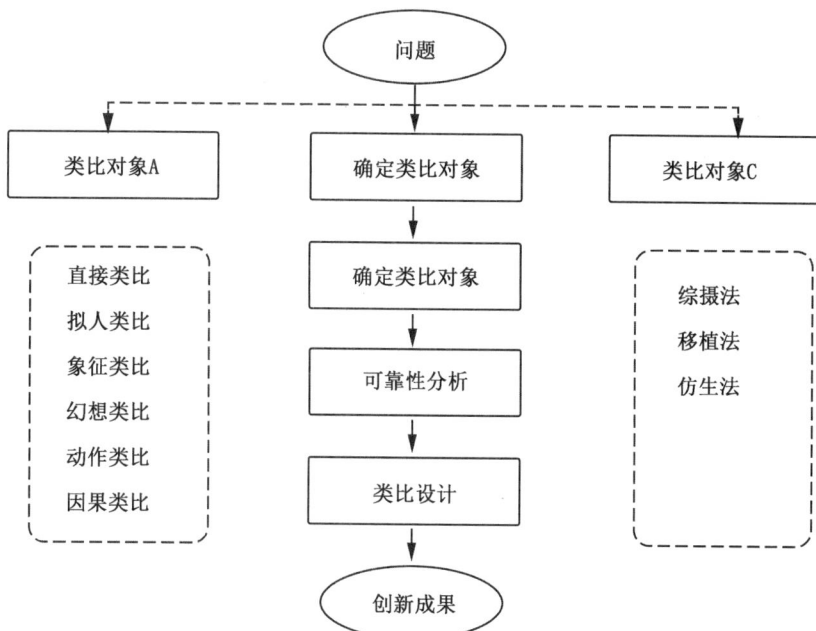

图 2-2 类比法的创新过程

1. 直接类比：从自然界或人为成果中直接寻找出与研究对象相类似的东西或事物进行类比。如带齿草叶、长齿蝗虫与鲁班发明锯子。

2. 拟人类比：人们使自己与研究对象的某种要素认同、相关，自我进入"角色"，发现问题并产生共鸣，获得创新线索。如模拟人体手臂动作来设计挖土机。

3. 象征类比：借助事物形象、象征符号进行类比，可使抽象问题形象化、立体化、富有情感化，从而开拓创新思路。如公孙大娘健美舞姿与张旭"龙飞凤舞"的草书艺术。

4. 幻想类比：在创新思维中用超现实的理想或完美的事物进行类比，实现创意。如古科幻小说与现代宇宙探索。

5. 动作类比：与能够完成相同动作的事物进行类比，探索动作本身所反映出来的功能、机理等本质，以此获得创新线索。如有些花朵在阳光下盛放、在阴暗处凋谢，以此动作类比构想了光控门窗开关的设备。

6. 因果类比：事物因加入某种成分即产生因果效应，以此推及其他事物，获得创新启示。如和面加入发泡剂，与泡沫塑料、气泡混凝土的研制。

7. 综摄法：以已知的东西为媒介，将毫无关联且不同的知识和要素结合起来，在异中求同或者同中求异中激发创新设想如变陌生为熟悉：互联网术语"黑客""千年虫""病毒"的描述；变熟悉为陌生：收音机拉杆天线与可伸缩的教鞭、旅行手杖、照相机三脚架。

8. 移植法：把某一事物或领域的原理、结构、材料、方法、功能等移植到另一事物或领域中，使已有成果在新条件下得以变革、拓展、创新的技法。如原理移植：红外辐射与红外线遥感、测距、治疗、夜视等。方法移植：《孙子兵法》与商战。回采移植：古帆船与现代风帆；功能移植：海洋净化细菌与现代污水厂活性污泥处理法及其衍生改良工艺。

9. 仿生法：通过模拟生物的结构、功能、原理等，并作为创新创造的理想模型，来构思和探索研制事物新特性、新功能的方法。如感官仿生，狗鼻子与"电子警犬"。控制仿生：蜜蜂复眼与"偏光天文罗盘"。力学仿生：模仿贝壳修造大跨度薄壳建筑。化学仿生：模仿舞毒蛾的性引诱激素化学结构，人工合成药物防治害虫。能量仿生：萤火虫"冷光"与日光灯的研发。

三、组合系列（组合族）技法

组合系列（组合族）技法是一个以若干不同事物的组合为主导的创意方法系列。其特点是把似乎不相关的事物有机地合为一体，并产生新奇想法。组合是想象的本质特征。与类比族相比，组合族没有停留在相似点的类比上，而是更进一步把二者组合起来，因此组合技法层次更高，它也是以联想为基础的。比如带着橡皮的铅笔，现在看起来是再普通不过的一种东西，但是当一个美国画家发明这种铅笔的时候，这项专利就卖了55万美元，被看作一项伟大的创造，其实这就是元素叠加的结果。随身听被评为近年来伟大的音乐发明，其实它也是耳机+录音机的叠加。

"信息交合法"是组合族技法的典型代表。它以一个事物为出发点（即焦点），联想其他事物并与之组合，形成新创意。信息交合法，是许国泰先生于1986年首创，是一种多角度探讨信息交合与创新推导的技法。该法把事物整体信息以及人类实践活动的特性等分解为若干要素，并把这两类要素置于相交的信息坐标X轴与Y轴，构成"信息反应场"，每个轴上各信息点可以任意与另一轴上的信息点交合，产生丰富多样的联系与信息，这些信息组合的物化即为产品，信息组合及推导即为构思，进而可以筛选、推导出多元化的创新创意方案。

运用信息交合法能使人们的思考从无序状态转为有序状态,改传统中随机性、抽象的"天马行空""苦思冥想"为自觉地运用直观的图表思维模式进行科学思考,使人们自觉训练大脑思维资源、结构与层次,突破思维定式,培养跨学科、多功能、全方位的创新思维品质,从而推出新构思、新设计、新产品、新方案。

信息交合法有一套严谨的公理和定理。其公理有二,分别为"不同信息的交合可产生新信息",以及"不同联系的交合可产生新联系"。世界是一个普遍联系的有机整体,而信息是联系的交集。在联系的相互作用中,不断产生着新的信息、新的联系。

其定理有三,分别明确了信息交合法的若干规则:一是心理世界的构象即人脑中勾勒的印象,由信息和联系组成;二是新信息、新联系在相互作用中产生;三是具体的信息和联系均有一定的时空限制性。

定理一表明:其一,不同信息、相同联系所产生的构象,比如喇叭和轮子是两个不同信息,但交合在一起组成了汽车,轮子驱动行走,喇叭则发声告示。其二,相同信息、不同联系产生的构象,正如同样是灯,可吊着、可挂着、可手持(如手电筒)。其三,不同信息、不同联系产生的构象,如独轮车本来与碗、水没有联系,而演员把它们交合在一起,构成了 影视片段、杂技节目。由定理一可见,人的思维活动正是信息"构象"的输入、输出所共同作用、交合结果的运动过程。

定理二表明:相互作用(即一定条件)是中介,没有相互作用就不会产生新信息、新联系,正如枪弹和拐杖,是毫不相干的两类信息,但如果是在武器研发(条件)范畴内, 或许可以交合成"手杖式枪支"。

定理三表明:任何事物均有一定的条件限制。信息交合法不是万能的,它不可能取代所有人类的思维活动,更不可能取代人类的任何创新技法。

运用信息交合法时要注意四个步骤。第一步,就是要选好中心点,明确讨论问题的核心关键词,如图2-3所示,以"杯子"为例,先把"杯子"确立在零坐标。第二步,根据研究需要,确定画多少条坐标线,组成信息标,对于"杯子"可画出"功能""材料""学科""形态结构"四条坐标线。第三步,分解相关要素信息,并注入信息点,如在"功能"标线上可以标注盛液体、插花、装饰等;在"材料"标线上标注木头、陶瓷、金属、玻璃、塑料等。第四步,相交合,组成"信息反应场",产生新信息,按需筛选和推导有用方案。比如,刻度与玻璃相交合产生了"刻度玻璃杯",冲奶、泡咖啡就需要用到。与此同理,坐标线上的其余信息点相互交合即可产生无数的新联系、新信息、新产品。

可见,杯子仍是杯子,但经过人类创新技法加工,其结构、功能、价值相继都发生了变化。这就是信息交合创新技法的功效所在。

四、臻美系列(臻美族)技法

臻美系列(臻美族)技法是以达到理想化的完美性为目标的创意技法系列。其特点是把创意对象的完美、和谐、新奇放在首位,用各种技法实现之,在创意中充分调动想象、直觉、灵感、审美等诸因子。完美性意味着对创意作品的全面审视和开发,因而属于创意技法的最高层次。联想、类比、组合是臻美的可靠基础,而臻美则是它们的发展方向。"缺点列举法""希望点列举法"都是有代表性的臻美技法。找出作品或产品的缺点,提出改进的方案,使其更完美、更有吸引力。作品或产品的完美是无止境的,臻美也是一个不断努力的过程。

```
              相关学科
                旅游
                电学
                磁学
                健康学

材料  ←――――――――――――――●――――――――→  功能
  陶瓷 木 金属 玻璃 颜料      度量 盛装 插画 美饰
                圆口
                高脚
                动物
                动漫
              形态结构
```

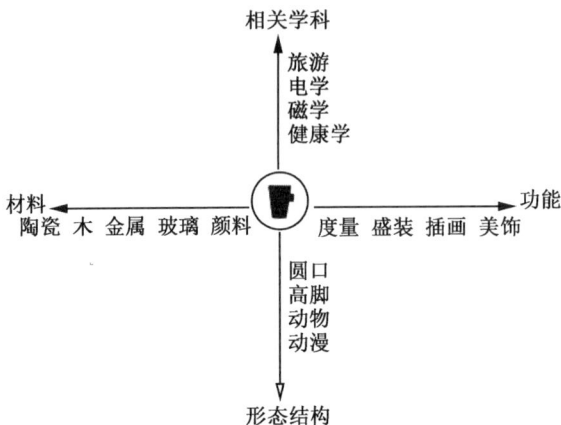

图 2-3　杯子信息交合图

1. 缺点列举法

缺点列举法,通过发散思维,挖掘并逐一罗列研究对象的缺点,通过分析找出其主要问题,并以此提出克服缺点的课题或方案。该法的核心在于敢于质疑,所谓金无足赤、人无完人,每个缺点都有突破、完善的可能,找准了问题所在就找到了创新发展的方向。例如,瓶装煤气比柴火煮食要方便,却存在运输不便、使用不当容易出现危险的风险。针对这些缺点,天然气管道输送成为优选方案,更具安全性、便利性及性价比。

运用缺点列举法,一般采用发散思维方法,围绕明确的对象或研究课题,通过会议、用户调查、同类事物对照比较等渠道开展广泛前期调研,征集改掉缺点的意见。所谓缺点,即事物本身的原理、材料、实用性、安全性、坚固度、方便性、美观度、可操作性、体积体重以及成本、销售、性价比、利润等方面存在的问题,无法一一赘述,不过但凡是缺点均可详尽列出,越全面越好。只有这样,才能全面认知事物现状,继而系统性地整理归类缺点,并按轻重缓急排序,有针对性地分析其形成原因,从中分析亟待解决、最具价值或意义的症结,作为创新发展的主题与方向,予以深入破题攻关,有的放矢地探索研究解决方案。

值得思考的还有,缺点有时候并不是一无是处。缺点逆用法就是在列举事物缺点的基础上,立足缺点的有用性、启发性,巧妙地利用其缺点及原因,顺势而为,创造出另一种新技术、新状态的技法。正如"世上本没有绝对的垃圾,只有放错地方的资源"而言,其实有些一次性消费品本身就是受到人们"只用一次就坏了""不经用"等抱怨的启发,才拿定了"干脆就让它只使用一次"的主意。

2. 希望点列举法

立足人们的使用习惯与体验感知,从需要和愿望出发多角度提出创新构想,称为希望点列举法。例如,随着电影技术的发展,从无声电影到有声电影、黑白电影到彩色电影、平面电影到立体电影及环幕电影等,就是一个不断满足人们对美好观影体验需求的过程,也是技术设备不断更新换代的过程。其实,希望点列举法就是源自"如果能这样该多好!"的消费期待。

希望点列举法不同于缺点列举法,而后者依据现有缺点提出改进设想,不会离开事物原型,是一种被动型创新技法。希望点列举法完全可以不受事物原型的约束,只以人们的希望为创新构思的基点,往往需要多方假设、大胆想象,是一种积极主动的创新技法。

运用希望点列举法有三个步骤:首先,可以通过会议、书面搜集调查、访谈、联想等渠道,就事物的原因、结构、功能、制造方法、材料、造型、颜色等方面,全面激发和收集人们的想法。其次,仔细梳理、研究人们的想法,详加讨论与研究,形成希望点,即创新性强、实用性高、科学可行、高价值的创新设想。最后,以希望点为目标,不断完善、形成方案、进入实施,创造新产品以满足人们的需要。希望点列举法比较符合人们追求美好新事物的逻辑,是享受创新的一种方法。

参考文献:

1. 唐继红.大学生创新创业实务[M].北京:高等教育出版社,2017.

2. 李冠辰.产品创新 36 计:手把手教你如何产生优秀的产品[M].北京:人民邮电出版社,2017.

3. 齐艳霞.研发管理文书与方案精益设计[M].北京:人民邮电出版社,2016.

4. 薛永基.创业基础:理念、方法与应用[M].北京:北京理工大学出版社,2016.

5. 睦平.创新力提升的横向研究[M].北京:清华大学出版社,2016.

6. 陈国胜.创新创意创业[M].北京:国家行政学院出版社,2018.

7. 马莹,杨敏,朱继宏.创新创业指导教程[M].上海:上海交通大学出版社,2017.

8. 廖益,赵三银.大学生创新创业入门教程[M].北京:北京理工大学出版社,2019.

9. 刘仲林.美与创造[M].宁夏:宁夏人民出版社,1989.

第三章
创意人才的特征

学习目的

1. 掌握创意人才的定义；
2. 掌握创意人才的分类；
3. 掌握创意人才的特征。

本章结合中外学者的研究,对创意人才进行了界定,同时按照创意人才涉及的创意产业、创新活动的表现形式、创新活动的性质三个方面对创意人才进行了分类介绍,结合创意工作中的表现,总结了创意人才在创新意识、创新思维、知识储备、观察能力、意志品格方面的特征,最后介绍了创意人才相关的心理测试。

第一节　创意人才概述

(1)创意人才的定义

从 20 世纪 60 年代,国外很多学者就对创意人才或创意工作者做过大量研究,关于创意人才的概念主要有以下几种观点。

第一,行为说观点,行为说的代表人物马克卢普(Machlup)(1962)最早将这类劳动者称为"知识工作者",知识的生产与分配是他们最主要的工作;科罗威(Kelloway)和马玲(Barling)(2000)将知识工作者的工作内容定义为四部分:知识如何创造(Creation)、怎样运用知识(Application)、知识如何转化为可用信息(Transmission)和知识的获取途径(Acquisition)。行为说对创意人才的定义涵盖的内容比较全面,但对外来因素和人的思维的主观能动性则没有考虑。

第二,特征说观点,贝尔(Bell)认为创意人才属于精英阶层,他们引领了经济从制造业时代转到"后工业"时代;弗赛尔(Fussel)则认为创意人才崇尚自由,具有独立的思想与见解,其最终目标是实现自我价值,他们大多从事广告、艺术、写作等创意性工作。特征说观点的相关代表人物提出了"符号分析专家""X阶层""波波族"等概念,体现了创意人才具有多元化的特质。如弗罗里达(Florida)最早打破罗列创意工作职业的方式,提出"创意阶层"的概念。

实际上,我国人力资源管理上所提出的"人才"这一术语几乎很难在国外发达国家找到与之对等的概念,在已有相关文献中也很少提到"创意人才"概念,比较类似的有"Creative talents"或"Innovative people/talents"等,在这个观点的基础上,我国学者厉无畏(2006)结合我国的国情和现状,做了进一步的理论总结和发展。他将创意人才定义为具备较高的专业知识水平,拥有丰富的实际可行的创新能力,将需要传达的内容和信息利用自己的技能和手段进行转换、复制和加工,使其可以融入新的文化创意产品或服务中,推动该产品或服务的生产、流通和经营的具备多种能力、掌握产业运营多个环节的复合人才。厉无畏认为,创意人才富于想象、敢于创新,但同时流动性强。根据行业属性,他又将创意人才划分为文艺演出管理人才、出版发行和版权贸易人才、影视节目制作和交易人才、动漫和网络游戏制作人才、会展产业人才和艺术品创作及交易管理人才六类。

之后,国内陆续有学者开始探讨创意人才的相关界定。

赵曙明、李程骅(2006)指出,创意人才是以自主知识产权为核心,以"头脑"服务为特征、以专业或特殊技能为手段的"专精人才",这些人才很难被嫁接和替代。

唐芳(2009)从相对范围、类属等方面来理解创意人才,认为创意人才是与执行人相对的,具有创新精神、创新能力、拥有与其相适应的知识、技能水平,通过运用自己的创新能力提供高附加值的产品和服务的策划、管理、营销等人才。

蒋三庚、王晓红等(2009)借鉴国外职业说和行为说的观点,将创意人才定义为"掌握高水平知识和创新能力,能够运用自己的创作技能和手段创造新的创意产品或服务,并且能够推动该产品或服务的生产、流通和经营的人才"。

赵敏祥等(2015)认为:创意人才是指通过大脑对产品进行一定的文化层面的创造性"加工",从而产生经济附加值和文化效用的人才。他们在禀赋特质上凸显高度个性化,在知识层次上体现高"越界性",在能力层次上体现高引领性,在价值观层次上体现高人文情怀。

在此基础上,本文对创意人才的定义是:在某方面或某个领域具有较高的能力或技能,具有创造能力和创新的思维方式,并能通过自己的创作手段在文化层面或科技层面将其转化为创意成果,进而推动该产业发展的人才集合体。

案例导入

案例1

三个和尚喝水的故事

有一个寺庙,离河边比较远,需要人力挑水喝。但寺庙里的三个和尚都互相推诿,出现了一个和尚挑水喝、两个和尚抬水喝、三个和尚没水喝的局面。为解决这个问题,该寺庙住持与三个和尚共同商议解决喝水的问题,提出了三种方案。

第一种方案,叫"机制创新"。针对和尚挑水山高路长,一人一天挑一缸很累的问题,住持提出了一个接力挑水的好办法。即第一个和尚挑三分之一的路程,然后换第二个和尚接着挑三分之一的路程,最后转给第三个和尚挑到缸里。大家劳逸结合,每人分担一部分,都不觉得累,水很快就挑满了。

第二种方案,叫"管理创新"。住持召集三个和尚,要求引进一种竞争机制,立个新庙规。规则是三个和尚都去挑水,挑得多的和尚晚上吃饭加菜,挑得少的和尚,作为惩罚,没菜吃。为了有菜吃,三个和尚都拼命去挑,解决了慵懒的问题。

第三种方案,叫"技术创新"。针对三个和尚提出的天天挑水太累的问题,住持想了个引水的方法——利用山上的竹子。把竹子砍下来,中心打通,然后连在一起,用一个辘轳,把水摇上去。这样一个和尚负责摇,一个和尚负责倒水,还有一个和尚可以休息。三个人轮流换班,简便又轻松。

点评:困扰已久的"三个和尚没水喝"的难题,就这样通过庙住持的创新得到了根本解决。从这个案例我们可以看出:创新对于每个人、每个组织、每个民族都有极其重要的意义。我们可以从多角度来看待创意人才。

（2）创意人才分类

创意人才为我们带来新的生活,更带来了新的商机。创意人才在不同的行业中有着不同的身份和表现形式,依据不同的标准,创意人才可以分为不同的类型。

1. 依据创意人才创意产业领域划分

文化创意产业又称为创意产业,是对传统文化产业的发展和超越。文化创意产业是以创作、创造、创新为根本手段,以文化内容和创意成果为核心价值,以知识产权实现或消费为交易特征,为社会公众提供文化体验的行业集群。我国将创意产业分为十大产业,包括数字软件、工业设计、广告公关与咨询策划、创意地产与建筑、品牌时尚、广播影视、新闻出版、文化艺术、工艺品和创意生活等。与这十大产业相关的研究、设计、创作、人才培育、服务、设施、交流、制作、表演、演示、咨询顾问以及相关的经营与辅助活动都属于创意产业活动的范畴。据此,创意人才类别可以分为:设计创意人才、广告创意人才、软件业创意人才、视觉艺术创意人才、音乐创意人才、电影创意人才、出版业创意人才、动漫游戏创意人才等。

2. 依据创意人才创新活动的表现形式

（1）知识创新人才

知识创新人才位于创意产业价值链的最高端,是指运用已知的信息和条件,突破常规,发现或产生某种新颖、独特的有价值的新事物、新思想,并符合市场需求的专精人才。知识创新人才是创意产业的核心人才,这类人才往往对某一行业领域有着非常专业的知识储备,能够结合社会实际情况以及行业内部情况进行不断创新。他们工作以创新思维、创意点子迸发为主,并将创意转化为创意作品,决定着创意产业发展的水平和方向,是创意产业持续发展的最宝贵资源。设计策划人员(如工业设计师、建筑设计师、软件系统开发师、游戏软件设计师、咨询策划师等)和艺术创作人员(如作家、编剧、原创策划师、美术家、摄影家、词曲作家)属于知识创新人才。

（2）服务加工型人才

服务加工型人才是创意产业人才链上必不可少的重要环节。导演、导播、编辑、乐队指挥、歌舞影视演员、演奏家、动画师、工艺美术师、舞台美术师、软件编程师等大多属于服务加工型人才,他们能通过长期积累的专业知识、技能以及对社会文化的较深理解对原始的创意进行加

第一篇　创意莫基础

工和再创造,把原创和创意以最完美和最恰当的形式展现出来。

(3)技术创新人才

技术创新人才是指掌握一定创意产业的专业技术,能够运用高技术手段来完成创意产品或为创意产品提供技术服务的专业人才,他们位于创意产业价值链的中间。创意产品能否在第一时间博人眼球并从同类的商品中脱颖而出,与其实用性、审美性、艺术性等有很大关系,这需要不断吸纳现代科技的最新成果,从创意产品的基本形式、方式或手法到制作、营销、传播方式等方面进行改善,不断增加产品的附加值。这要求技术创新人才在自身具有较高的专业素养之外,必须具备创意灵感,善于把文化创意和科技创新结合到创意产品之中,典型的如电脑技术人才(动画设计制作、音效制作、电影特效制作等)、广告执行文案、录音师、照明师,咨询师等专业技术人才。

(4)组织管理型人才

组织管理型人才位于文化创意产业价值链的底端,是让创意产品最终产业化和市场化的推动力量。创意产品的价值实现要通过成功的市场交换才能完成,这就需要对创意产品的市场需求进行调查和预测,对创意产品的策划、设计、生产、销售等各个环节进行经营管理,对生产过程的人、财、物进行统一组织协调的经营管理型人才。与一般行业的经营管理人员不同的是,创意产业的组织管理人才不仅要精通经营管理,还要通晓创意产业的运作发展规律,能够深刻认识创意产品的文化属性和商品属性,一般说来,创意产业公司的高管、项目经理、拍卖师、评估师、经纪人、中介人、制片人、画廊经理、书商等都属于组织管理型人才。

案例 2

<h2 align="center">星巴克盈利模式创新</h2>

星巴克创始人霍华德·舒尔茨(Howard Schultzf)开创了把咖啡店打造成人们"第三空间"的理念,这是咖啡店盈利模式上的一种创新。何为"第三空间"?美国社会学家欧登伯格直观地提出第三空间的概念,他称家庭居住空间为第一空间,工作场所为第二空间,而城市的酒吧、咖啡店、博物馆、图书馆、公园等公共空间为第三空间。他还将在宽松、便利的环境中可以自由地释放自我定义为第三空间的主要特征。

20 世纪 90 年代,星巴克率先将"第三空间"的概念引入咖啡店中,通过把星巴克独特的文化、精神和环境的体验提供给消费者,让他们在这种非家、非办公的中间状态中有个好去处。这使得许多人把咖啡厅作为家和工作间以外最佳休闲或交流的据点,消费者能在这个地方愉快地完成自己的事情。

从星巴克的整体外观装修上来看,星巴克整体的风格是时尚的、简洁的、大方的。当然,其在不同地区的门店也会根据所在地区的文化特色进行装修,以与当地的文化景色融为一体。从星巴克自身的内部条件来说,星巴克的出品无疑是令人满意的。它在用材选料上都是比较严格的;在对咖啡师的培训中,星巴克会经常举行咖啡师之间进行交流的讲座茶会,让咖啡师们互相学习、互相交流,从而保证星巴克每一杯饮料的出品质量。一杯能够令人口齿留香的饮料,更加提升了顾客对星巴克的好感,让在星巴克"第三空间"内无论是闲聊、谈工作,抑或是独自休息的顾客都能从一杯美味的饮料中获得满足。

3. 依据创意人才创新活动的性质划分

（1）研究型创意人才

研究型创意人才是指那些主要从事创意活动的行业或群体中专业从事创意工作的人们，包括那些创新性文化产业实体中以创意工作为本职专业、专心从事创意的人们，如影视制作、动漫艺术中的策划人，建筑设计人才，会展文献人才等；与消费活动相关的时尚艺术创造中的设计人员，服装设计、广告设计人才等；与民间艺术传承相关的工艺美术品设计人才等，均属于研究型创意人才。

（2）综合型创意人才

综合型创意人才是指那些在文化活动中或物质生产活动中主要从事生产与创造，但其活动又常常具有突出的创意含量的人们。例如艺术、体育、旅游、休闲、娱乐等行业中的编剧、导演、导播、摄影师、演员、工程师、广告人、经纪人等；新媒介人阶层，包括投资人、经纪人、传媒中介人、制作人、销售商、文化公司经理等。在长期的文化创新活动中，他们要对各个环节和流程进行丰富的、富有创建性的构想和创意，最大限度地发挥着创意才能。

（3）应用型创意人才

应用型创意人才是指在社会化工作与生产中参与创意工作的人才。在当代，更多智力密集人群正逐渐从技能型向创新型、创意型转变，他们在各自的岗位上发挥着聪明才智，不断改善与运用自己的创新性思维，推出许多富有价值的创意，并逐步成为"创意阶层"的重要构成。

第二节　创意人才的特征

案例导入

案例1

以"工匠精神"追求创新

1997年，铁根全从金川集团公司技校毕业，成为镍冶炼厂车间的一名维修工。对铁根全来说，现场的维修操作难度并不大，通过向他人请教及一段时间的实践，他很快便能独立作业了。在参加工作的第六年，他被选为检修班班长。在工作期间，他还通过自主进修，先后获得了大专学历、国家职业资格等级"钳工"高级资格证书、国家职业资格等级"加压浸出工"高级资格证书。

2008年，铁根全所属车间的关键设备加压泵出现了故障，导致传动箱抱死，严重影响了车间生产。当时，金川集团公司镍电解车间是国内首家电解镍生产单位，无论是设备的检修还是选型，在国内都没有任何可借鉴的经验，只能靠自己摸索。故障发生后，检修班立即对加压泵进行维修，从当天下午5点开始，一直检修到第二天上午10点，都没有发现故障源所在。随后，在其他工友回去休息的时候，铁根全一个人又回到检修现场，重新梳理故障原因。涡轮、涡轮杆、"N"轴总成……随着对设备的仔细检查，他终于发现了故障源所在——一个十字连杆接销掉落了。在做了简单的维修后，设备恢复了运转。

这件事引发了铁根全的深思:"这么小的一个故障,全班人竟找了十几个小时都没发现。仔细一想,还是我们学艺不精,对设备的了解不够透彻。"

此后,铁根全就带领班组人员,开始对车间内各项设备的结构进行剖析与研究,有效提升了班组检修设备的效率与质量。铁根全还通过自己的研究,与班组成员共同探讨,提出了对加压泵外移及加压泵作业方式改造方案,大大降低了加压泵的故障率,使加压泵作业率由 90% 提高到 96%,提升了生产线的稳定性。

20 年来,正是这种出于对工作的热爱,铁根全才勤于钻研、敢于担当、勇挑重担,他心中的责任感和使命感,激发了他的创新潜能。他参与完成的《提升电积镍品级率》全球质量管理小组(Quality Control Circle, QC)活动成果,连续 3 年荣获中国有色行业、中国优秀 QC 小组成果一等奖。他发明的"自制往复泵管道缓冲装置""润滑油取用装置""联轴器拆除安装装置""PVC 管道黏接装置""离心萃取机封拆除装置"等 40 余项技术创新成果被广泛应用于日常检修工作,年节约备件和检修费用 340 余万元。

铁根全先后被授予"甘肃省技术标兵""金昌市创新模范""金昌市五一劳动奖章""金昌十佳工匠""金川集团公司技术创新能手""镍冶炼厂优秀创新能手""金冶炼厂金牌党员"等诸多荣誉称号,他带领的班组也被授予"甘肃省创新型班组""标杆班组""模范班组"等荣誉称号。

思考:在铁根全身上,你看到了哪些优秀的创新品质?

真正的创意人才,必然是立足于现实又能面向未来的创新者。创意人才与循规者的区别就在于创新者具有创新意识、创新思维、创新知识、创新能力、创新精神并能够取得创新成果,而循规者则是常规思维占主导地位,创新意识、创新能力、创新精神不强,习惯于按照常规的方法处理问题。创意人才通常有以下特征:

1. 强烈的创新意识

相对于生产线上工人的流水作业和一般行政管理人员的日常简单、重复的工作,创意人才的工作是一个全新创造过程,思维过程基本没有现成例子可以参照,强烈的创新意识是创意人才最重要的特征。佛罗里达认为,那些属于创意阶层的人们虽然从事不同的行业,但其共同点是他们经常会有创新的想法,发明新技术,从事创造性的工作,在工作中充分发挥个人的创造性,并且进行各种新的尝试。这些人具备良好的进取和创新意识,有强烈的事业心和历史责任感;有追求改变、革新的强烈愿望,面对新问题、新情况善于思考,勇于批判,敢于探寻问题及其症结所在;能够创新性地提出科学的解决方案和改进措施。他们处理问题别具一格,给人耳目一新的新鲜感。

案例 2

发明大王中松义郎

日本东京郊外,有一座极为普通的建筑。木制的门上,刻着这样一行金字:中松义郎研究所。你可别小瞧这家研究所,该所所长中松义郎博士被称为"世界上发明最多的人"。他拥有 3 000 多项发明专利,比美国"发明大王"爱迪生还多。

生于 1929 年的中松义郎,从小就显示出发明的天赋。他 5 岁时,发明了"自动离心重力调整器",用于自动驾驶仪,并申请了专利。这是他的第一项发明,其发明家的生涯由此开始。中松上学后,为了不耽误自己的正常学习,他总是在晚上去图书馆查阅资料,在节假日研究发明。当他的同龄人还在玩沙子时,他已经在阅读大学课本、在科技的世界里遨游了。7 岁时,他发明了"折叠式登陆器",此后又因学习成绩优秀而连跳两级。考入东京帝国大学工程系后,中松的发明热情便一发不可收拾。迄今,他已拥有 3 000 多项发明专利,并因此赢得了种种荣誉。他曾获得 50 次"世界发明奖",还被美国国家科学院评为"历史上最伟大的五名科学家"之一,与阿基米德、居里夫人等人齐名。

中松义郎对记者说,他的发明灵感,首先来自母爱,其次才是钻研。中松的母亲是位教师,从小就教育他:"无论做什么事情,一定要充满热爱。热爱,能产生智慧,产生灵感。"当她发现儿子的发明才能后,便尽其所能帮助他。她节衣缩食,为儿子提供经费,鼓励儿子把图纸变成模型,并四方奔走帮儿子申请专利。1943 年冬季的一天,中松义郎看到母亲试图把酱油从一个大罐中倒入一个餐桌上用的小瓶里。天气很冷,母亲哆嗦着双手,怎么也倒不进去,酱油洒了一地。中松看了非常心疼。"我很爱她,因此希望能助她一臂之力",中松回忆说。他发誓要发明一种便利装置帮助母亲。没过多久,14 岁的他便成功地研制出一种手压泵。此后,这种主要用于煤油、柴油和汽油的塑料手压泵畅销日本和其他许多国家,时至今日,仍在使用。正是有了母爱和母亲的谆谆教导,他才得以源源不断地推出各种发明。

中松义郎对发明的宗旨是:既要富有创意,又要经济实用。他的第一项重要发明是电脑用的 3.5 寸软盘。1950 年,正在东京帝国大学上学的中松义郎,不分昼夜地忙于学习和发明。为了使超负荷运转的大脑得到放松,他喜欢边工作边欣赏贝多芬的第五交响曲。当时的留声机是每分钟 78 转,音质不好,而且经常发出"嘶嘶"的杂音。如何提高音质?中松一番思索后发明了软盘,从而开创了存储时代的新纪元。他的另一项重要发明是 1980 年研制的"飞行鞋",这种鞋底部带弹簧,穿上它走路可健步如飞,着实让日本青年疯狂了 10 多年。

2. 开放的创新思维

创新思维是创意人才最基本,也是最重要的一种思维方式。创意人才要有较强的想象力和逆向思维能力,他们脑子活、主意多,不板滞不拘泥,善于捕捉机会;具备前瞻、独创、灵活的思维方式,能对事物进行正确的分析和判断;发现别人没有发现的新事物、新内容、新方法、新途径,能够做到独辟蹊径、突破困境,把风马牛不相及的事物联系在一起,由一个设想引出另外一个设想或更多的设想,构思创意,从而不断地创作出新的作品。

案例 3

迪士尼的卡通创意

迪士尼年轻时穷困潦倒,不得不与太太租住在一间破旧的房子里。每天都有很多老鼠在房间里乱窜,迪斯尼夫妇苦中作乐,常借着老鼠的滑稽动作聊以宽慰。

他们最终因付不起房租而被房东赶了出来。经济拮据的夫妇两人只好栖身在公园的长椅上。

夜幕降临,突然行李包里伸出一个小脑袋,那是他平时喜欢逗弄的一只小老鼠。看着机灵的小老鼠,迪士尼脑海里产生了一个新奇的创意,他惊喜地说道:"世上一定还有不少像我们这样的穷人,他们也需要有自己的快乐,就让可爱的老鼠去逗他们开心吧。"

三、丰富的知识储备

创意工作涉及不同领域各个方面,创意人才必须是拥有"越界"的知识和素质能力的复合型人才,不仅有丰富的知识结构、广博而精深的专业知识,还有深厚而扎实的基础知识;不仅精通自己的专业并掌握所从事专业领域的最新成果和发展动态,还要了解与自己专业相关的横向学科知识及其发展。

案例4

钱学森的故事

钱学森回国后长期担任火箭、导弹和卫星研制的技术领导职务,为创建和发展我国的导弹、航天事业做出了杰出的贡献。在工程控制论、系统工程和系统科学、思维科学和人体科学以及马克思主义哲学等许多理论领域都进行过创造性研究,做出了重大贡献。他在1956年获中国科学院自然科学奖一等奖,1985年获国家科技进步奖特等奖,1991年被国务院、中央军委授予"国家杰出贡献科学家"荣誉称号和一级英模奖章,中国科学院院士,1994年当选为中国工程院院士。

钱学森共发表专著7部,论文300多篇。主要贡献表现在以下几方面:

1. 应用力学

钱学森在应用力学的空气动力学方面和固体力学方面都做过开拓性的工作。他与冯·卡门合作进行的可压缩边界层的研究,揭示了这一领域的一些温度变化情况,创立了卡门-钱学森方法;与郭永怀合作最早在跨声速流动问题中引入上下临界马赫数的概念。

2. 喷气推进与航天技术

从20世纪40年代到60年代初期,钱学森在火箭与航天领域提出了若干重要的概念:在40年代提出并实现了火箭助推起飞装置(JATO),使飞机跑道距离缩短;在1949年提出了火箭旅客飞机概念和关于核火箭的设想;在1953年研究了行星际飞行理论的可能性;在1962年出版的《星际航行概论》中,提出了用一架装有喷气发动机的大飞机作为第一级运载工具,用一架装有火箭发动机的飞机作为第二级运载工具的天地往返运输系统概念。

3. 工程控制论

工程控制论在其形成过程中,把设计稳定与制导系统这类工程技术实践作为主要研究对象。钱学森本人就是这类研究工作的先驱者。

4. 物理力学

钱学森在1946年将稀薄气体的物理、化学和力学特性结合起来的研究,是先驱性的工作。1953年,他正式提出物理力学概念,主张从物质的微观规律确定其宏观力学特性,改变过去只靠实验测定力学性质的方法,大大节约了人力物力,并开拓了高温高压的新领域。

5. 系统科学

钱学森对系统科学最重要的贡献,是他发展了系统学和开放的复杂巨系统的方法论。

6. 思维科学

钱学森站在科技发展的前沿,提出创建思维科学这一科学技术部门,他主张发展思维科学要同人工智能、智能计算机的工作结合起来。以自己亲身参与应用力学发展的深刻体会,他指明研究人工智能、智能计算机应以应用力学为借鉴,走理论联系实际、实际要理论指导的道路。他还认为形象思维学的建立是当前思维科学研究的突破口,也是人工智能、智能计算机的核心问题。

7. 人体科学

钱学森是中国人体科学的倡导者。他提出用"人体功能态"理论来描述人体这一开放的复杂巨系统,研究系统的结构、功能和行为。在钱学森指导下,北京航天医学工程研究所的研究人员把系统科学的理论在人体系统上体现出来,开始使人体科学研究有了客观指标和科学理论。

8. 科学技术体系与马克思主义哲学

钱学森认为,马克思主义哲学是人类对客观世界认识的最高概括,也是现代科学技术(包括科学的社会科学)的最高概括。钱学森将当代科学技术发展状况,归纳为十个紧密相连的科学技术部门。

四、敏锐的观察能力

创意的过程是一个从抽象到具象、从虚无到真实、从无到有的艰难的创作过程,这其中需要创意人才具有敏锐的观察能力、深刻的洞察能力、见微知著的直觉能力和一触即发的灵感和顿悟;不断地将观察到的事物与已掌握的知识联系起来,发现事物之间的必然联系,发现别人没有发现的。

案例 5

微波炉的产生

微波炉的发明者是美国的斯本塞(Spence)。斯本塞于 1921 年生于美国亚特兰大城。1939 年,他加入了海军,半年后因伤而退役,进入美国潜艇信号公司工作,开始接触各类电器,稍后又进入专门制造电子管的雷声公司。由于工作出色,1940 年,他由检验员晋升为新型电子管生产技术负责人。天才加勤奋使他先后完成了一系列重大发明,令许多老科学家刮目相看。那时,英国科学家们正在积极从事军用雷达微波能源的研究工作。伯明翰大学两位教授设计出一种能够高效产生大功率微波能的磁控管。但当时英德处于决战阶段,德国飞机对英伦三岛狂轰滥炸,因此,这种新产品无法在国内生产,只好寻求与美国合作。1940 年 9 月,英国科学家带着磁控管样品访问美国雷声公司时,与才华横溢的斯本塞一见如故、相见恨晚。在他的努力下,英国和雷声公司共同研究制造的磁控管获得成功。

一个偶然的机会,斯本塞萌生了发明微波炉的念头。1945 年,他观察到微波能使周围的物体发热。有一次,他走过一个微波发射器时,身体有热感,不久他发现装在口袋内的糖果被微波溶化了。还有一次,他把一袋玉米粒放在波导喇叭口前,然后观察玉米粒的变化。他发现玉米粒放在波导喇叭口与放在火堆前一样。第二天,他又将一个鸡蛋放在喇叭口前,结果鸡蛋受热突然爆炸,溅了他一身。这更坚定了他的"微波能使物体发热"的论点。雷声公司受斯本塞实验的启发,决定与他一同研制能用微波热量烹饪的炉子。几个星期后,一台简易的炉子制成了。斯本塞用姜饼做试验。他先把姜饼切成片,然后放在炉内烹饪。在烹饪时他屡次变化磁控管的功率,以选择最适宜的温度。经过若干次试验,食品的香味飘满了整个房间。1947年,雷声公司推出了第一台家用微波炉。可是这种微波炉成本太高、寿命太短,从而影响了微波炉的推广。1965年,乔治·福斯特(George Foster)对微波炉进行了大胆改造,与斯本塞一起设计了一种耐用且价格低廉的微波炉。1967年,微波炉新闻发布会兼展销会在芝加哥举行,获得了巨大成功。从此,微波炉逐渐走入了千家万户。由于用微波烹饪食物又快又方便,不仅味美,而且有特色,因此有人诙谐地称之为"妇女的解放者"。

五、坚忍的意志

创意工作是一项极其艰辛、偶尔才有成就感的工作。一个初级的创意观点变成现实可行的成功创意,背后往往是数个、数十个,甚至数百个未成形的雏形作为铺垫。创意人才在工作中,除了拥有一个奇思妙想的头脑,往往还表现出很强的耐挫力,面对自己的理想目标时,具有坚定信念;而面对现实困难时,敢于迎难而上百折不挠,不达目标誓不罢休。

案例6

电灯的发明

灯是人类征服黑夜的一大发明。19世纪前,人们用油灯、蜡烛等来照明,这虽已冲破黑夜,但仍未能把人类从黑夜的限制中彻底解放出来。只有发电机的诞生,才使人类能用各式各样的电灯让世界大放光明,把黑夜变为白昼,从而扩大了人类活动的范围,使他们赢得更多的时间为社会创造财富。

真正发明电灯并使之大放光明的是美国发明家爱迪生(Edison)。他是铁路工人的孩子,小学未读完就辍学了,靠在火车上卖报度日。爱迪生是一个异常勤奋的人,他喜欢做各种实验,制作出许多巧妙的机械。他对电器十分感兴趣,自从法拉第发明电机后,爱迪生就决心制造电灯,为人类带来光明。

爱迪生在认真总结了前人制造电灯的失败经验后,制订了详细的试验计划,分别在两方面进行试验:一是分类试验1 600多种不同耐热的材料;二是改善抽空设备,使灯泡有高真空度。他还对新型发电机和电路分路系统等进行了研究。爱迪生将1 600多种耐热发光材料逐一地试验下来,唯独白金丝性能最好,但白金价格贵得惊人,务必要找到更适宜的材料来代替。1879年,几经实验,爱迪生最后决定用碳丝来做灯丝。他把一截棉丝撒满炭粉,弯成马蹄形,装到地烟中加热,做成灯丝,放到灯泡中,再用抽气机抽去灯泡内空气,电灯亮了,竟能连续使用45个小时。就这样,世界上第一批碳丝白炽灯问世了。1879年除夕,爱迪生电灯公司所在地洛帕克街灯火通明。

为了研制电灯,爱迪生在实验室里常常一天工作十几个小时,有时连续几天试验。发明碳丝做灯丝后,他又接连试验了6 000多种植物纤维,最后又选用竹丝,透过高温密闭炉烧焦,再加工,得到炭化竹丝,装到灯泡里,再次提高了灯泡的真空度,电灯竟可连续点亮1 200个小时。电灯的发明,曾使煤气股票3天内猛跌20%。

第三节　创意人才相关心理测试

一、创新意识测试（来自百度文库）

【指导语】

有些人惰性比较强,习惯于按照过去的模式生活和处理事物,不愿意变换自己的工作环境和方式;而有的人则喜欢求新求变,喜欢不断地去尝试,喜欢创造。变革意识是对事物变化的敏感性,对待事物的灵活性和创新意识。变革意识是获得创造力的前提,唯有不断创新变革,才能一步步地走向成功。

本测试题测查了人的变通性,尤其是打破传统而求变化的变革意识。请针对以下描述进行打分,打分范围为1~6分,1分表示非常同意,2分表示比较同意,3分表示少许同意,4分表示不太同意,5分表示很不同意,6分表示极不同意。分数越高表示越不同意。请根据自己的实际感觉快速作答,表3-1给出的题目。

表 3-1　创新意识测试表

题目	非常同意	比较同意	少许同意	不太同意	很不同意	极不同意
1. 印在纸上的主意、想法,其价值还不如印它们的纸张。	1	2	3	4	5	6
2. 世界上有两种人,一种人追求、拥护真理,另一种人排斥真理。	1	2	3	4	5	6
3. 大多数人并不知道什么才是对他有益的。	1	2	3	4	5	6
4. 人生中的大事就是去做自己认为重要的事。	1	2	3	4	5	6
5. 在这个复杂的世界里,要了解事情的演变情形,唯一途径就是依赖我们信任的领导或专家。	1	2	3	4	5	6
6. 在当代论点不同的所有哲学家当中,有可能只有1~2位才是正确的。	1	2	3	4	5	6
7. 大多数人根本不会替别人稍微设身处地地想一想。	1	2	3	4	5	6
8. 最好听取自己所尊敬的人的意见再做判断和决定。	1	2	3	4	5	6
9. 唯有投身追求一个理想,才能使生命变得有意义。	1	2	3	4	5	6
10. 当有人顽固不肯认错时,我就会很急躁。	1	2	3	4	5	6

【计分方法】:最后将所有分数相加得出一个总分。

【结果说明】:

10~18分:变革意识较低;

19~40分:变革意识中等;

41~60分:变革意识较高。

变革意识是企业管理者获得创造力的前提,具有变革意识才能敏锐地感受到别人未注意到的情况和细节,才能不断地发现每名员工的需要和潜力,能从平常的事例中透视出缺陷和问题,巧妙地利用这些发现推进组织管理的技巧和艺术。对于管理者的变革意识的强化是一项经常性、持久性的工作。培养适宜开发变革意识和创造性的组织氛围,应注意在组织中创造开放式的意见沟通气氛和团队合作气氛,使研究人员和操作人员适度分离,允许研究开发人员有一定的弹性时间,并且对员工的建议不要过早地下结论和批评,以免扼杀好的建议和员工的热情。

二、托拉斯测试法(选自豆丁网)

【指导语】这是根据美国著名心理学家托拉斯(Trust)的研究成果编成的,简称托拉斯测试法(表3-2)。它要求对下面20种情况做出判断,如果符合自己的情况得1分,如果不符合则得0分。

表3-2　托拉斯测试法

题目	不符合	符合
1. 在做事、观察事物和听人说话时,我能专心一致。	0	1
2. 我说话、写作文时经常用类比的方法。	0	1
3. 我能全神贯注地读书、书写和绘画。	0	1
4. 完成老师布置的作业后,我总有一种兴奋感。	0	1
5. 我不大迷信权威,常向他们提出挑战。	0	1
6. 我很喜欢(或习惯)寻找事物的各种原因。	0	1
7. 观察事物时,我向来很精细。	0	1
8. 我常从别人的谈话中发现问题。	0	1
9. 在进行带有创造性的工作时,我经常忘记时间。	0	1
10. 我总能主动地发现一些问题,并能发现和问题有关的各种关系。	0	1
11. 除了日常生活,我平时差不多都在研究学问。	0	1
12. 我总对周围的事物保持着好奇心。	0	1
13. 对某一些问题有新发现时,我精神上总能感到异常兴奋。	0	1
14. 通常,我对事物能预测其结果,并能正确地验证这一结果。	0	1
15. 即使遇到困难和挫折,我也不会气馁。	0	1
16. 我经常思考事物的新答案和新结果。	0	1

题目	不符合	符合
17. 我有很敏锐的观察能力和提出问题的能力。	0	1
18. 在学习中,我有自己选定的课题,并能采取自己独有的发现方法和研究方法。	0	1
19. 遇到问题,我经常能从多方面来探索它的解决办法而不是固定在一种思路上或局限在某一方面。	0	1
20. 我总有些新的设想在脑子里涌现,即使在游玩时也常能产生新的设想。	0	1
总分(所有题目分数相加得出一个总分)		

【计分方法】最后将所有分数相加得出一个总分。

【结果说明】这里列出的 20 道题是一个高创造性学生所具有的个性心理特征。

0～20 分,分数越高则你的创造心理越好,也就标志着你的创造力可能也越高。

18 分以上,说明你的创造心理特征很好;

14～17 分,则说明你的创造心理特征良好;

10～13 分,则说明你的创造心理特征一般;

6 分以下则说明你的创造心理特征比较差。

三、威廉斯创造力倾向测验表（选自智为心理评测系统）

【指导语】

这是一份帮助你了解自己创造力的表单。在下列句子中,如果你发现某些句子所描述的情形很适合你,则请在题后的表格里"完全符合"的选项内打"√";如果某些句子只是在部分时候适合你,则在"部分符合"的选项内打"√";如果某些句子对你来说根本是不可能的,则在"完全不符"的选项内打"√"。

答题的注意事项:每一题都要做,不要花太多时间去思考;所有题目都没有"正确答案",凭你读完每一句的第一印象作答;虽然没有时间限制,但尽可能地争取以较快的速度完成,越快越好;凭自己的真实感受作答,在最符合自己的选项内打"√";每一题只能打一个"√"。

题目	完全不符	部分符合	完全符合
1. 我喜欢试着对事情或问题进行猜测,即使不一定猜对也无所谓。	1	2	3
2. 我喜欢仔细观察我没有见过的东西,以了解详细的情形。	1	2	3
3. 我喜欢变化多端和富有想象力的故事。	1	2	3
4. 画图时我喜欢临摹别人的作品。*	1	2	3
5. 我喜欢利用废旧物品(如旧报纸、瓶子、盒子等)做些好玩的东西。	1	2	3
6. 我喜欢幻想一些我想知道或想做的事。	1	2	3
7. 如果事情不能一次完成,我会继续尝试,直到完成为止。	1	2	3
8. 做事情喜欢参考各种不同的材料以便得到多方面的了解。	1	2	3

续表

题目	完全不符	部分符合	完全符合
9. 我喜欢用相同的或老的方法做事情,不喜欢另找新方法。*	1	2	3
10. 对问题我喜欢刨根问底。	1	2	3
11. 我喜欢做许多新鲜的事。	1	2	3
12. 我不容易结交新朋友。*	1	2	3
13. 我喜欢想一些不会在我身上发生的事。	1	2	3
14. 我喜欢想象有一天能成为艺术家、音乐家或诗人。*	1	2	3
15. 我会因为一些令人兴奋的念头而忘了其他的事。	1	2	3
16. 我真想生活在太空站,不想生活在地球上。	1	2	3
17. 我认为所有问题都有固定的答案。*	1	2	3
18. 我喜欢与众不同的事情。	1	2	3
19. 我常常想知道别人正在想什么。	1	2	3
20. 我喜欢故事或电视节目所描写的事。	1	2	3
21. 我喜欢和朋友在一起,和他们分享我的想法。	1	2	3
22. 如果一本故事书的最后一页被撕掉了,我就自己编造一个故事把结果补上去。	1	2	3
23. 我长大后,想做一些别人从没想过的事。	1	2	3
24. 尝试新的游戏和活动,是一件有趣的事情。	1	2	3
25. 我不喜欢受太多规则的限制。	1	2	3
26. 我喜欢解决问题,即使没有正确答案也没关系。	1	2	3
27. 有很多事情我都很想亲自去尝试。	1	2	3
28. 我喜欢唱没有人知道的新歌。	1	2	3
29. 我不喜欢在班上同学面前发表意见。*	1	2	3
30. 当我读小说或看电视时,我喜欢把自己想象成故事中的人物。	1	2	3
31. 我喜欢幻想古代人类生活的情形。	1	2	完全符合
32. 我常想自己编一首新歌。	1	2	3
33. 我喜欢翻箱倒柜,看看有些什么东西在里面。	1	2	3
34. 画图时,我很喜欢改变各种东西的颜色和形状。	1	2	3
35. 我不敢确定我对事情的看法都是对的。*	1	2	3
36. 对于一件事情先猜猜看,然后再看是不是猜对了,这种方法很有趣。	1	2	3
37. 玩猜谜之类的游戏很有趣,因为我想知道结果如何。	1	2	3
38. 我对机器感兴趣,也很想知道它里面是什么样子,以及它是怎样转动的。	1	2	3
39. 我喜欢可以拆开来的玩具。	1	2	3

续表

题目	完全不符	部分符合	完全符合
40. 我喜欢想一些新点子,即使用不上也无所谓。	1	2	3
41. 一篇好的文章应该包含许多不同的意见和观点。	1	2	3
42. 为将来可能发生的问题找答案,是一件令人兴奋的事。	1	2	3
43. 我喜欢尝试新的事情,目的只是为了想知道会有什么结果。	1	2	3
44. 玩游戏时,我通常是重在参与,而不在乎输赢。	1	2	3
45. 我喜欢想一些别人常常谈过的事情。*	1	2	3
46. 当我看到一张陌生人的照片时,我喜欢去猜测他是一个什么样的人。	1	2	3
47. 我喜欢翻阅书籍及杂志,但只想大致了解一下。	1	2	3
48. 我不喜欢探寻事情发生的各种原因。	1	2	3
49. 我喜欢问一些别人没有想到的问题。	1	2	3
50. 无论是在家里还是在学校,我总喜欢做很多有趣的事。	1	2	3
冒险性得分(1、5、21、24、25、28、29、35、36、43、44 题分数相加)			
好奇性得分(2、8、11、12、19、27、33、34、37、38、39、47、48、49 题分数相加)			
想象力得分(6、13、14、16、20、22、23、30、31、32、40、45、46 题分数相加)			
挑战性得分(3、4、7、9、10、15、17、18、26、41、42、50 题分数相加)			

【计分方法】本量表共 50 题,其中:

1. 冒险性 11 题(1、5、21、24、25、28、29、35、36、43、44),其中 29 和 35 为反向题目。

2. 好奇性 14 题(2、8、11、12、19、27、33、34、37、38、39、47、48、49),其中 12 和 14 为反向题目。

3. 想象力 13 题(6、13、14、16、20、22、23、30、31、32、40、45、46),其中 45 为反向题目。

4. 挑战性 12 题(3、4、7、9、10、15、17、18、26、41、42、50),其中 4、9、17 为反向题目。

正向题目完全符合 3 分,部分符合 2 分,完全不符 1 分;反向题目(带 * 号的题目)完全不符 3 分,部分符合 2 分,完全符合 1 分。

【结果说明】计算自己的得分,得分高说明自己的创造力强,得分低说明创造力有待提高。

参考文献:

1. 理查德·佛罗里达. 创意阶层的崛起[M]. 司徒爱勤,译. 北京:中信出版社,2010.

2. 厉无畏. 创意产业导论[M]. 上海:学林出版社,2006.

3. 宋一然,罗芳. 大学生创意创新创业教程[M]. 上海:上海交通大学出版社,2017.

4. 李伟,张世辉. 创新创业教程[M]. 北京:清华大学出版社,2015.

5. 廖益,赵三银. 大学生创新创业入门教程[M]. 北京:北京理工大学出版社,2019.

6. 郭金玫,珠兰. 大学生创新创业基础[M]. 上海:上海交通大学出版社,2017.

7. 杨敏,陈龙春. 大学生创业基础[M]. 杭州:浙江大学出版社,2014.

8. 薛永基. 创业基础、理念、方法与应用[M]. 北京:北京理工大学出版社,2016.

9. 孙俊岭,李莹. 创新精神的典范与背景考察[M]. 北京:中国青少年音像出版社,2004.

10. 杜鹏举,罗芳. 大学生创新创业基础[M]. 北京:中国铁道出版社,2018.

第四章
创新与创新意识

学习目的

1. 掌握创新的概念、类型、原则;
2. 掌握创新意识的界定、类型、特征及其重要性。

创新作为推动我国由高速发展向高质量发展的重要动力,越来越受到重视,但很明显,创新及创新意识不是那么容易形成的,不然全世界不会只有一个乔布斯、一个苹果公司了。本章主要概述了创新和创新意识的内涵、相关要素、基本特点,并介绍了克服思维障碍的途径,有助于判断学生的创新潜力并培养创新能力。

案例

全球创新创业的楷模

2011 年 10 月 6 日,美国苹果公司前首席执行官乔布斯逝世,美国总统奥巴马及其夫人米歇尔发唁电悼念乔布斯,并发表讲话,称乔布斯是"最伟大的美国创新家"。

1955 年 2 月 24 日,史蒂夫·乔布斯(Steve Jobs)出生在美国旧金山。乔布斯从小就迷恋电子学。一位惠普的工程师看他如此痴迷,就推荐他参加惠普公司的"发现者俱乐部"。这是个专门为年轻工程师举办的聚会,每星期二晚上在公司的餐厅中举行。就在一次聚会中,乔布斯第一次见到了电脑,他开始对计算机有了一个朦胧的认识。

1976 年,21 岁的乔布斯与 26 岁的史蒂夫·沃兹尼亚克(Sterve Wozniak)在自家的车库里成立了公司,公司的名称由偏爱苹果的乔布斯一锤定音——苹果。后来流传开来的就是那个著名的商标——一只被人咬了一口的苹果,而他们的自制电脑则顺理成章地被追认为"苹果 1号"了。

1985 年因为经营理念不同,乔布斯离开了苹果公司。他成立了皮克斯动画工作室,并在1995 年推出了全球首部全 3D 立体动画电影《玩具总动员》。

1996年,苹果公司陷入经营困局,乔布斯临危受命,重返苹果公司。回到苹果公司的乔布斯大刀阔斧地进行改革,摒弃了当时已经垄断操作系统的微软视窗软件,开始研发自己的操作系统及生态圈。

1997年iMac上市。它是一款全新的电脑,代表着一种未来的理念。半透明的外壳,一扫电脑灰褐色的千篇一律的单调,似太空时代的产物,加上发光的鼠标,以及1 299美元的价格,使苹果公司渡过了财政危机。

2000年科技股泡沫破灭,乔布斯又提出将PC设计成"数字中枢"的创新理念,随后开发的iTunes,iPod和iTunes Store获得了市场的追捧。

2007年1月9日,苹果手机iphone发布,这款智能手机颠覆了所有人对手机的理解,同步推出的苹果商店更为苹果生态圈搭上了最后一块积木,成为一个完美的闭环,程序开发者、运营商、苹果公司成了一个命运共同体。

2010年1月27日,苹果公司平板电脑iPad正式发布,但是这款产品并不被外界看好:它没有键盘,不像手机也不像电脑,大多数专家都认为iPad不能用于工作,它只是一个数码玩具。结果这个不被大家看好的产品受到了消费者的追捧,大大压缩了笔记本电脑的市场份额。

2014年苹果推出智能手表Apple Watch,2016年苹果推出第一代无线耳机AirPods,都受到市场的欢迎,并引起竞争对手争相模仿。

2018年8月,苹果公司市值突破一万亿美元大关,正式成为全球首家市值突破万亿美元的科技公司。乔布斯创业征途上的每一步都是如何和创新紧密结合在一起的?乔布斯在所涉足领域都给世人留下印象深刻的颠覆性创新的意义何在?

第一节 创新

导读

创新不仅仅体现在商业方面,它也是一个民族进步的灵魂,中国的革命史就是不断实践和创新的过程,从土地改革、农村包围城市、论持久战,到中华人民共和国成立、改革开放,中国在马克思列宁主义的基础上不断创新,走出了一条中国特色社会主义道路。我们也可以看到反面的惨痛经历,正是因为一直固守着斯大林模式,苏联,这个曾经历史上最为伟大的社会主义国家,终于在一夜之间,倏然崩塌。正如中国俗话中提到的,"流水不腐,户枢不蠹"。

一、创新的概念

创新概念有广义和狭义两个层次,广义的理解是在我们生活的这个网络中,任何一个结点都可能成为创新行为实现的特定空间。创新行为可以表现在科学、技术、教育、体制和经济模式等不同的方面。狭义的理解是创新基于技术和经济效益的结合,即创新是从产生新的想法到生产出产品再到销售的一系列过程。从经济学角度上说,创新是为满足社会需求而对旧的进行改造、改进或创造出新的,并能获得一定有益效果的行为。创新理论经过在不同领域的不断发展,现在发展为包括三个范畴的概念,分别是哲学概念、经济学概念和社会学概念。

(一)创新的哲学概念

从哲学上来说创新是一种创造性的实践行为,这种实践行为是对已有资源的利用和再创造,是人类对发现行为的再创造,是对物质世界矛盾的再创造。人类通过对物质世界的利用和再创造,制造新的矛盾关系并形成新的物质形态。因此可以从以下四个方面来理解创新的哲学思想。

从物质的发展角度来说创新带来物质的发展。在实践的范畴上创造新事物就是创新。任何有限的存在都是可以被再创造的,而物质的存在和不存在属于一种矛盾,所以矛盾是创新的核心,创新的无限性源于物质世界的无限性。

从意识的发展角度来说,创意是创新的思维形态,意识的新发展在于人对自我的创新,所以创新是人对现在的自我否定,对重复、简单方式的否定,这是人类得以发展的原因,用新的创造方式来创造新的自我。

认识论认为创新是自我意识的发展。而意识的发展源于对过去的否定,其发展会推动行为的发展。那么,从认识的角度来说,创新就是用更加有广度、深度的视觉来观察和思考世界,并将这种认识作为日常习惯贯穿于具体实践活动中。

从辩证法的角度说,事物是不断变化发展的,发展的实质是新事物的产生和旧事物的灭亡,只有树立创新意识并付诸实践,才能实现事物的发展。要坚持创新,破除思想僵化、墨守成规和安于现状的旧观念。

因为整个世界在空间上和时间上都是无限的,因此人们应当在实践的基础上不断地深化认识、扩展认识,所以要树立创新意识,使人的认识不断地向前发展。

(二)创新的经济学概念

创新的经济学概念起源于 1912 年美国经济学家约瑟夫·熊彼特出版的《经济发展理论》。熊彼特在此书中提出:"所谓创新就是要'建立一种新的生产函数',即生产要素的重新组合。"企业家的职能是实现这种创新即引进新的组合,通过不断地引进新组合来促进资本主义社会的经济发展。换而言之,资本主义社会的经济发展的核心驱动力就是不断地创新。因此资本主义社会存在的周期性的经济波动的内在因素就是创新过程中的非连续性,并且不同的创新对资本主义社会的经济发展产生不一样的影响,经济周期的长短也不一样。熊彼特将创新定义为"把一种新的生产要素和生产条件的新结合引入生产体系中以实现对生产要素或生产条件的新组合"。在熊彼特之后,也有许多的学者提出了关于创新在经济学上的定义。

同样在 20 世纪 60 年代,迈尔斯和马奎斯提出:"技术创新是从新思想和新概念到运用新思想和新概念不断地解决各种问题这一活动过程,最终成功应用一个有经济价值和社会价值的新项目。"林恩提出:"创新是指从对技术的认识到最终将技术转化为商业化产品的行为过程。"

1962 年,伊诺思提出:"创新是发明、资本注入、建立组织、计划制订、招人和开拓市场等行为综合的结果。"

20世纪70年代,厄特巴克提出:"技术的首次应用就是创新。"

1973年,弗里曼提出:"创新是从技术、工艺到商业化的全过程,这带来新产品的产生和商业化的应用新技术工艺。"

20世纪70年代下半期,迈尔斯和马奎斯提出:"将新的或改进的产品、过程或服务引入市场就是技术创新。"

1982年,弗里曼提出:"技术创新就是指第一次将新产品、过程、系统、服务进行商业性转化。"

20世纪80年代中期,缪尔赛提出:"技术创新是指构思具有新颖性、有意义的非连续性事件,并最终能成功实现。"博家骥提出:"技术创新是企业家抓住潜在机会,重新组合生产要素,建立高效的生产方法,推出新产品、新工艺,开辟新市场,寻找新供给来源或构建新组织的过程。"彭玉冰、白国红提出:"技术创新是企业重新组合生产要素、条件和组织,以建立高效的新生产体系,获得更大利润的过程。"

1992年经济合作与发展组织(OECD)认为:"技术创新包含了新产品和新工艺的产生以及对产品和工艺的重大技术性改变。创新包括了一系列科学的、技术的、组织的、金融的和商务的活动。"

到了21世纪,宋刚、唐蔷、陈锐、纪阳在《复杂性科学视野下的科技创新》一文中提出:"技术创新是各创新主体、要素交互发展的复杂作用下的涌现。"

正确界定技术创新的概念,对于研究技术创新理论及其在经济发展中的具体实践具有重要意义。为此经济学家们做了大量的研究。美国学者莫埃思统计了350多篇关于技术创新的文章,其对技术创新的定义不尽相同。在技术创新的定义上,有分歧的观点主要集中在对技术创新中的"技术"概念的理解、对创新所包含内容的理解、对技术创新强度的要求等方面。

综上所述,技术创新概念的严格定义是一个广泛而复杂的问题,很难用简单的语言来定义。到目前为止,还没有一个严格意义上人人都能认同的统一定义。但是,人们普遍认为技术创新是经济概念,是一种经济发展观。这一概念的内涵是,高度重视技术变革在经济变革中的重大作用。它是经济和科技乃至教育、文化等的有机结合。

（三）创新的社会学概念

创新的社会学概念是指人类为了自我发展的需要,利用已知的资源,产生突破常规的思维,发现新的、有价值的东西。人类通过建立资源集合点,把资源重新分配,尽量达到最高的产出。

所谓创新,就是建立新的生产函数式,对生产要素和条件进行新组合。资源作为常量,当被代入不同的新的生产函数时公式的得数即产出也会改变。如果某一新函数式的结果超过其他函数式的结果,那么就产生了创新。

2004年,石墨烯被两名物理学家安德烈·杰姆(Andre Gem)和康斯坦丁·诺沃肖洛夫(Konstantin N'ovoselov)首次发现,二人因此获得了诺贝尔奖。石墨烯的本质是具有二维属性的结晶碳同素异形体,是一种特殊的纳米级材料。它由碳六元环组成二维周期蜂窝状点阵结构,轻薄至几近透明,其热电转换结构具有独特性,它的磁性亦无其他材料可匹配;同时,它比钢要坚韧200倍,又比纸还轻,而且"身段"比体操运动员还灵活。由于其具有出色的电学性能、良好的热导率与卓越的力学性能,因此石墨烯被认为是 21 世纪的"神奇材料",并给电子信息、航空航天、汽车与能源领域带来巨大革新。

二、创新的类型

不同专家学者根据不同的方面对创新的类型进行过划分,这里笔者给大家介绍常见的熊彼特对创新类型的四种划分模式。

熊彼特对创新的定义为:"把一种新的生产要素和生产条件的新结合引入生产体系中,以实现对生产要素或生产条件的新组合。"并根据这一定义将创新划分成五种类型:生产、采用一种新产品或产品的新特征,也就是消费者还不熟悉的产品;采用一种新生产方法,即还没有通过检验的方法;开辟一个新市场,即没有开发过的市场,无论这个市场以前是否存在;获得新的供应来源,通过掠取或控制原材料或半成品来实现,无论这种来源以前是否存在;构建新组织。

在此基础上,德布林咨询公司在研究了近两千个创新案例后,总结出:以往所有伟大的创新都是源于十种基本创新类型或其组合,由此提出"创新的十种类型"框架。通常,仅仅只包括一两种创新类型的简单创新是不足以让企业获得长远的成功的。比如,单纯的产品性能创新,是很容易被模仿,甚至被超越的。所以,企业只有综合应用以下多种类型的创新,才能保持一定的竞争优势。

盈利模式创新,是指将产品和服务通过创新的方式转变为利润。比如,苹果利用 iTunes 和 iPod 的组合,让数字音乐的下载变得更加简单。星巴克提供给客人除家庭和工作以外的第三空间等。

网络创新,是指通过网络实现产品、服务方式的创新。比如,通过网络推出悬赏计划,即企业提供奖励金让网络公共群体帮忙寻找其想要寻找的东西;众包模式,即企业将需要执行的任务分配给网络公共群体完成。

组织结构创新,是指通过采用独特的、创新的设计让组织更好地创造价值。比如,拓宽公司的管理幅度,使组织扁平化或机构更少;从直线职能型向事业部制结构转变,或者形成一种矩阵制结构或虚拟结构。

流程创新,是指公司主要产品或服务在操作过程中的操作程序、方式方法和规则体系的创新。例如,金融服务公司在服务载体上的创新,我们常见的网上银行、手机银行都是属于金融服务公司在服务流程上的创新。

产品性能创新,是指企业在产品或服务的特征、价值和功能方面进行的创新。例如,iPhone 将移动电话、宽屏 iPod 和互联网结合在一起;苹果的虚拟键盘、指纹识别功能等。

产品系统创新,是指将公司产品和服务联系起来的系统进行创新。例如,Apple Store 提供与苹果系统配套的软件下载、提供用户反馈意见的渠道、提供相关产品的用户使用手册等。

服务创新,是指提高产品相对应的服务。比如,厦门航空"美人鱼"班组结合厦门机场 T4 航站楼"东情西韵""海洋风情"文化的人文机场主题定位,率先提出打造国内第一个海洋主题的安检现场,提升旅客对安检服务的满意度。

渠道创新,是指在如何联系产品与顾客中进行创新。比如,汽车销售传统的模式是通过"4S"店进行销售。2014 年,汽车经销商庞大集团推出"汽车超市"零售业态,形成多品牌合一的"4S"店。庞大集团"汽车超市"所销售的车辆均是在庞大集团内部各"4S"店间进行直接调配的,不与汽车厂家发生直接关系。

品牌创新,是指产品品牌创新。比如,王老吉公司洞察到了年轻人对养生的渴望,将该品牌传统的产品进行重新包装,强调"养生""保健",以更年轻化的方式与年轻人接触。

顾客契合创新,是指要将公司产品性能和顾客的深层愿望联系在一起。例如中通快递"优鲜送"提供的不只有物流服务,一方面,中通快递根据生鲜水果品类众多的地区特性推出"优鲜送"快递专用单,满足了云南本地商户、农民及购买客户的双向需求;另一方面,中通快递主动承担产品前后期的宣传推广工作,做到了实力助农、为民分忧。又如,中通集团力推松茸,为的是将"物以稀为贵"的松茸销往各地,解决当地农民没有销路的困境。

三、创新的原则

创新原则用于约束创新活动的规则,以及用于评价创新活动有效性的准则。

创新原则可以从两个视角来分析:一是小原则,即个体创新过程中需要遵循的基本原则,主要有遵循科学、化繁为简、功效改进等;二是大原则,即组织创新过程中需要遵循的基本原则,主要有动态平衡、开放包容、尊重市场、可持续发展等。

(一)遵循科学原则

创新不得违反科学规律,在进行创新构思时,要注意以下几点:首先,应进行科学原理相容性检查。与科学原理是否相容,是检查创新设想有无生命力的根本保证。其次,还必须进行技术方法可行性检查。如果设想所需要的条件超过现有技术方法可行性范围,则该设想目前还只能是一种空想。最后,新设想的功能体系是否合理,关系该设想是否具有推广应用的价值,因此,必须对其合理性进行检查。如果违背科学技术原理,任何创新都无法获得成功,除非你发现并掌握了新的科学原理。

(二)系统辩证原则

系统辩证原则是指创新活动本身就是一个系统,故应从多个角度去辩证地思考问题。具体包括正面与反面创新法和系统辩证创新法两个方面。

1. 正向与反向创新法

正向与反向创新法是指任何事物都有正反两个方面。系统辩证原则就是借助正反两个方面,从系统各个相互联系、相互制约的关系中去思考问题,从它们相生相克、相辅相成的关系中去观察事物。

在从正面、正向、有利的方面思考的同时,也要注意从其反面、反向、不利的方面去考虑,形成看待事物时具有"正、反、合"的科学思维方式。"正、反、合"即对正面和反面的利弊得失进行综合分析,然后再决策,这对所有的事物都普遍适用,也是战略思想、战略决策应遵循的思维方式。因为,有时正面思考难以解决的问题,改换一下思维角度,从反面考虑便可迅速得到解决。

2. 系统辩证创新法

系统辩证创新法是指在创新活动中,基于系统论、信息论和控制论三大理论的指导,形成以整体的、联系的、结构的、功能的、层次的、非线性的观点,对某一特定系统进行分析、归纳、综合并求得创新创意的方法,包括反馈控制法、系统综合法、结构系统法、功能模仿法和"开启黑箱"法等。总之,遵照系统辩证的原则,非但不会约束你的创新思路,反而有助于你拓宽思路并创造出行之有效的解决问题的方法。

(三)市场评价原则

市场评价原则又称效益效率原则,是指创新成果大小的评价标准,除了基础科学的评价之外,还要接受市场的检验和评估。

市场评价原则其实指的就是具有一定技术标准和技术壁垒,并被市场认可的核心技术。因为,在市场经济条件下,竞争力是企业生存和发展的基础,企业不掌握核心技术就没有竞争力,企业只有具备了强大的竞争力才会有更高的效益和效率。所谓技术标准,包括技术水平高于原有技术的技术本身具有竞争对手很难模仿的技术壁垒。所谓市场标准,是指市场需求大不大、强不强等,所以,核心技术即技术标准与市场标准的总和。因此,抓住了核心技术,市场评价原则就抓到了实处,抓到了重点和核心。

在市场经济条件下,只有市场认可的创新才是有价值的创新,所以,现代创新特别强调"以用户为中心"和"用户参与"的创新理念。

市场评价原则要求我们开发提升人的创新能力。核心技术就是由创新能力体现出来的。对此,大发明家爱迪生说得十分明确和深刻:"我不打算发明任何卖不出去的东西,因为不能卖出去的东西都没有达到成功的顶点。能销售出去的东西就证明了它的实用性,而实用性就是成功。"

为了评价发明的实用性,有人设计了使用价值检核表,作为市场评价原则的重要依据:

(1)该发明要解决的问题是否迫切?

(2)是否容易使用?

(3)是否耐用可靠?

(4)是否令人喜欢、赏心悦目,甚至爱不释手?

(5)其他一些要求是否满足,如使用安全、不妨碍他人、无公害等。

(四)机理简单原则

为了使创新设想和结果更有价值,其实现途径、操作方法等都应该遵循简单机理,以市场和社会可以接受的代价实现创新。这包括原理、结构、功能、生产制造、储运保管、使用方法、回收利用等各个方面的简单化。

尽管大千世界千姿百态,但其构成其实只有30多种粒子和110种元素。而世界全部的客观存在,就其本质、原理、元素、构成而言,都是简单的。不为复杂变化所迷惑,找出事物之间的联系就形成了创新的简单性原则,正如牛顿所说:"自然界喜欢简单"。这也揭示了自然界普遍规律的表达方式异乎寻常地简单。

在现有科学水平和技术条件下,如不限制实现创新方式和手段的复杂性,所付出的代价可能远远超出合理程度,使得创新的设想或结果毫无使用价值。因此,在创新的过程中,要从新事物所依据的原理是否重叠,超出应有范围;所拥有的结果是否复杂,超出应有程度;所具备的功能是否冗余,超出应有数量等方面进行检查,始终贯彻机理简单原则。

在高水平的管理中,其规则越简单就越是抓住了本质、抓住了关键、抓住了要害,就越是有效的。创新的简单性原则在一切领域里都是普遍适用的原则。创新往往是简单的。这个原则有助于破除对创新、创造、发明、发现的神秘化,摆脱无助于效率、效益的,空耗精力和浪费时间的形式主义。

(五)功效改进原则

创新的有效性,最关键的是要能实现功效改进,带来实际的应用价值。这包含五个方面:一是新,有新意,就是首次出现;二是好,看起来好看,用起来好用;三是能,能把设想变现实;四是要,创新成果出来以后要能够被市场接受;五是效,创新成果投放市场后,企业有盈利,并符合社会公共利益。

(六)比较优势原则

比较优势原则是指创新活动的成果,都必须强调比较优势而不是绝对优势。显然创新活动无论是开发新产品、新技术,还是开发新市场、新资源,都必须强调比较优势而不是绝对优势,尤其是在市场经济条件下,创新的比较优势原则更是普遍适用的、极为重要的原则。换句话说,比较优势原则就是适合原则和适度原则。

创新不可盲目追求最优、最佳、最美、最先进。许多创新设想都各有千秋,这时,就需要按相对较优的原则,对设想进行判断选择。首先,可从创新技术先进性上比较,看谁领先和超前;其次,从创新经济合理性上比较,看谁合理和节省;最后,从创新整体效果性上比较,看谁全面和优秀。

就一个国家来说,如果强调绝对优势,就会追求国民经济体系包罗万象,其结果不但不可能有绝对优势,反而连相对优势也没有,会造成国弱民穷的局面。就一个企业来说,发展的目标是什么,资金投向哪里,如何为将来培养人才,都应基于比较优势原则来确定。

对于个人来说同样如此,即创新的相对优势在哪里,奋斗的目标是什么,在哪个领域、哪个专业上最有发展的相对优势,这是首先需要明确的问题。

因此,强调遵守创新的比较优势原则,就是量力而行,遵从效用性标准和成本性标准。

(七)动态平衡原则

动态平衡原则包含两层含义:一是要实现信息共享、资源共享,使各个部门知道自己是什么、干什么、为什么要这么干、未来向何处去,并及时保持良好的沟通;二是要保持充分授权,每一个团队在充分授权的情况下,即使失去了有组织的指挥,仍然能够保持很强的适应能力。有了这两项保证,就能实现组织内各个团队的动态平衡,这是组织创新的基本保证。

(八)构思独特原则

构思独特原则是指成功的创新活动成果往往是构思独特、不同凡响且出奇制胜的,是见人所不见、思人所不思,或者虽是人有所思,但思之不深、思之不广的。比如英国工程师查尔斯·德莱帕就是因其为泰晤士河设计的 D 形洪水闸的构思独特,而获得了"伦敦城公民"的荣誉称号。

兵法中一直强调"出奇制胜",所谓"出奇",就是"思维超常"和"构思独特",创新贵在独特,创新也需要独特。在创新活动中,往往要从创新构思的新颖性、开创性和特色性几个角度进行系统的检查和思考。

（九）开放包容原则

创新者往往多是少数派,大胆前卫的创意很容易被常规思维与习惯势力所否定,主观武断会错过有价值的创新设想,如飞机曾从理论上被反复论证后否定了其存在的可能性;无线电波也曾被权威人士断言其不能沿着地球的弧形表面传播,无法成为通信手段。这些创新技术在前期被否定,就是由于主观武断,对各种新观点不够开放包容,在这一过程中,个别权威专家常常会成为创新的"绊脚石"。

在市场经济条件下,只有市场认可的创新才是有价值的创新,所以,现代创新特别强调"以用户为中心"和"用户参与"的创新理念。

（十）严谨审慎原则

严谨审慎原则是指对创新活动不轻易否定、不简单比较,也就是说在分析评判各种产品创新方案时,应注意避免轻易简单否定的倾向。在飞机发明之前,科学界曾从"理论"上进行了否定的论证,显然,这些结论都是错误的。这些不恰当的否定之所以出现,是由于人们运用了错误的"理论"。而更多的不应该出现的错误否定,则是由于人们的主观武断,给某项发明规定了若干用常规思维分析证明无法达到的技术细节的结果。

在避免轻易否定倾向的同时,还要注意不要随意在两个事物之间进行简单的比较。不同的创新,包括非常相近的创新,原则上不能以简单的方式比较其优势。不同创新不能简单比较的原则,带来了相关技术在市场上的优势互补,形成了共存共荣的局面。创新的广泛性和普遍性都源于创新所具有的相融性。如市场上常见的铅笔、钢笔就互不排斥,即使都是铅笔,也有普通木质的铅笔和金属或塑料外壳的自动铅笔之分,它们之间也互不排斥。

第二节　创新意识

导读

2008 年美国爆发了次贷危机,为了克服这次金融危机,各个国家央行都大肆向市场投放资金,导致大家对央行信心动摇。2008 年 11 月 1 日,一个自称中本聪(Satoshi Nakamoto)的人在 P2P foundation 网站上发布了比特币白皮书《比特币:一种点对点的电子现金系统》,陈述了他对电子货币的新设想——比特币就此面世。2009 年 1 月 3 日,比特币创世区块诞生。

和法定货币相比,比特币没有一个集中的发行方,而是由网络节点的计算生成,谁都有可能参与制造比特币,而且可以全世界流通,可以在任意一台接入互联网的电脑上买卖;不管身处何方,任何人都可以挖掘、购买、出售或收取比特币,并且在交易过程中外人无法辨认用户身份信息。2009 年 1 月 5 日,不受央行和任何金融机构控制的比特币诞生。比特币是一种数字货币,由计算机生成的一串串复杂代码组成,新比特币通过预设的程序制造。人们对比特币的认识也从不屑、怀疑到认同,相应的区块链技术也开始在各个方面得到应用。

一、创新意识的界定

(一)创新意识的含义

创新意识是指人们在社会实践活动中主动开展创新活动的观念和意识,表现为对创新的重视、追求以及开展创新活动的兴趣和欲望。它是人类意识活动中的一种积极的、富有成果性的表现形式,是人们进行创新活动的出发点和内在动力,是唤醒激励和发挥人所蕴含的潜在本质力量的重要精神动力与创新能力,一起贯穿人的创新活动的整个过程中。

(二)创新意识的内容

1. 强烈的创新动机

创新动机是创新意识的动力源,是形成和推动创新行为的内驱力,是引起和维持主体进行创新活动的内部心理过程,也是创新才能得以施展的能源。人的每项创新活动、每个创新意识都离不开一定创新动机的支配。创新动机明确且强烈的人,其创新活动成功的希望就大;创新动机肤浅的人,其创新活动成功的希望就小。

2. 浓厚的创新兴趣

创新兴趣是指人们从事创新活动投入积极情绪和态度定向,它是创新动机的进一步发展。创新动机来源于对创新的浓厚兴趣,产生创新动机不一定有创新兴趣,而一旦形成创新兴趣必然伴随着创新动机。创新兴趣是人们从事创新实践活动强有力的动力之一。

3. 健康的创新情感

创新过程不仅仅是纯粹的智力活动过程,它还需要引起、推进乃至完成创造性活动的创新情感。首先是稳定的创新情感。现代创新者只有在稳定的创新情感支配下,才能提高自身创新敏感性,及时捕捉有用信息,对与创新有关的事物充满浓厚的兴趣。其次是积极的创新情感。现代创新者积极的创新情感,可以极大地激发自身的创新意识和创新敏锐性,充分调动自己投身于创新活动的积极性。最后是深厚的创新情感。创新热情是一种稳定深厚的创新情感,具有持续性。它是一种能促进现代创新者形成强烈的创新意识,并展开创新活动的心理推动力量。

4. 坚定的创新意志

创新意志是在创造中克服各种困难、冲破阻碍的心理因素。首先是创新意志的目的性。现代创新者对自己的行动目的有明确的认识才能按既定的目标去行动。其次是创新意志的顽强性。创新意志的顽强性是指人们在创新的过程中能精力充沛、坚持不懈地克服一切困难和障碍,取得创新成果。科学创造是一种艰苦的劳动,是要探索前人没有走完的路,要产生前人没有产生过的成果。在创造过程中成功与失败并存,只有意志顽强的创造者才能在挫折与失败中不断进取从而把失败引向成功。

二、创新意识的类型

(一)求新求异意识

创新意识具有新颖性和差异性的基本特征,求新求异意识也是创新意识的表现形式之一。敢于新颖独特,是创新活动的必要条件。求新求变,是敢于突破常规,不被定式思维所影响的体现。然而现实的教育,更多的时候是一种求同的倾向,观点、看法很容易被趋同。就如同被问及"1+1=?"这个问题的时候,如果回答的不是"2"的话,很容易就引来诧异的眼光。其实这种例子在教育中比比皆是。求新求异意识是要敢于突破常规,换个角度思考的一种心理准备。当我们遇到问题的时候,即使有很顺利的解决办法,我们也可以尝试着换一个角度进行思考。现实生活中求新意识显得尤为困难,因为求新求异需要克服一定的心理压力,还需要面对别人异样的眼光,以至于很多时候我们选择了从众。当然,求新求异意识并不是一味求新,还需要避免标新立异。就像永动机这样有"创意"的设想至今却没有一例成功的,那是因为它们违背了自然界能量守恒的基本规律。

(二)求真务实意识

创新意识是一种求真务实意识。要使创新实践活动得到的成果具有价值,其前提条件是要使创新实践活动的开展符合客观规律。寻找事物的客观规律,按规律办事,就是求真务实的过程。创新离不开求真务实,反过来,求真务实本身又是不断创新的过程。认识世界、寻找客观世界的内在规律,是科学的主要使命,是科学知识形成和发展的过程,也即通常所说的追求真理的过程。科学要揭示事物的规律,就要以事物为对象研究其客观存在的、真实的状态和变化,这种状态和变化便是所谓的"科学事实",科学事实是科学的基础,衡量是不是科学,总是要先问问有没有科学事实的依据,依据充不充分、可靠不可靠。

(三)求变意识

创新意识还是一种求变意识,这里所说的"变"主要是指变革、革新。科学创新是离不开求变的。要知道科学理论并不是一经建立起来就是永恒不变的坚固体系,科学探索得到的真理,既有绝对性,也有相对性;绝对性是指它对客观世界有条件的、近似的、相对正确的认识,相对性是指它仅在一定的范围、一定的条件下适用。恩格斯指出,历史的辩证法表明"今天被认为是合乎真理的认识都有它隐蔽着的、以后会露出的错误的方面"。科学发展是不断发现错误、消除错误、逼近正确认识的永无止境的过程,是不断地破旧立新、推陈出新的过程。科学创新也即不断变革的过程,创新意识因此又表现为求变意识。

(四)问题意识

创新意识又是问题意识。培养良好的问题意识是强化创新动机的有效途径。有良好问题意识的人善于提出新的问题。有了新问题,就必须加以解决,如用已有的途径和现成的答案得不出圆满的结果的话,就必须用新的方法。我们的生活中往往是发展机遇与挑战并存,发展进步与矛盾问题同在,前进的道路上充满了各种风险和挑战,布满了各种荆棘和暗礁。只有脑子里时刻装着一些问题,时刻保持问题意识,才能多一份清醒和自觉。当然,发现问题不是目的,解决问题才是目的,而解决问题又将是一个创新过程。

三、创新意识的特征

(一)新颖性

创新意识是为了满足未来的社会需求,或是用新颖的方式更好地满足当下的社会需求,创新意识是求新意识。

(二)历史性

创新意识是以提高物质生活和精神生活水平的需要为出发点的,而这种需要在很大程度上受具体的社会历史条件制约。在阶级社会里,创新意识受阶级性和道德观影响制约。人们的创新意识激起的创造活动和产生的创造成果,应为人类进步和社会发展服务,创新意识必须考虑社会效果。

(三)差异性

每个人的创新意识和他们的社会地位、环境、氛围、文化、素养、兴趣、爱好、情感志趣等方面都有一定的联系,这些因素对创新意识的产生起到重大影响作用。而这类因素也是因人而异的,因此对于创新意识既要考察社会背景,又要考察其文化素养和志趣动机。

四、增强大学生创新意识的重要性

(一)创新意识是当今信息时代国家创新体系持续发展的要求

在科技高速发展的社会里,高科技产业成为社会的主导产业,科技人才是经济发展的关键资源,对富有创新意识和创新能力的高素质科技人才的培养是当今知识经济背景下科技进步的要求和科技人才培养的主要目标。

"国家创新体系是与知识创新和技术创新相关的机构和组织构成的网络体系,其主要组成部分是企业、科研机构和高等院校等。"国家创新体系是一个目标明确、组织比较完备的网络系统。这一体系的建设不是一朝一夕的事情,而是一个长期积累发展的过程,需要一代代人艰辛的努力,也需要持续不断的创新型人才,只有这样才能提升国家的科技竞争力,提高国家的综合实力。

创新型人才就是具有强烈的创新精神和创新意识,具有敏捷的创新思维和很强的创新能力,能获得创造性成果,最终有所建树的人才。国家自主创新的关键在人才,创新型人才是国家创新体系赖以维系的根源,创新型人才是建设国家创新体系的主导力量和可持续发展的能源,国家创新体系的每个构成要素都需要创新型人才发挥科技中坚力量。因此,培养具有创新意识的创新型人才是国家创新体系持续发展和永葆生机的需要。

(二)创新意识是高校教育发展的需要

高校的人才质量标准是培养具有创新精神和实践能力的高级专门人才,高校良好的社会声誉要靠自己培养出来的优秀人才和取得的丰硕科研成果来赢得。高校人才质量的优劣将直接取决于学生的创新素质高低,创新素质的高低直接影响其在未来的市场中的竞争力。那些培养出很多高素质竞争人才的高校在社会上的声誉与日俱增,学校的生源必然也会增加,这样必然促进学校的发展。因此培养具有创新意识的创新人才直接关系高校的生存与发展。

创新意识和创新能力是一种认识、人格、社会层面的综合体,涉及人的生理、心理、智力、人格等诸多方面,是人的综合素质和全面发展的外在表现。一方面,培养大学生创新意识是高校素质教育的重要内容。人才素质的高低在很大程度上取决于其创新意识和创新能力的高低。创新意识和创新能力是大学生素质中所必备的成分,大学生创新意识和创新能力的培养是高校实施素质教育的核心所在。另一方面,培养大学生创新意识是高校思想政治教育的创新。思想政治教育的内容,是随着社会和现实需要的发展而发展的,以创新意识和创新能力为核心的创新观是现代思想政治教育内容的时代扩充,培养大学生的创新意识是推进高校思想政治教育创新的重要任务和内在要求。

(三)创新意识是高校大学生全面发展的需要

马克思认为人的全面发展表现为人的能力的全面发展、人的需要的多方面发展、人的社会关系的丰富和发展以及人的个性的发展。从这一理论来看,培养创新意识是实现高校大学生全面发展的必要准备和必要保证,是高校大学生实现自身全面发展的需要。

在知识经济时代,知识的陈旧周期不断缩短,知识的增长率加快,知识转化的速度迅猛增加,高校大学生想要在这种情况下成才就需要掌握涉及面广、潜移性强、容纳度高、概括程度高的"核心"知识,需要高校大学生有忧患意识,主动发挥自身的创新意识和创新能力。要想在就业饱和的状态下占有一席之地,就必须有创新的意识和能力,这需要大学生树立创新意识、竞争意识,利用所学的知识敏锐地观察就业趋向并把自己武装成与众不同的创新人才,提升自身的竞争力。

参考文献:

1. 陈国胜. 创新创意创业[M].北京:国家行政学院出版社,2018.
2. 杜鹏举,罗芳.大学生创新创业基础[M].北京:中国铁道出版社,2018.
3. 廖益,赵三银.大学生创新创业入门教程[M].北京:北京理工大学出版社,2012.
4. 马莹,杨敏.朱继宏.创新创业指导教程[M].上海:上海交通大学出版社,2017.
5. 宋一然,罗芳.大学生创意创新创业教程[M].上海:上海交通大学出版社,2017.
6. 詹跃明,夏成宇.大学生创新创业基础[M].重庆:重庆大学出版社,2018.
7. 张铭钟.大学生创新创业基础[M].徐州:中国矿业大学出版社,2018.
8. 吴亚梅,龚丽萍.大学生创新创业教程[M].重庆:重庆大学出版社,2018.

第五章
创新能力和技法

学习目的

1. 学习和了解创新能力的定义、特征、分类;

2. 掌握创新能力的培养的意义、原则、途径和方法;

3. 掌握培养创新思维的 7 种技法及其特征,通过学习,能够灵活运用这几种技法提高个人创新能力。

"大众创业,万众创新""两聚一高"把创新提高到国家战略的高度。高质量的发展和转型升级都需要创新。创新到底有什么要求,怎样才能创新? 本章将围绕创新能力的定义、原则、内容、途径和方法等方面,进行深入探究并帮助熟练使用培养创新思维的几种技法,培养和激发大学生的创新能力,形成"人人创新"的新态势。

第一节　创新能力

导读

习近平总书记提出了"创新、协调、绿色、开放、共享"的发展理念,并将"创新发展"置于新发展理念之首。党的十九大报告指出,创新是引领发展的第一动力,是建设现代化经济体系的战略支撑。习近平总书记也一再强调,"坚持抓创新就是抓发展、谋创新就是谋未来"。

综观近十年的研究成果,虽然国内学者对创新能力的理解各不相同,但他们对创新能力内涵的阐述基本上可以划分为三种观点:第一种观点以张宝臣、李燕、张鹏等为代表,认为创新能力是个体运用一切已知信息,包括已有的知识和经验等,产生某种独特、新颖、有社会或个人价值的产品的能力。它包括创新意识、创新思维和创新技能等三部分,核心是创新思维。第二种观点以安江英、田慧云等为代表,认为创新能力表现为两个相互关联的部分,一部分是对已有知识的获取、改组和运用;另一部分是对新思想、新技术、新产品的研究与发明。第三种观点从创新能力应具备的知识结构着手,以宋彬、庄寿强、彭宗祥、殷石龙等为代表,认为创新能力应具备的知识结构包括基础知识、专业知识、工具性知识或方法论知识以及综合性知识四类。上述三种观点,尽管表述方法有所不同,但基本上能将创新能力的内涵解释清楚。由此,创新能力可以定义为:一个人(或群体)在前人发现或发明的基础上,通过自身的努力,创造性地提出新的发现、新的发明和新的改进革新方案的能力。也可以说,创新能力就是一个人(或群体)通过创新活动、创新行为而获得创新成果的能力,是一个人在创新活动中所具有的提出问题、分析问题和解决问题的这三种能力的总和。

案例导入

案例1

戴尔创新成功的启示

迈克尔·戴尔(Michael Dell)是美国《财富》杂志评出的500强企业总裁中最年轻的一位。1984年,仅19岁的他就创办了"戴尔电脑公司"。这在很大程度上是他在读初中、高中时就积极参加社会实践的结果。读初中的戴尔就热衷于集邮活动,他参加了邮票拍卖会,目睹拍卖人赚了不少钱。于是他着手第一次生意冒险:通过刊物刊登"戴尔集邮社广告",拍卖邮票,结果获得成功。读高中时,戴尔利用暑期推销《休斯敦邮报》,并从中找到了窍门:他发现有两种人一定会订阅邮报,一种是刚结婚的人,另一种是刚搬进新房的人,他通过结婚登记处和银行贷款处找到这两种人的名单、地址并向他们推销,结果订单大增,他也因此获得了不菲收入。15岁时,他吵着让父母为他买了一台电脑,一进屋他就迅速地将新电脑解体,为的是了解电脑是如何运作的,然后又组装好。他不断地购买零部件,改装成新的功能更强大的电脑。他迈出了关键性的一步——想办法提高电脑的性能。读高中时,他已经能熟练地改装电脑,即以低价购买零件,再把升级的电脑卖给他人。在这些丰富实践的基础上,戴尔在20岁时,成功地制造出第一部"286电脑"。

一、创新能力的特征

(一)创新能力的特征

创新是每个人天生具有的能力,当你发现问题、解决问题的过程就是自我创新的过程,具体来说创新能力具有两个特征。

(1)综合独特性。观察创新人物的能力构成时,会发现没有一个是单一的,都是几种能力的综合,这种综合是独特的,具有鲜明的个性色彩。

(2)结构优化性。创新人物能力在构成上,呈现出明显的结构优化特征,而这种结构是一种深层或深度的有机结合,能发挥出意想不到的创新功能。

案例 2

作为创新人物典型的孙正义读大学时就有 200 多项发明,这说明他有极强的创新意识。他通过把改造的日本旧游戏机,放到大家的休息室、饭厅,就赚了 100 亿美元,这反映了他出色的商业能力。后来他又把 36 亿美元投给一家一点利润都没有的互联网公司,几年后,他的总资产已达 1.17 万亿日元。这说明他的预测能力极强。统观孙正义各种创业轨迹,正是他身上的感悟预测能力、深刻的分析能力、准确的判断能力、果敢执行能力、综合协调能力、全面驾驭能力的深度有机结合以及最大效能的发挥,使其走上了辉煌的创新人生之路。

(二)创新能力的分类

创新能力是多序列、多层次、多类型的,要进行科学的分类难度相当大,所以至今尚未形成一个成熟、统一的研究结论。以下介绍几种常见的分类方法。

1.按结构分类

创新能力按结构分类,有思维创新能力与形象创新能力之分;抽象创新能力与具体创新能力之分;技术创新能力与理论创新能力之分等。从单个因素来说,它们各自独立存在,发挥各自的功能;从创新能力整体来说,则各为结构因素之一,具有相互联系、相互对应的关系。

(1)思维创新能力

思维创新能力是创新能力结构的核心,这个核心是指创造性思维能力。创造性思维能力是一种较高水平的思维能力。其中最主要的是想象能力和直觉能力。没有想象能力和直觉能力,就没有创造性活动。显然,思维创新能力对创新能力的大小、创造成果的多少起着决定性的作用。其他一切创新能力的产生和发展,都有赖于思维创新能力的核心作用。所以说,创造性思维是发明创造的基础。创造性人才,要靠创新教育者培养其创造性思维,才能有效地开发思维创新能力。

(2)形象创新能力

形象创新能力是指依靠直观形象思维的能力,它是创造性思维的一种表现形式。人们借助呈现形象进行思考时,已经舍弃了那些偶然的、次要的、表面的东西,在大脑里留下了反映事物本质的、深刻而理性的东西。所以说形象思维蕴涵着极其丰富的创新能力。形象创新能力主要表现为对自然形象和人物形象的创造。它包括两种形象思维创新能力,一种是再创造性形象思维创新能力,比如由房屋设计图造出房子形象,由小说再造出人物形象等;另一种是创造假形象思维创新能力,这是比较高级和精细的形象创新能力。它要经过主体自身的分析以及综合、构思和塑造,创造出典型化的形象以及在现实生活中并不存在的想象物,比如,鲁迅笔下的"阿Q""孔乙己",古代传说中能腾云驾雾、呼风唤雨的飞龙等。

(3)抽象创新能力

抽象创新能力是指依靠科学的概念、判断和推理的形式进行抽象思维活动、掌握事物的本质和规律、表达认识结果的能力。抽象思维也是创造性思维的一种表现形式。随着人们认识自然、改造自然水平的提高,对客观事物本质的认识也必然更加深入,因此,在创造活动中,必须培养和发展抽象创新能力,使创造成果达到更深刻、更高级的水平。抽象创新能力的高低对科研成果的取得有着重要的作用。抽象创新能力高的人,在抽象思维过程中,能比较敏捷地区别出事物的真相与假象,通过现象揭露事物的本质;同时舍弃非本质的东西,区别事物基础的东西和派生的东西,抓住事物内部的联系和矛盾,把决定事物本质的东西找出来进行研究,使对具体事物的认识理论化。

(4)具体创新能力

具体创新能力是一个很复杂的概念。马克思曾对"具体"本身下过定义:"具体之所以具体,是由于它是许多规定的综合,因而是多样性的统一。"从这个定义出发,我们可以认为,具体创新能力表现在感性具体和理性具体的两个方面。感性具体是认识的起点,或感觉、知觉、表象直接综合的结果;理性具体是认识的结果,是在抽象基础上形成的包含着客观事物各种本质属性的统一体的再现。"人们的认识总是由感性具体阶段,经过抽象蒸发掉具体性,整合为能够反映事物本质的各种抽象规定,然后在头脑中再创造包含着各种本质属性的理性具体。感性具体—抽象—综合—理性具体,这就是认识的具体过程。"由此我们可以看出,具体创新能力是从感性具体开始的,经过创造达到理性具体的认识。这里还应当指出,在具体创新能力作用的过程中,存在着两条不同的认识道路:一条是从感性具体上升到抽象;另一条是由抽象上升到理性的具体,即思维中的具体。

(5)理论创新能力

理论创新能力是依据一定的系统知识、遵循特有的逻辑程序进行思维活动的能力。它以揭示和把握事物的内在本质和一般规律为创造的根本任务,以一系列抽象的概念、判断、推理等为创造的内容,在"超脱"于具体事物的抽象领域中进行的类似抽象创新能力的又一种较为高级的创新能力。理论创新能力主要是在理论思维活动中显示出来的一种创新能力,它有比经验思维更为重要的地位和作用,它体现在自然科学理论创造和社会科学理论创造上。

(6)技术创新能力

技术创新能力是指运用基础的科学理论进行思维活动,从而创造出新物质、新产品的一种能力。我们通常所说的技术创新、技术革新就是这种创新能力的反映,也可以用"发明"来表示。但创新和革新的发明水平是不同的,即有层次之分。有的是全新发明,有的是部分发明;有的是大发明,有的是小发明。但不论何种发明,都是以发现为基础的。发现是科学研究的成果,成果转化为生产力,对社会的发展具有重大的意义。

可见,技术创新能力的作用是巨大的。要正确认识技术创新能力,还要把握它的基本特征:①新颖性,即发明的产品必须具有新颖性,这种新颖性不是创造这个"主管"自封的,而是要得到社会承认的,前所未有的;②先进性,即发明的产品必须具有先进性,先进性是指它比现有技术优越,使用起来好处多;③实用性,即发明的产品必须具有实用价值,能切实满足社会需要,而且有良好的效果。

2. 按作用方式分类

创新能力按作用方式分类,分为个人创新能力和集体创新能力(即创造合力)。个人创新能力是个人智慧的升华,是不依靠他人直接参与的个人发现、发明和创造;集体创新能力是多人组合甚至是社会力量的共同创造。如一部词典、一项工程技术、一种科研成果或产品等,均可合作创造。特别是在个人难以完成的情况下,更需要合作才能进行成功的创造。

3. 按活动领域分类

创新能力按活动领域分类,分为科学创新能力、技术创新能力、文艺创新能力、政治创新能力、教育创新能力、军事创新能力、管理创新能力等。不论在哪个领域,只要有创造性人才的创造性活动,就有相应领域里的创新能力。

4. 按层次分类

创新能力按层次分类,一般分为高层次创新能力和低层次创新能力。有人按层次又将其分为四种创造性,即"第一创造性"(重大发明创造)、"第二创造性"(根据基础理论发明新产品或革新产品)、"第三创造性"(对前两种发明创造进行论证和开发)、"第四创造性"(自我性的创造)。这些创新能力的创造"力度"不同,创造价值、目标和方法也不一样。

5. 按品质分类

创新能力按品质分类,分为积极性的创新能力和破坏性的创新能力。这两种创新能力所产生的作用是完全相反的。前者可推动社会精神文明和物质文明建设,给人类带来幸福;后者会给人类带来痛苦(如制造细菌战等)。当然,按品质分,也有介于两者之间的创新能力,问题是看掌握在哪个统治者手中、为哪些人服务。如制造原子弹,既可以限制侵略者的狂暴罪行,也可能给无辜群众带来灾难。我们应鼓励、调动积极性的创新能力的发挥,反对、阻止破坏性的创新能力的滋生和蔓延。

6. 按创造成功的时间分类

创新能力按创造成功的时间分类,一般可分为早期创新能力、中期创新能力、晚期创新能力。早期创新能力是指早期成才者(即被人们称为"神童"的人)所具有的创新能力,这种创新能力具有极不稳定性;中期创新能力是指中青年时期做出发明创造的人所具有的创新能力,这个时期创造成果最多;晚期创新能力是指那些大器晚成者的创新能力,大器晚成者在中青年时期没有做出什么成就,但打下了良好的基础,到晚年爆发出惊人的创新能力,获得成功。

这里需要说明的是,以上分类是相对的,不能绝对化、凝固化。随着人才的动态变化,社会人才体系会产生不稳定性,创新能力也就同样处于动态变化之中,往往不是"非此即彼",而是"亦此亦彼"。

对创新能力进行分类,可以帮助我们深入理解创造性人才的本质,进而有效地实施创造教育,使受教育者的创新能力得到极大的开发,把他们尽快培养成创新性人才。

三、创新能力的培养

(一)创新能力培养的意义

1. 加强大学生创新能力的培养是社会发展的需要

现代社会是经济实力的竞争、经济发展以科技发展为基础、以创新为灵魂的社会。纵观社会发展历史和各国经济的现状,一个国家的强大必定依靠其雄厚的经济实力,经济的发达和进步必源于科技的创新和拥有创新能力的人才。在科技突飞猛进、国际间竞争日益激烈的当今时代,我国政府已把创新作为我国经济发展的关键因素,全面实施科教兴国战略,把教育提到优先发展的地位,并赋予高等教育以"培养具有创新精神和实践能力的高级专门人才,发展科学技术文化,促进社会主义现代化建设"的历史使命,对教育的重视和期望可见一斑。因此,高等学府作为人才的孵化器,应把创新精神和创新能力培养作为人才培养的重点,致力于培养大学生发现问题、分析问题、解决问题等综合创新能力,使他们承担起社会发展赋予的历史使命,使我国具有更强的国际竞争力。

2.加强大学生创新能力的培养是人才培养和建设的需要

我国人口众多,是典型的人力资源大国,但还不是人才资源强国。我们必须清楚地看到我国科技落后的现状以及科技创新能力薄弱的事实,因此,培养一大批高素质和具有创新精神、创新能力的专业人才,已成为我国经济建设的当务之急。实施科教兴国战略、大力开发人才资源、实施人才战略都充分体现了党和国家对我国人才建设和培养的重视。科学发展观首先强调必须要有一大批具有创新能力和精神的人才,才能创造更多更好的物质财富和精神财富,才能在激烈的竞争中站稳脚跟,才能更加有效地提高综合国力。

3.加强大学生创新能力的培养是高校蓬勃发展的需要

随着我国高等教育事业改革的不断深入,大学生的入学率有了大幅度的提高。高等教育也从精英教育逐步走向大众化教育。国民素质的确是整体提高了,这对我国经济建设和社会进步起到了积极作用,但快速增长的入学率也给高等教育带来了一系列的问题:一方面,招生规模的不断扩大必定会造成教学资源紧张,导致课堂教学质量下降;另一方面,大量毕业生跨出校门,庞大的就业队伍和社会的接纳能力之间的矛盾,不仅会威胁到社会的稳定,也将影响高等学校自身的健康发展。因此,高校在这种时代背景和社会环境下,不得不转变办学思路,用过去传统的理论教学模式来培养现在的大学生,这肯定不能适应社会发展和用人单位的要求,特别是知识大爆炸的今天,大学生没有良好的创新意识和创新能力,很快就会被时代淘汰。高校应调整培养目标和方向,把创新教育的新思维、新观念、新体系贯穿到整个教学过程中去,只有在那种不满足于现状、有着强烈求新欲望的氛围和环境下培养出来的大学生,其创新、创造能力才能得到提高和发挥,这才是高校办学应有的境界和目标。

(二)创新能力培养的原则

培养大学生创新能力既是实现中华民族伟大复兴的战略抉择,又是大学生自身成长成才的内在需要,涉及价值取向、教育改革、物质保障、社会机制以及人文环境等方方面面,只有对症下药、多管齐下、综合治理,才能取得实质性的进展。在具体的培养过程中应遵循以下基本原则:

1.个性化原则

每个人都是一个特殊的不同于他人的现实存在。从某种意义上说,个性化就是创造性的代名词,没有个性,就没有创造。因此,培养青少年创新能力必须遵循个性化原则,因材施教,重在激发青少年的主动性和独创性,培养其自主的意识、独立的人格和批判的精神。确立教育的个性化原则,首先要超出思想认识上的误区。要从"将全面发展与个性发展对立起来"的误区中解放出来,从"将全面发展理解为平均发展"的误区中解放出来,正确理解马克思关于全面发展的理论;要从"对教育平等"的错误理解中摆脱出来,承认差异、发展差异,鼓励竞争、鼓励冒尖,不求全才,允许偏才、奇才、怪才的生存与发展。其次要从小培养和强化青少年的自主意识和独立人格。家长和教师都要彻底改变"听话就是好孩子、好学生"的陈腐观念,以民主平等的态度对待孩子和学生,鼓励他们大胆质疑,逢事多问一个"为什么""怎么样",自己拿主意,自己做决定,不依附、不盲从,引导和保护他们的好奇心、自信心、想象力和表达欲,使他们逐步养成自主、进取、勇敢和独立的人格。第三要因材施教。所谓因材施教,就是针对人的能力、性格、志趣等具体情况施行不同的教育。教师要善于激发学生的(求)知欲和创造欲,鼓励学生大胆发言,勤思考、多讨论,在所有的环节中把批判能力、创新性思维和多样性教给学生,培养学生的创新精神,努力创造一种宽松、自由、民主的"教学相长"的良好氛围。

2. 激发性原则

高等教育是培养人才和增强民族创新能力的根本保证。早在 1999 年的全国教育工作会议上,江泽民同志就已经指出:"教育在培育民族创新精神和培养创造性人才方面肩负着特殊的使命。必须转变那种妨碍学生创新精神和创新能力发展的教育观念、教育模式,特别是由教师单向灌输知识,以考试分数作为衡量教育成果的唯一标准。"《国家中长期教育改革和发展规划纲要》在提高人才培养质量中指出:"支持学生参与科学研究,强化实践教学环节。"国家和政府早已意识到高校创新人才培养的重要性和紧迫性,把创新能力和创新精神培养作为衡量大学生成才的重要依据。我们必须彻底转变传统的教育观,建立起一套能激发大学生创新意识、培养创新能力的教育模式,使大学生创新能力培养机制体系朝着学生成才的方向发展。这一原则更能体现学生个性化发展,树立以人为本的成才理念,不以考试成绩论成败,把多元化人才培养观融入教学中。创新能力培养机制和体系要有利于激发学生的想象力和创造力,鼓励大学生不拘泥于课堂知识和考试内容,更要看重有解决实际问题的能力,善于发现问题和解决问题,在国家未来的建设中发挥出更大的作用。

3. 系统性原则

所谓系统是由相互联系、相互作用的若干要素,以一定结构组成,具有一定整体功能的有机整体。根据一般系统论原理,一方面,培养青少年创新能力是一个包括培养创新意识、创新精神、创新思维、创新方法等诸要素的有机整体,绝不能割裂开来;另一方面,培养青少年创新能力,是一项庞大的社会系统工程,需要政府、学校、家庭、社会等各方面的共同参与,封闭式的教育是没有出路的。系统科学理论为我们培养青少年创新能力提供了方法论的启示和指导。

4. 全面性原则

高校实施创新教育,就要围绕培养创新性人才的需要,对教育理念、办学体制和模式、教育方法、教育内容、教育环境、教育评价和教学考核等诸因素进行系统分析、综合改革、整体优化,建立良好的创新教育运行保证机制与体制,用良好的创新教育条件去提高创新教育的质量。依据这一原则,实施创新教育要坚持在全校范围内开展多层次、多学科、多种形式的创新活动,营造良好的实施创新教育的环境;坚持创新教育的全体性、全面性、主动性,使大学生创新精神、创造能力等诸方面素质得到全面和整体的发展,把学校建设成为培养高素质、创造性人才的孵化基地。

5. 实践性原则

实践是人类所特有的活动,是人类的存在方式。马克思主义认为,实践改变自然,不仅仅是改变自然物的形态,更重要的是在自然物中关注人的需要、目的和本质力量,使其从"自然之物"转化为"为我之物",从而创造出按照自然世界本身的运动所难以产生的事物。培养大学生的创新能力,无论是培养的目的、途径,还是最终结果,都离不开实践。遵循实践性原则,就是坚持马克思主义的教育观和人才观。坚持创新是一种创造性的实践,应坚持以实践作为检验和评价大学生创新能力的唯一标准。

6. 进步性原则

所谓创新，就是观念的革新，表现为一种理念的进步、一种方法的改进，其成果具有前瞻性、新颖性、进步性和应用价值性，符合社会的发展方向。开展大学生创新能力培养必须坚持进步性这一原则，培养学生进步的、先进的创新意识，积极进行有利于发展经济、改善与提高人民生活，有利于人类社会稳定和平与安宁的创新活动。此外，还要坚持既抓创造力，又抓思想道德素质培养，教学生学做人、学创造，培养学生的意志、毅力等非智力因素。高等学校培养学生是要让广大大学生获得知识，学会思考和主动学习，这也正是大学生创新工作的前提。

7. 协作性原则

所谓协作是指由若干人或若干单位共同配合完成某一任务。青少年的创新能力不只与他们的智力因素有关，非智力因素也在很大程度上影响着他们创造潜能的发挥。个性品质中的协作特征就是这样一种因素。有一个基本的事实就是，现代科学的发展已经让任何一个人都无法在一生当中涉足科学技术的各个方面。要想在现有的科学技术的基础上有所创造，就必须学会与别人进行"信息共享"。由此看来，人的创造性既是一种个人的品质，也是一种社会化的特征。培养青少年的协作精神，首先要从小培养他们乐观、豁达、开朗的性格，学会与人相处、关心他人；其次，要多让他们参加各种各样的集体活动，学会在一个有竞争的集体中进行工作，学会在与人合作中进行创造。

（三）创新能力培养的内容

1. 学习能力培养

学习能力既然是人的一种个性特征，它的形成和发展就必须在个体的学习活动中才能得以实现，因此，学习能力的培养，不管采取什么方法、通过什么途径，作为学习能力的获得者，也就是学习能力的主体，必须直接参与到学习活动中。一般地，主动参与得越主动，积极性就越高，学习能力的发展也越快；相反，任何限制、妨碍主体参与的学习组织活动，对主体学习能力的发展都是不利的。从上述观点出发，任何正确、有效的学习活动，都是学习能力的培养途径；任何有利于调动学生学习积极性的方法都是学习能力的培养方法。在实践中这些途径和方法的选择，一般应从实际需要出发，有重点地进行基本能力和综合能力的培养，从而达到全面培养学习能力的目的。

2. 记忆能力的培养

记忆是一个复杂的心理过程，它主要包括识记、保持、再认与回忆几个基本环节。简而言之，记忆是先记后忆的过程。识记是在大脑中留下神经联系的过程；保持是暂时神经联系巩固的过程；再认与回忆是暂时神经联系恢复的过程。记忆的这几个基本环节是相互联系、相互制约的。没有识记就谈不上对知识经验的保持；没有识记和保持，就不可能对经历过的事物进行再认和回忆。因此，识记和保持是再认和回忆的前提和保证，再认和回忆是识记和保持的结果和证明。

（1）明确记忆目的，提高记忆力

要提高记忆力，首先必须明确记忆的目的。生活实践和心理学的实验表明，在其他条件完全相同的情况下，记忆得越明确，则记忆的效果越好。我们要在学习中要专心致志、精力集中，对那些需要记住的信息，要有意识地强化记忆，只有增强记忆的意识，才能使所学的知识记得牢固、记忆永久。

（2）培养浓厚的兴趣，增强记忆力

兴趣是增强记忆的促进剂，无论是谁，对于自己所特别感兴趣的信息和对象，都能显示惊人的记忆。学生的学习更是如此，对自己感兴趣的学科，学得顺利、记得容易，得心应手；对厌烦的学科总觉得难学难记、困难重重。这与一个人的兴趣爱好有着密切的联系。一个人对他所感兴趣的信息与对象，会产生高度集中的注意力和观察力，从而记得快、记得久、记得准。我们要培养浓厚的学习兴趣，特别是对那些不重视、不感兴趣的学科，更要努力开创条件。调动学习积极性，培养浓厚兴趣，愿学乐学，这是增强记忆的有效措施。

（3）掌握科学的方法，提升记忆力

一切记忆都开始于观察，即有意识、有计划、有目的的感知，所以要提高记忆力，就必须进行仔细的观察。观察越仔细，感知越深刻全面，记忆起来就越准确；观察越仔细，理解越深刻，记忆起来就比较牢固，会增强记忆的持久性。细致的观察还能增强记忆的法度。凡是记忆准确而持久的人，他们大都有很强的观察力。所以，我们要创造条件，使各种感官并用，提高观察效果，达到提升记忆力的目的。

（4）激发积极的思维，培养记忆力

思维活动是抽象记忆力的基础，要提高记忆力，就必须进行积极的思维活动。应该指导学生在理解的基础上进行对比，寻找事物间的共性与个性、区别与联系，培养记忆能力，提高记忆效果。

（5）运用联想的规律，激发记忆力

一个人如果不会联想，那么学一点知识就仅仅是一点知识；如果他善于联想，就能举一反三、触类旁通，产生知识上的飞跃。因此在记忆的过程中，联想起着重要的作用，因为被记忆的事物处于一定的关系与联系之中。记忆与联想的关系极为密切，记忆是联想的基础，联想又是记忆的一种重要方法。

3. 表达能力的培养

表达能力是人把自己的心理活动与别人进行交流的能力，是人们学习和生活必须具备的一种重要能力。表达能力主要包括书面表达和口头表达两方面。在学习中只有准确地交流，才能彼此沟通、相互促进、不断提高；在工作中只有准确地交流，才能与别人合作形成集体力量，规划、主张才能付诸实施并顺利进行，最终变为对人类有价值的财富；在生活中只有准确地交流，才能彼此理解、相互体贴，使生活变得丰富多彩。优秀的表达能力表现为语言准确简明，具有条理性和层次性。如口头表达就是把自己想说的事说清楚，使别人能理解，做到语言准确、流畅、清晰。不管口头表达还是书面表达，都要符合逻辑。

学科学习中的表达应尽量使用学科的专业用语，因为专业用语是最科学、最准确和最简明的语言。

随着社会的发展、知识经济时代的来临，信息量剧增，数字化成为发展趋势，大量的符号用作语言进行交流，在各个领域的语言都要符合文学修辞的要求，同时还要满足本领域对事物描述的要求，这对人们的表达能力有了更高的要求。所以，在学科教学中要充分重视对学生表达能力的培养。

4. 决策能力的培养

培养决策能力应注意以下几点：

（1）克服从众心理

从众心理是指个体对社会的认识和态度常常受到群体对社会的认识和态度的左右，从众行为者的意识深处考虑的是自己的行为能否为大众所接受，追寻的是一种安慰感。从众行为者认为群体的规范、他人的行为是正确的时候，就会表现出遵从；当他认为群体的规范、他人的行为并不合适，而自己又没有勇气反抗时，就会被动地表现为依从。从众心理重的人容易接受暗示，他们依赖性强，无主见，人云亦云，容易迷信权威和名人，常说违心的话、办违心的事。决策能力强的人，能摆脱从众心理的束缚，做到思想解放、冲破世俗、不拘常规、大胆探索，因此他们独具慧眼，能发现一般人不能发现的问题，捕捉到更多的成才机遇。

（2）增强自信心

拥有自信心是具有决策能力者明显的心理特征。没有自信就没有决策。增强自信心首先要有迎难而上的胆量。其次要变被动思维为积极思维。"凡事预则立，不预则废"，平时善动脑筋，关键时敢做决定。再次要培养自己的责任感和义务感，跳出个人的小天地，只有这样，你的自信才能坚实可靠；另外平时交往应注意选择那些有自信心、敢作敢为的人，时间长了，看得多了，你必然会受到积极的影响。

（3）决策勿求十全十美，注意把握大局

做事务求十全十美，不想有任何挫折或失误，那只能作茧自缚。如能识大体，把握大局，权衡利弊得失，当机立断，才能尽快达到自己的理想目标。持之以恒，你的决策能力和水平就会很快提高。

5. 领导能力的培养

领导能力的提高可以通过以下途径实现：

（1）树立服务观念，强化领导干部的职业形象和政务礼仪意识，是树立威信、提高协调沟通能力的思想基础。

（2）提高政策理论业务水平是提高协调沟通能力的关键。只有具备了较强的理论政策素养，才能熟悉党的路线、方针、政策和上级的指示精神，形成科学的世界观，站在全局的高度思考问题，从而提高出谋献策的能力，在实际工作中不做出格的事，不说出格的话，在事关原则性的问题上，毫不含糊，敢于坚持真理，才能使人敬佩。

（3）打造较强的业务工作能力。只有具备比较高的业务工作能力，才能更好地履行领导干部的职责。努力学习并认真提升自己的五种能力：调查研究能力、语言和文字表达能力、组织协调能力、快速反应能力和执行能力，只有这样才有提高协调沟通能力的保证。

（4）着力培养自己高尚的道德修养和健康心态，有反腐倡廉坚强作风和深入细致、求真务实的工作作风，才能在群众中有良好口碑。

（5）注意培养自己的卓越情商并构建和谐的上下级关系，要更宽广地拓展知识面，精通本职业务，做到职业内外知识要了解、有关知识要明确、相关知识要掌握，从而提高出谋献策的层次和能力，为社会多做贡献，得到社会和别人的认可。

6. 协调能力的培养

协调能力是指决策过程中的协调指挥才能。决策的领导者应该懂得一套科学的组织设计原则，应该熟悉并善于运用各种组织形式，还应该善于用权，能够指挥自如、控制有方，协调人力、物力、财力，以获得最佳效果。

协调能力的提高有以下几个途径:

(1)注意场合,选择时机,事半功倍

与领导干部沟通,要注意场所、选择时机。注意方法的变通,方法正确才能减弱或者消除对方的戒备心理。

(2)坦诚相待,冷静谦和,切忌急躁

在工作中,下属要赢得领导的肯定和支持,很重要的一点是要让领导感受到你的坦诚、谦虚。工作中的事情不要对领导保密或隐瞒,要以开放而坦率的态度与领导交往,这样领导才觉得你可以信赖,他才能以一种真心交流的态度与你相处。

(3)了解内心,发挥人缘和情感作用

人性中有一种最深切的秉性,就是被人尊重的渴望。与人交往时要永远记住,人都希望别人恭维他、赞扬他。你要找出领导干部的优点和长处,在适当的时候给其诚实而真挚的尊重。

(4)主动沟通,加强互动,合理处理下属的要求

平时多关心同事,正式场合的交流能够更多了解下属的工作情况,多安排非正式的沟通渠道,如闲聊、联欢会、内部活动等互动活动。

(5)均衡关系,着重劝慰,团结为上

与上级沟通的意义在于工作上能够得到正常的支持,遇上困难能得到帮助和化解,个人价值能得到上级的肯定,只有相互支持和良好合作才利于搞好工作。与下级沟通的意义在于有利于调动下级的工作积极性、主动性、创造性,提高其工作能力以实现目标;有利于增强凝聚力,实现组织系统的最佳效能。

7. 社交能力的培养

社交能力是指人在发展过程中,进行人际交流和社会交往的能力。卡耐基曾说过,"一个成功的管理者,专业知识所起的作用是百分之十五,而社交能力却占到百分之八十五"。放眼现实世界,我们确实可以感到成功的管理者或企业家无不和突出的社交能力连在一起。然而,现在有不少孩子不善交际、不会交际,甚至害怕交际,有的到了成年,还视交际如险滩。交际作为一种能力,也是可以培养的,而且应该重点培养。

(四)创新能力培养的方法

能力是靠教育、培养、训练、磨炼和激励出来的,创新能力更是如此。根据以往的摸索、实践和总结,创新能力培养方法可以用八个字予以概括,即勤学、苦练、实干、恒心。

1. 勤学

学习创新的基本知识,提高自我表象,增强责任感,强化创新动机。

天才、伟人、科学家、发明家、革新家之所以获得成就,是因为他们都有独特的思维方式,与常人的差别仅仅在于一个是创新的思维,一个是复制性和常规性的思维。创新的思维是完全可以学习到的。开展思维的训练,学会在工作、学习和生活中运用创新的思维方式,把创新的思维方式转化为自己的思维方式。

学习并掌握常用的个体创新技法和群体创新技法。方法就是世界,采用了什么样的思维方式和方法就决定了创新者有什么样的结果。从某种意义上讲,社会的发展取决于方法的进步。个体与群体的创新技法是创新思维转化的工具。在什么情况下,面对什么样的问题、选用

什么样的创新技法会决定创新活动的速度和获取创新成果的频率。

2. 苦练

学了就应练习,学练结合。要成为一个具有创新能力的人,日常的训练是十分必要的。头脑通过不断地运作,就会更加灵活并富有弹性。

练什么? 练习想象力,练习思维的扩散能力、联想能力和变通能力,练习创新的构想,要做到"量"中求"质",先是"量"后是"质",因为具有创新性的构想往往是从众多的构想中产生的。

3. 实干

干就是实践,就是用创新的思维、创新的技法,通过创新活动,创造性地解决各类问题。用创新思维去观察事物就会发现大量的问题有待解决,如日本一家柴油厂开展"一日一构想"活动,把企业的生存和发展寄托在员工的创新活动上,要求每个员工每年提出可采纳的构想一百条,结果员工每年每人平均提出三百条以上。企业靠员工的"一日一构想"活动,每年的经济效益递增百分之二十以上,企业不断兴旺发达。

4. 恒心

恒心就是经常化、制度化,把开展创新活动、迅速提升人的创新能力作为一项长期的战略任务来抓。无论对于企业界还是教育界,生存和发展是硬道理。如何发展? 唯有创新。不创新就被淘汰,乃至消亡,也是硬道理。

第二节 创新技法

导读

2019 年 1 月 21 日,习近平同志在省部级主要领导干部党校开班仪式上发表重要讲话,强调要提高战略思维、历史思维、辩证思维、创新思维、法治思维、底线思维能力。其中,"创新思维"成为习近平同志近几年在不同场合讲话中提及的高频热词。创新思维,是指因时制宜、知难而进、开拓创新的科学思维。习近平同志为何如此重视"创新思维",领导干部如何培养"创新思维",全社会又该怎样鼓励和尊重"创新思维"?

培养创新思维的技法有很多种,本节将列举其中比较常见且效果较突出的几种。

一、特性列举法

特性列举法,最初由美国专家克劳福(Crawford)提出,把问题分解为局部小问题,然后分别解决。把事物的特性分为名词特性、形容词特性、动词特性三大类,分别列举。例如与水壶相关的名词:身、把、底、口、盖;形容词:红、黄、白、绿、蓝;动词:烧水、保温、携带,列举之后考虑各部分如何改进和创新。又如计算机,主机、显示器、键盘、鼠标等各部分的形状、材质、颜色,各组件的设置,各公司都有所创新。

二、设问探讨法

设问法是现代生产中经常使用的一种创造技法,特点是简单易学,还可因地制宜,根据不同需要改换设问的方法。例如,曾经有家生产编席的小工厂,由于地毯盛行,编席订货逐年减少,正面临着关门倒闭的危险。工厂经理经过反复思考,认为只要设计出一种新颖的编席,订货还是会接踵而来的。

那么,设计新颖的编席该从何处着手呢?有一个员工提出:不妨试用塑料纤维编席子;另一个员工则提出:把黑色席边换成彩色席边。后者比较简单,他们就找来各种彩色布包边,果然十分漂亮,但是感到还不够新颖。有人就提出,如果把闪闪发亮的金丝编织入席边,那一定会更好看。大家对这一方案兴趣极大,结果一种带金丝席边的编席问世了。这种新颖的席子不仅十分畅销,而且还取得了专利。这种用设问开发新产品的方法,是人们经常使用的一种创造技法——设问法。

尽管每时每刻都在产生大量的新产品、新工艺、新方法,但其中绝大多数新产品都是为了满足消费者的某种需要,对原有产品的功能、形状、材质等方面进行革新而成的。例如,针对不锈钢汤匙会烫手这一缺点,如果在匙柄上加装一个木刻滑稽人,不仅可以避免烫手,而且还可以获得到小朋友的喜爱。

当然,革新老产品也不是一件容易的事,人们常常会感到无从下手。设问法可以帮助革新者找到革新的下手处。

设问法是围绕老产品提出各种问题,通过提问,发现老产品存在的问题或者不能满足消费者要求的地方,从而找到需要革新的方面,开发出新的产品。在新产品的开发中,设问的方法有很多,经创造学家研究总结,有两种比较著名,就是5W2H法和七步法。

(一)5W2H法

5W2H法就是从7个方面去设问。这7个方面的英文单词第一个字母正好是5个W和2个H,因此称为5W2H法。这7个方面如下:

(1)为什么需要革新?(Why)

(2)什么是革新的对象?(What)

(3)从什么地方着手?(Where)

(4)什么人来承担革新任务?(Who)

(5)什么时候完成?(When)

(6)怎样实施?(How)

(7)达到怎样的水平?(How much)

(二)七步法

七步法是美国著名的创造学家亚历克斯·奥斯本(Alex Osborn)总结出来的一套设问方法。设问的步骤是:

第一步,确定革新的方针。

第二步,搜集有关资料数据,做革新的准备。

第三步,对搜集到的资料、数据进行分析。

第四步,将自由思考生产出来的各种各样的创造性设想一一记录下来,并构思出革新方案。

第五步,提出实现革新方案的各种创造性设想。

第六步,综合所有资料和数据。

第七步,对实现革新方案的各种创造性设想进行评价,筛选出切实可行的设想。

三、仿生创新法

仿生创新法就是模仿生物进行发明创造。如飞机是模仿鸟类飞行的原理创造的,潜艇是模仿鱼遨游的原理创造的,响尾蛇导弹是模仿响尾蛇跟踪红外线发射体咬人的原理创造的,机器人是模仿人的活动创造出来的智能机器。

美国生物化学家詹姆士·麦克阿瑟(James MacArthur)博士根据血红蛋白也具有开关作用的特性,研制出生物芯片,解决硅芯片容量、性能有限的问题,制造出分子计算机,这是仿生智能的创新。

北京奥运工程主场馆是椭圆形的"鸟巢",与之相映生辉的是"水立方"膜结构游泳馆。主场馆的外观就像鸟巢,馆内有 91 000 个观众座位,无论观众坐在主场馆的哪个位置,到比赛场地中心点之间的视线距离都在 140 米左右。水立方的创意来自细胞组织单元的基本排列形式及水泡和肥皂泡的天然构造。这种在自然界常见的形态从来没有在建筑结构中出现过,作为世界上第一个敢于实现这一结构体系的建筑,水立方为建筑界填补了一项空白。这两座建筑物如今都成为首都北京的标志性建筑,也成为国内外游客到京的必游之地。

四、联想创新法

没有想象能力的人,不可能有创新能力。联想创新法包括以下三种:相似联想、对比联想和接近联想。

(一)相似联想

相似联想创新在研制或寻找浮选新药剂时最有用。具有相同或相似结构性能的药剂对相同或相似的矿物的浮选都可能有效。

(二)对比联想

19 世纪,人们手术后的感染率高达 45%,英国医生利斯特(List)对比研究了很久也没有成果,百思不解中看到法国的生物学家发现食物腐败是因为微生物大量繁殖和坏死的报道,他对比联想,最终找到了手术后感染的原因和解决问题的办法。

(三)接近联想

1891 年,杜里埃·查尔斯·埃德加(Duryea Charles Edgar)为了保证内燃机有效地工作,需要将油与空气均匀混合,思索中,看到妻子喷洒香水得到启发,发明了发动机的汽化器。

五、类比创新法

类比创新法包括直接类比、象征类比、人性化类比和幻想类比。

(一)直接类比

直接类比创新,是指发明者从自然界或已有的技术成果中,寻找出与发明对象类似的现象或事物,从中获得启示,从而发明设计出新的项目。例如:鱼骨——针;鸟飞——飞机;蛋——薄壳仿蛋屋顶。

(二)象征类比

象征类比是借助具体的事物形象和象征符号来比喻某种抽象的概念或思想感情的类比。象征类比是直觉感知的,在无意的联想中一旦做出这种类比,就是一个完整的形象。针对待解决的问题,用具体形象的东西做类比描述,使问题形象化、立体化,为创新拓展思路。

以下列出几种典型的事物与其象征意义的联想关系,它们不仅可以用在发明创造上,而且在绘画、雕塑、电影、建筑等领域的创新上都有启发作用。

(1)橄榄树——和平。
(2)大炮——战争。
(3)电脑——高科技。
(4)玫瑰——爱情。
(5)玉兰——纯洁。
(6)幼芽——婴儿。
(7)婴儿——希望。
(8)绿叶——生命。
(9)书籍——知识。
(10)钢铁——坚强。
(11)日出——新生。
(12)蓝色——大海。

象征类比在建筑设计中应用较广,如设计桥梁要赋予"虹"的象征格调;设计纪念碑、纪念馆要赋予"宏伟""庄严"的象征格调;而设计展览馆、音乐厅、歌舞厅则要赋予"幽雅"的象征格调。

(三)人性化类比

据说有史以来的大多数发明,都在延伸人自身的器官。电话延伸了耳朵,电视延伸了眼睛,还有机械手、电脑、机器人、智能装置等。

(四)幻想类比

古代神话幻想中的千里眼、顺风耳、一个跟斗十万八千里、拔一根猴毛变一群猴子等,都成了当代的类比科技发明。例如雷达技术、遥感技术、航天技术、克隆技术等。

六、组合创新法

当今世界的重大科技创新,大都是组合创新,即集成创新,原始创新往往只是集成创新中的核心技术,因此,必须强调组合创新。

例如,我国重大的"两弹一星"和神舟系列载人航天等科技成果,是组合创新最成功的典范。载人航天飞行技术是由航天技术、信息技术、材料技术、能源技术、生物技术、气象技术和系统科学技术等多种技术构成的,缺一不可。因此,"神舟五号""神舟六号"的成功,不是哪一种技术的原始创新,而是多种技术的组合创新。

七、逆向思考创新法

1819年,丹麦科学家汉斯·克里斯蒂安·奥斯特(Hans Christian Oersted)发现,通电导体使磁针转动的磁效应。法国科学家安德烈·玛丽·安培(Andé-Marie Ampère)也有同样的发现。英国科学家迈克尔·法拉第(Micheal Faraday)就想,为什么不能用磁产生电呢?通过十几年的艰苦探索,他于1931年成功发现了电磁感应现象,制造出世界上第一台发电机,为人类进入电气时代开辟了道路。

1877年,美国发明家托马斯·阿尔瓦·爱迪生(Thomas Alva Edison)在改进电话时发现,音膜随声音振动,是否能让振动转换为声音呢?经过反复试验研究,他终于发明了世界上第一台留声机。

探索活动

你像哪种动物?

活动目的:
1. 提高学生与人交往的能力。
2. 提高学生的语言交流技巧。

活动说明:
1. 给大家看各种各样的动物漫画,或者把它们做成图片贴在教室的墙上,或者做成幻灯片,让大家分别描述不同动物的性格,主要是当它们遇到危险时的反应,比如,乌龟遇到危险后就会缩到壳里。
2. 让学生回想一下,他们面对矛盾时会有什么反应?面对矛盾,他们的第一反应是什么?这一点和图中的哪种动物最像?如果图里面没有,也可以找外面的,注意要言之有理。
3. 让每个人描述一下他所选择的动物的性格,并说出理由。比如:"我像刺猬,看上去浑身长满刺,很难惹的样子,其实我很温驯。"

相关讨论:
1. 你所选的动物和别人所选的动物是不是有什么不同的地方?你所用的它那一部分性格,别人注意到了吗?
2. 当不同性格的人碰到一起时,应该如何相处?

活动总结:

1.每个人都有自己特定的思维模式,从而决定了他的行为模式,不同思维模式的人碰到一起,总是不可避免地要面临冲突,当冲突出现时,正视问题、互相尊重才是最好的解决问题的方法。

2.合作和沟通的过程中,要认真地考虑自己和对方冲突的根源,根据彼此的特点进行调整;最终,尽管存在冲突,不同类型的人仍然可以在一定程度上互补,也可以做得很好;作为领导者的经理层人物应该善于观察和利用这一点,形成一个更好的团队。

拓展阅读

"三只松鼠"的创新之路

2019年7月12日,中国零食行业巨头"三只松鼠"正式登陆A股市场,在深交所创业板挂牌上市,当日上午10时,股价涨至21.14元/股,涨幅44.01%,已触及发行首日涨幅限制。按此股价计算,"三只松鼠"的市值达到84.77亿元人民币,跃升"国民零食第一股"。

从一颗小小的坚果开始,"三只松鼠"快速发展的背后,正是改革开放大时代下奋斗者们不懈创业、创新、创造的缩影和见证。

1.夏威夷果"小创新"引领产业升级大潮流

"夏威夷果很好吃,但是不好剥壳!"2017年底,天猫平台的夏威夷果售后的414万条评价中,用户的负面评价主要集中在夏威夷果难开口。

如何解决这些问题?"三只松鼠"研发人员把目光聚焦到为果壳切口的锯子上。结合夏威夷果壳的弧度特性,开创性地发明了弧形锯,将果壳上的切口由传统的180°扩大到300°,而且不会影响果仁的完整性。此举极大提升了用户体验,配合"三只松鼠"赠送的开果器,完美解决了剥壳痛点。"三只松鼠"成功申请专利并开放给全行业使用,引领夏威夷果升级到2.0时代。把切口开大一点这小小的创新却使"三只松鼠"成功增加有效供给,通过产业"小创新"引领着坚果消费升级的大潮流。

2.创造新需求把餐桌美食变成零食

朋友们一起出游,或者聚在沙发上看电视时,泡椒凤爪是很多人的选择。"三只松鼠"新上线了一款新产品藤椒凤爪,上线两个星期后,已经卖出近5万件产品,超过95%的用户表示愿意再继续回购。这是广泛应用于餐桌的藤椒首次应用于零食产品,"三只松鼠"再次开创了行业第一。

据悉,新产品的研发者是化名为"鼠小淘"的产品经理。在四川考察时,他和他的团队碰撞出一个全新的想法:在菜肴中盛行的藤椒,能不能应用到零食当中?这个一闪而过的灵感,激发了团队的热情。藤椒凤爪是酱卤肉制品,他们的目标是通过科学加工工艺,把香麻爽口的藤椒与浓郁醇香的辣椒有机融合,创造出麻辣鲜香的回味口感。为了达到这个效果,鼠小淘团队与供应商伙伴花费了三个月的时间,反复对原料进行调配和试生产,不断改造生产流程。

最终呈现在消费者面前的藤椒凤爪拥有了凤爪香、麻、辣的复合口味,成为凤爪产品中的"另类",迅速掀起一股藤椒热潮。在天猫旗舰店,"主人们"的反馈十分热烈,产品好评率达到99.9%。一个单点的创新,打开了供应链各个环节的新局面。

3.创新企业标识,打造品牌超级IP

"三只松鼠"上市当日的敲钟形式别具一格,开创了A股无人敲钟的先河,品牌超级IP——三只萌态"松鼠"代表公司正式敲响了上市的钟声。

"三只松鼠"此举意味深远。长期以来,通过赋予"三只松鼠"动漫角色"松鼠小酷""松鼠小贱"及"松鼠小美"鲜明的性格特征,持续输出有价值和正能量的内容,让"三只松鼠"在互联网和现实生活中拥有了一大批"粉丝"。在淘宝上买坚果,很多人不一定能一下子想起品牌名,但脑海里总会闪现出三只萌萌的松鼠的画面。

为发挥品牌IP势能,"三只松鼠"持续输出自身独特的松鼠文化,客服化身为"小松鼠",亲切地称消费者为"主人",带给消费者一次完整的"松鼠与主人"的购物体验。从线上店铺、公司官网、微博到线下门店,"三只松鼠"通过细节不断强化品牌卡通形象,固化消费者心中对"三只松鼠"的品牌认知,同时也扩大了"粉丝"阵营。其构建独特的松鼠世界和更加立体的休闲食品文化,全面融进用户生活,继续给更多的用户带去爱和快乐,最终实现服务全国绝大多数大众家庭的目标。

参考文献:

1.陈国胜.创新创意创业[M].北京:国家行政学院出版社,2018.

2.杜鹏举,罗芳.大学生创新创业基础[M].北京:中国铁道出版社,2018.

3.廖益,赵三银.大学生创新创业入门教程[M].北京:北京理工大学出版社,2012.

4.马莹,杨敏.朱继宏.创新创业指导教程[M].上海:上海交通大学出版社,2017.

5.宋一然,罗芳.大学生创意创新创业教程[M].上海:上海交通大学出版社,2017.

6.詹跃明,夏成宇.大学生创新创业基础[M].重庆:重庆大学出版社,2018.

7.张铭钟.大学生创新创业基础[M].徐州:中国矿业大学出版社,2018.

8.吴亚梅,龚丽萍.大学生创新创业教程[M].重庆:重庆大学出版社,2018.

第六章
创新教育

学习目的

1. 掌握创新教育的定位；
2. 掌握创新教育的核心内容；
3. 了解创新教育实施的关键和方法；
4. 了解创新教育的现状、问题和对策。

创新教育是培养学生创新能力、提高创新意识的关键。本章将围绕如何定位，如何构建创新教育，怎样高效率地培养人才的创新能力进行探讨。

创新教育就是以培养创造型人才为主要目标的教育。创新教育是在教育过程中加入人类创新活动的特征，同时以此为基础，实现受教育者的全面发展和培养创新型人才。创新精神和创新能力的培养是创新教育的两个主要切入点，并在此过程中，培养受教育者运用新知识、新技术、新思想的能力。

创新教育由美国教育哲学家约翰·杜威（John Dewey）最早提出，他针对缺乏创造性的传统教育模式，提出应当采用"科学研究式的、以学生自由发现为主的教学模式"。被誉为"创造教育之父"的奥斯本（Osborne）在 1938 年提出了"头脑风暴"技法并取得了成功，"发明创造的知识、技巧和经验；创造力训练；创造性教育"是奥斯本创新教育理论的三个主要构成元素。在我国，1943 年陶行知先生在《创造宣言》中指出"处处是创造之地，天天是创造之时，人人是创造之人"，开启了中国创造教育的大门。21 世纪，随着教育理论和研究的不断发展，创新教育逐渐成为教育领域的主流趋势，它伴随着科技和经济的迅猛发展，日益显示其作用。

当前，国际竞争更加激烈，各国之间的竞争是科技的竞争，也是综合国力的竞争，但归根结底是教育与人才的竞争。增强自主创新能力，建设创新型国家，离不开科技创新、离不开创新型人才。2010 年，《国家中长期教育改革和发展规划纲要（2010—2020 年）》提出"优先发展、育人为本、改革创新、促进公平、提高质量"，把改革创新作为教育发展的强大动力。2012 年，党的十八大提出："实施创新驱动发展战略，教育领域要全面实施素质教育，深化综合改革，培养学生的社会责任感、创新精神、实践能力。"2014 年，习近平总书记指出："我国要在科技创新方面走在世界前列,必须在创新实践中发现人才、在创新活动中培育人才、在创新事业中凝聚人才,必须大力培养造就规模宏大、结构合理及素质优良的创新型科技人才。"

大学生是国家宝贵的人力资源,是未来创新型人才的后备力量和中坚力量。加强大学生创新教育,为国家和民族培养具有创新意识和创新能力的高素质人才,对于高等教育的改革与发展,对于科教兴国战略和人才强国战略的实施,以及对于创新型国家的建设和我国综合国力的提升,都具有十分重要的战略意义。

第一节　创新教育的定位

导读

根据世界知识产权组织发布的"2019 年全球创新指数(GII)"、中国科学技术发展战略研究院发布的《国家创新指数报告》和 QS 世界大学排名来看,国家创新指数前 15 名的国家都有高校位于世界大学前 100 位之列。可见,创新的关键在于构建具有活力和创造力的教育体系,不仅要重视高等教育,而且要重视基础教育;不仅要重视学校期间教育,而且要重视社会终身教育;不仅要重视创新知识和能力教育,而且要重视创新实践教育,为不断提高全社会的创新能力构建个性化、差异化、富有活力的教育体系。

一、创新教育的认识定位

创新教育的定位可以是多维度的,其中认识定位就是一个十分重要的方面。在创新教育的认识上,教育实践界存在许多误区,澄清这些模糊认识对学校创新教育实践有极为重要的意义。

1. 创新不只是少数天才学生的事

许多教师认为创新是人的高级智慧,非一般学生所能拥有。其实,创新是人的本性,人人都具有创新的潜能与倾向;创新是人生存的需要,只要人存活一天就片刻也离不开创新。问题的关键是我们后天的教育是否尊重、保护并培育了这种潜能,激发、促进并满足了这种需要。《学会生存》曾指出:"教育既有培养创造精神的力量,也有压抑创造精神的力量。"人的创新精神与能力不完全是由先天因素决定的,后天的教育因素也是重要的决定力量。所以,创新教育应具有全体性,应面向每一个学生。

2. 创新不只是自然科学的事

许多人以为创新就是科学发现、技术发明,只有科学教育才能培养人的创新精神与能力。实际上,不仅自然科学需要创新,社会科学与人文科学同样需要创新,特别是在科学技术的负面效应日益显现的今天,科技创新与人文创新更应平衡发展,使未来社会既是高智力的,又是高情感的。不仅如此,自然科学创新也离不开社会和人文思维方式的支持。譬如,长沙九中谭迪敖老师的"哲理诗训练",既是一种人文创新训练,又支撑了科学创新精神。所以,创新教育应具有全域性,面向每一门学科。

3. 创新不只是课外活动的事

也有许多教师认为,课堂教学的任务就是传授知识,发展知识是课外活动的事。实际上,这种区分是人为地割裂了传承与创新之间的内在联系。创新是整个教育模式、教育制度和教育观念的全局性改变,并不是局部的修改和增减,它应贯穿于课堂教学、课外活动和日常教育生活等方方面面,成为全部现代教育的精神特质,局部性的教育创新不可能是真正意义上的创新教育。其中,课堂教学是创新教育的主渠道,也是学校教育改革的着重点。所以,创新教育还具有全面性,是教育系统的整体性改造。

4. 创新不只是智力活动的事

还有一些人认为,创新是一个人的智力表现,高智力必然会有高创新,这也是一种错误认识。创新不仅是一种智力特征,更重要的还是一种人格特征或个性特征,是一个人综合素质的凝结性表现,是一个人的自我超越和自我发展,潜能和价值的充分实现。在人的智力水平相当或恒定的情况下,非智力因素往往起着决定性的作用,许多有创新精神的人并非智力超群,而是非智力的人格特征出众。单纯的智力活动只能培养匠人,而不可能培养大师。所以,创新教育还具有综合性,是个体生命质量的全面提升。

5. 创新不只有正面的效果

几乎所有的人都认为,创新是"正面的""好的"事情,人们可以尽情地去追求。殊不知,创新是一种双刃剑,它既可以成为天使,也可以成为魔鬼;既可以为人类造福,也可以使人类致祸。创新只是工具,并不是方向本身,创新还不能单独成为目的,创新教育也不能代替现代教育的全部,它必须与道德教育整合,培养人的自信心和责任感,把人的创新精神与创新能力引向为人类造福的方向上来。所以,创新教育具有双重性,现代教育必须致力于相互整合、兴利去弊。

二、创新教育的目标定位

基础教育是为自身素质持续发展以及今后走向社会做准备的教育,基础教育阶段的创新教育也要为学生未来的持续性创新打基础。那么,具有深厚基础性和广泛迁移性的创新品质究竟包括哪些? 这也是创新教育定位应予以优先回答的问题。概括地说,为持续的创新打基础主要包括两大方面:一是创新精神的基础,二是创新能力的基础。

创新精神是创新人格特征,是主体创新的内部态度与方向,它包括创新意识、创新情感和创新意志三大方面。

1. 创新意识

创新意识是个体追求新知的内部心理倾向,这种倾向一旦稳定化,就成为个体的精神与文化。经验性的研究表明,具有创新意识的人常常不满足于现实,有强烈的批判态度;不满足于自己,有持续的超越精神;不满足于以往,有积极的反思能力;不满足于成绩,有旺盛的开拓进取精神;不怕困难,有冒险献身的精神;不怕变化,有探索求真的精神;不怕挑战,有竞争合作的精神;有强烈的好奇心、旺盛的求知欲、丰富的想象力和广泛的兴趣等。这些品质都是基础教育应重点予以关注的。

2. 创新情感

创新情感是个体追求新知的内部心理体验,这种体验的不断强化,就会转化为个体的动机与理想。经验性研究也表明,有创新情感的人常常是情感细腻丰富,外界微小的变化都能引起强烈的内心体验;人生态度乐观、豁达、宽容,能比较长时间地保持平和、松弛的心态;学习和工作态度认真、严肃,一丝不苟,有强烈的成就感,工作的条理性强;对世间的所有生命都有同情心和责任感,愿意为改善他们的生存状态而尽心尽力等,这些也是基础教育应予以优先关注的。

3. 创新意志

创新意志是个体追求新知的自觉能动状态,这种状态的持久保持,就会成为个体的习惯与性格。经验性的研究表明,有创新意志的人常常能排除外界的各种干扰,长时间地专注于自己的活动;工作勤奋,行为果断,对自我要求较高,对工作要求较严;善于沟通与协调,组织能力强,有较强的灵活性,为达到目的愿意变换工作的途径和方法;有较强的独立性和自制力,在没有充分的证据和理由之前,不轻易放弃自己的主张,能容忍别人的不同甚至错误等,这些品质在基础教育阶段也应形成。

创新能力是创新的智慧特征,是主体创新的活动水平与技巧,它包括创新思维和创新活动两大方面。

4. 创新思维

创新思维是个体在观念层面新颖、独特、灵活的问题解决的方式。创新思维是创新实践的前提与基础,如果想不到是不可能做得到的。经验性的研究表明,具有创新思维的人能发现常人看不到的问题并能多角度地考虑解决办法;能洞察事物本质并能进行开创性的思考;能合理运用发散与辐合、逻辑与直觉、正向与逆向等思维方式,不走极端,能把握事物的中间状态等。这些品质是基础教育阶段思维训练的重点。

5. 创新活动

创新活动是个体在实践层面新颖、独特、灵活的解决问题的方式。创新活动是创新思维的发展与归宿,经不起实践检验的思维是无价值的。经验性的研究也表明,具有创新活动能力的人常常是实践活动经历丰富或人生经历坎坷,经受过大量实践问题的考验;乐于动手设计与制作,有把想法或理论变成现实的强烈愿望;不受现成的框框束缚,不断尝试、不断反思、不断纠正;愿意参加形式多样的活动,乐于求新、求奇,乐于创造新鲜事物等。这些也是高职教育应给予考虑的创新素质目标。

第二节 创新教育的核心内容

导读

江泽民同志指出："必须转变那种妨碍学生创新精神和创新能力发展的教育观念、教育模式,特别是由教师单向灌输知识,以考试分数作为衡量教育成果的唯一标准,以及过于单一、呆板的教育教学制度。"这就是说,教育创新应该包括教育观念创新、教育模式创新、教学内容创新、教学方法创新、教育评价创新和教育教学制度创新,它是一项宏大的社会系统工程,需要教育领域全体成员和全社会的共同努力。

以培养学生创新精神为首要目标的创新教育的核心内容主要包含以下几个方面:

一、探索精神

坚持对知识"再次发现"的探索式学习观念,本身就是一种科学精神。它要求学生不盲目接受和被动记忆课本或教师传授的知识,而主动地进行自我探索,把学习过程变成一种"再次发现"人类以往积累的知识的参与式活动。科学(包括自然科学和社会科学)是知识系统,学习科学并不是为了记忆和背诵真理,而是为了不断认识和探索真理,教学中强调的应该是"发现"知识的过程,而不是简单地获取结果;要结合课程教学进行知识探源,把握其发展变化趋势;要让学生深刻感受到,任何科学知识都是人类艰苦努力、不断探索的结晶。以此弘扬科学人文精神;要鼓励学习中的探究和怀疑,凡事多问"为什么"。正如著名科学方法论学者波普尔(Popper)所说:"正是怀疑和问题鼓励我们去学习,去观察,去实践,去发展知识。"更重要的学习探索是对知识整体及其联系的把握。知识经济理论学者艾米顿(Emmet)特别推崇印象派画家克劳特·莫奈(Claude Monet)的作品。她指出:"在他之前的艺术家所作的绘画作品都要求你走近画布才能够看清细节,而莫奈和其他印象派画家则不同,他的作品要求你从远处观赏才能看清细节。关键是要看到整体,以及色彩、结构和情绪之间的相互关系,这样才能欣赏一件艺术作品。"我们的传统教学很少教会学生从总体上观察学科知识系统,把握它们相互之间的关系和本质特征,这些正是创新教育鼓励学生以更宽广的视角,从分割的学科课程里"重新发现"的关键所在。

二、综合能力

从某种意义上讲,综合能力就是将现有知识"重新组合"为新知识的能力,新组合的独特和新颖标志着创新。我们的教育对象将要面对的是一个从学科知识高度分化走向高度综合的社会,国家创新能力的获得,是快速的知识共享与持续的新组合应用的结果。对此,经济学家熊彼特(Schumpeter)甚至认为,绝大多数创新都是现存知识按照新的方式的组合,他把"创新"与"新组合"视为同义语。所谓知识的"重新组合"就是把原来几种知识联系起来,合成一种综合知识;或者把一种知识拆分成几个部分,然后以新的形式将这些部分重新联系起来,成为具有新特征、新功能、新内容的知识。西蒙顿(Simondon)在《科学天才》一书中写道:"天才们进行新颖组合比仅仅称得上有才能的人要多得多。天才们就像面对一桶积木的顽童,会在意识和潜意识中不断把想法、形象和见解重新组合成不同的形式。"课程学习中的知识重组,通常包括三种不同的层次:一是将某学科课程内部的知识进行重组;二是将不同学科课程的知识进行重组;三是将学科课程所包容及未能包容的知识进行重组。三种层次的重组中,后一个比前一个要求更高。课程教学可从第一层次入手,希望学生最终能够自学跨学科和跨课程规定的内容,把进入现代社会所必须了解和掌握的所有知识进行重新组合,融会贯通,运用这种"重组"的知识解决复杂的问题,从而内化为创新精神和创新能力。

三、创造意识和创造能力

创造意识是驱使个体进行创造行为的心理动机,没有创造意识的人不可能进行创造和发明。许多调查结论都指出,学生普遍具有创造潜能,它不是少数人特有的秉性,在适当的教育下,可能在每一学生个体身上发展和显现。当然,限于生理年龄特点,我们无法要求所有学生在中小学阶段都具有很强的创造能力,但创造意识的培养则必须从青少年时期开始。创造意识是创新素质培养的前提,因为创新素质不仅表现为新思想、新技术和新产品的发明创造,而且表现为善于发现问题、求新求变、积极探究的心理取向。创造能力也"绝不仅仅是一种智力特征,更是一种人格特征,一种精神状态,一种综合素质"。创造意识包括强烈的创造激情、探索欲、求知欲、好奇心、进取心、自信心等心理品质,也包括具有远大的理想、不畏艰险的勇气、锲而不舍的意志等非智力因素。逐步培养学生创造"前所未有"事物的能力,则可以从创新层面的"重新发现",尤其是"重新组合"着手。无论用"无中生有"说明"创造",还是用"无中生新"描述"创新",都没有阐明"有"是如何从"无","新"是如何从"旧"里产生的。事实上,世界上绝大多数的创造发明,都是原有事物的"再次发现"和"重新组合",产生质变后才表现为"前所未有""无中生有",任何人都无法脱离自己的经历凭空设想,即使是科幻作品所"创造"的外星人,也不过是作家思想表象里原有"部件"的"再次发现"和"重新组合"而已。例如,硅元素通常在人们司空见惯的石英砂粒中出现,经过科学家的"再次发现"就创造出半导体晶体管和集成电路,使"砂粒变成了黄金"。再例如,中国四大发明之一的火药,无非是按"一硝二磺三木炭"的重新组合,才具有了新功能和新特征;马克思和恩格斯经过继承和扬弃,将英国古典政治经济学、德国古典哲学和法国空想社会主义的合理部分重新组合,从而创造了"前所未有"的马克思主义。因此,注重培养中小学生"再次发现"和"重新组合"的品质,就是为他们的创造能力打造基础。

第三节 创新教育的实施

导读

《国家中长期教育改革和发展规划纲要(2010—2020年)》提出要"提高自主创新能力,建设创新型国家",要"实施扩大就业的发展战略,促进以创业带动就业",把鼓励创业、支持创业放到了更加突出的地位。特别是高校扩招以来,就业任务加重,就业压力长期存在。做好大学生创业工作,为大学生营造良好的就业环境,鼓励开展各种类型的创业活动,进一步创造更多的就业机会,促进高校毕业生充分就业;拓展创业实践基地,发挥大学科技创业园和科技企业孵化器作用,孵化新的微型企业,提高国家创新能力,促进经济结构调整和产业结构升级,促进经济发展和社会进步。

创新教育的内容大致分为:思维教育、发现教育、发明教育、信息教育、学习教育、渗透教育、艺术教育、参与教育、未来教育、个性教育、和谐教育等。

其中,对创新精神的培育是课堂教学的总目标。创新精神主要包括好奇心、探究兴趣、求知欲,对新异事物的敏感,对真知的执着追求,对发现、发明、革新、开拓、进取的百折不挠的追求精神,这是一个人创新的灵魂与动力。创新能力的提升是课堂教育的直接目标,创新能力主要包括创造思维能力、创造想象能力。创造性的计划、组织与实施某种活动的能力,这是创新的本质力量之所在。创新人格完善,是课堂教学与课外引导的主要任务,主要包括创新责任感、使命感、事业心、执着的爱,顽强的意志、毅力,能经受挫折、失败的良好心态,以及坚忍顽强的性格,这是坚持创新、做出成绩的根本保障。

实施创新教育是教育创新的重要环节,但前者必须明确指出如何培养学生的创新精神和实践能力。如果把创新教育的研究内容扩大到教育创新的方方面面,反而会影响实验的效果。毫无疑义,创新教育不仅是教育方法的改革或教育内容的增减,还是教育功能上的重新定位,是带有全面性、结构性的教育革新和教育发展的价值追求。

实施创新教育就是要从培养创新精神入手,以提高创新能力为核心,带动学生整体素质的自主构建和协调发展。而创新精神和能力不是天生的,它虽然受遗传因素的影响,但主要在于后天的培养和教育。创新教育的过程,不是受教育者消极被动地被塑造的过程,而是充分发挥其主体性、主动性使教学过程成为受教育者不断认识、追求探索和完善自身的过程,亦即培养受教育者独立学习、大胆探索、勇于创新的过程。创新教育在课堂教学中的实施具体有以下几个方面:

一、须转变教育观念,培养创新意识

教师观念的转变,是实施创新教育的关键和前提;教师观念不改变就不可能培养出具有创新意识的学生。首先,要认识课堂教学中教师与学生的地位和作用、教与学的关系,发挥教师的主导作用和学生的主体作用,充分调动学生的学习主动性和积极性,使学生以饱满的热情参与课堂教学活动。建构主义理论认为:知识不是通过传授得到的,而是学习者在一定的情境即社会文化背景下,借助他人(包括教师和学习伙伴)的帮助,利用必要的学习资料,通过意义构建而获得的。因此,教师在学生的学习过程中应是组织者、指导者、帮助者、评价者,而不是知识的灌输者,不要把教师的意识强加于学生;而学生是教学活动的参与者、探索者、合作者,学生的学习动机、情感、意志对学习效果起着决定性作用。其次,在教学方法上也要把传统的注入式改变为启发式、讨论式、探究式,学生通过独立思考,处理所获得的信息,使新旧知识融会贯通,建构新的知识体系,只有这样才能使学生养成良好的学习习惯,从中获得成功的喜悦,满足心理上的需求,实现自我价值,从而进一步激发他们内在的学习动机,增加创新意识。

二、营造教学氛围,提供创新舞台

课堂教学氛围是师生即时心理活动的外在表现,是在师生的情绪、情感,教与学的态度,教师的威信,学生的注意力等因素共同作用下,所产生的一种心理状态。良好的教学氛围是由师生共同调节控制形成的,实质就是处理好师生关系、教与学的关系,真正使学生感受到他们是学习的主人,是教学成败的关键,是教学效果的最终体现者。因此,教师要善于调控课堂教学活动,为学生营造民主、平等、和谐、融合、合作、相互尊重的学习氛围,让学生在轻松、愉快的心情下学习,鼓励他们大胆质疑、探讨解决问题的不同方法。亲其师,信其道,师生关系融洽,课堂气氛才能活跃,只有营造良好的教学气氛,才能为学生提供一个锻炼创新能力的舞台。

三、训练创新思维,培养创新能力

大学生创新创业教育问题、观点产生新的发现、新的解决方法、新的见解。它的特征是超越或突破人们固有的认识,使人们的认识"更上一层楼"。因此,创造思维是创造能力的催化剂,提问是启迪创造思维的有效手段。因此,教师在课堂教学中要善于提出问题,引导学生独立思考,使学生在课堂上始终保持活跃的思维状态,通过特定的问题使学生掌握重点、突破难点。爱因斯坦曾说过:"想象力比知识更重要,因为知识是有限的,而想象力概括着世界上的一切,推动进步,并且是知识进化的源泉。"想象是指在知觉材料的基础上,经过新的配合而创造出新形象的心理过程。通过想象可以使人们看问题能由表及里,由现象到本质,由已知推及未知,使思维活动起到质的飞跃,丰富的想象力能"撞击"出新的"火花"。因此,在教学过程中要诱发学生的想象思维。

四、掌握研究方法,提高实践能力

科学的研究方法是实现创新能力的最有效手段,任何新的发现、新的科学成果都必须用科学的方法去研究,并在实践中检验和论证。因此,教师要使学生掌握科学的探究方法,其基本程序是:提出问题—做出假设—制订计划—实施计划—得出结论。课堂教学中主要通过实验来训练学生的实践能力,但尽量改变传统的演示性实验。另外,应可以向学生提供一定的背景材料、实验用品,让学生根据特定的背景材料提出问题,自己设计实验方案,通过实验进行观察、分析、思考、讨论,最后得出结论,这样,才有利于培养学生的协作精神和创作能力。有时实验不一定获得预期的效果,此时教师要引导学生分析失败的原因,找出影响实验效果的因素,从中吸取教训,重新进行实验,直到取得满意的效果为止。这样,不仅提高了学生的实践能力,而且还培养了学生的耐挫能力。

五、教师应具备的能力和知识结构

在现代社会,知识量的增大及更新换代加速、新学科的涌现促进了教学内容的革新和课程改革,呼唤着教育终身化,不断学习成为现代人的必然要求。教师成为知识的传授者,更要适应现代教育的发展需求,不断学习新知识、不断更新自己的知识结构。继承是学习,创新也是学习。教师要提高自学能力,必须要做到:①能有目的地学习;②能有选择地学习;③能独立地学习;④能在学习上进行自我调控,最终走上自主创新性学习之路,以学导学、以学导教。同时,教师知识结构必须合理,现代社会的教师不能仅用"昨天"的知识教"今天"的学生去适应"明天"的社会,作为教师除了拥有广博的科学文化知识,更要有心理学、教育学知识,要掌握现代信息技术,才能适应现代社会发展的需要,才能更好地去当好教师,教好学生。

六、须利用新的信息,触发创新灵感

在现代社会,教师要培养学生收集和处理最新信息的能力。科学技术的迅猛发展,新技术、新成果的不断涌现,瞬息万变的信息纷至沓来,令人目不暇接。只有不断地获取并储备新信息,掌握科学发展的最新动态,才能对事物具有敏锐的洞察力,产生创新的灵感。否则,创新将成为无水之源、无土之木。因此,要引导学生通过各种渠道获取新信息,例如:通过图书、电视、报纸、互联网、社会调查等获取信息,为创新奠定坚实的知识基础,这样才能在科学领域高屋建瓴,运筹帷幄,驾驭科学发展的潮流,才能使创新能力结出丰硕的果实。

第四节　创新教育的现状、问题及对策

导读

现阶段,由于政策的支持以及主管部门要求,不论是大学、中学,还是小学都开展了创新教育,然而,这种行政命令下的教育存在很多误区。例如:把创新教育理解为"小发明、小创造";把创新思维(也有称为创造性思维)理解为发散思维。从而达不到国家对于创新教育的要求。

一、创新教育的现状及存在的问题

(一)高校创新教育现状

高校是我国创新型人才培养的主阵地。近年来,各高校已逐步把培养创新型人才作为办

学的主要目标,尤其是以"985 工程""211 工程"为代表的一批高校,经过十余年的重点建设,培养出的创新型人才素质不断提高,科研水平大幅度提升,科研成果集中。涌现以"985 工程""211 工程"为代表的这批高校,已成为我国高层次创新型人才的集结地,成为我国理论基础研究和科技创新的源头。

目前,大学生创新教育途径与形式总体可分为两类:一是通过特定课程;二是组织相关竞赛。很多高校对在校学生开设了培养创新思维、提高动手能力的课程,这些课程大多门槛较低,没有太多专业限制,全校学生都可选修,可有目的、有方向地对学生进行创新能力培养的引导。有些学校也将创新教育渗透到了日常教学中,但是这种方式专业局限性较强,受众较小。同时,高校设立多种单学科和跨学科竞赛,如数学建模竞赛、电子设计竞赛、机械设计竞赛、结构设计竞赛、计算机程序设计竞赛、创业大赛、"挑战杯"竞赛等,通过参加竞赛,学生可以直接体会科技创新的效果,激发他们对创新的热情。

(二)大学生创新教育存在的问题

1. 人才培养质量的评价方式与创新型人才的培养目标不尽匹配

长期以来,由于我同人口数量众多、教育经费投入有限、优质教育资源稀缺、教育发展水平不均衡,考试、考核方式在教育领域的人才培养质量评价中占据着主导地位。考试、考核的评价方式具有组织成本低、评价效率高、公平性较好等优势,在人才选拔和评价过程中也发挥了重要作用。但是考试、考核方式重视规范化、正确率,强调标准答案、正确答案,往往会扼杀学生的个性、创造性和想象力,这种方式与创新型人才的培养目标是不尽匹配的。

2. 教师的观念水平与创新型人才的培养需求仍有差距

在创新型人才的培养过程中,教师的观念水平是影响人才培养质量的重要因素。只有教师重视创新教育,具备创新意识、创新能力,才能够培养出创新型人才。然而目前,高校中部分教师仍然将科研当作最重要的工作,科研中的创造性没有应用到教学当中,导致教师成为创新型人才培养过程中的薄弱环节。现阶段,我国高校教师队伍虽然在不断地增强,但新任教师的高学历者大多缺乏教育经验,使得其培养创新型人才的优势没有得到充分发挥。

3. 教学内容与创新型人才的成长规律不尽符合

当前,高等教育改革在不断深化推进,但高校教学内容方面的创新改革力度仍显不足,教材内容仍以旧知识为中心,国际上最新的研究成果和理论较少能在教材中相应更新,这就使得教学内容很难跟上科技进步的步伐。同时,创新型人才培养需要多学科、多知识点的相互结合,然而目前的高校教育仍然保留了较为严重的理工科与文科的区分界线,自然科学和人文社会科学结合较少。此外,教学与科研脱节,很多高校没有把本科生科研纳入教育计划,本科生参与科研和创新活动的机会不足,教师对学生的科研指导也显得不够。这种状况与创新型人才的成长规律是不相符合的。

4. 科技创新活动的组织管理与创新型人才的培养过程未能衔接

目前,我国的大学生科技创新实践活动以科技类竞赛为主。虽然竞赛五花八门,但仔细来看,高校科技创新活动仍存在着形式单一、效果不佳的问题。首先,高校科技创新竞赛的普及度仍然不够,参与人数较少,参与范围大多局限于理工科的少数学生中,并没有形成良好的科技创新氛围;其次,诸多科技创新竞赛存在着重短期效益、功利性强等弊端,学生突击完成作品参赛,使得参赛作品科技含量低、周期短、连贯性差,不利于长远发展;最后,当前的科技创新竞赛还存在独创性不足、过度依赖指导教师的现象,这些问题都表明大学生的科技创新活动还存在着缺陷和不足。

二、影响学生创新的心理因素

(一)思维定势

心理定势是指心理上的"定向趋势",它是由一定的心理活动所形成的准备状态,对以后的感知、记忆、思维、情感等心理活动和行为活动起正向的或反向的推动作用。

思维定势也称"惯性思维",是由先前活动造成的一种对活动的特殊心理准备状态,或活动的倾向性;是按照积累的思维活动经验教训和已有的思维规律,在反复使用中所形成的比较稳定的、定型化了的思维路线、方式、程序、模式(在感性认识阶段也称作"刻板印象")。在环境不变的条件下,定势使人能够应用已掌握的方法迅速解决问题。而在情境发生变化时,它则会妨碍人采用新的方法。消极的思维定势是束缚创造性思维的枷锁。

思维者具有力求将各种各样问题情境归结为熟悉的问题情境的趋向,表现为思维空间的收缩,带有集中性思维的痕迹,如学习立体几何,应强调其解题的基本思路,即空间问题转化为平面问题;如学因式分解,必须掌握提取公因式法、十字相乘法、公式法、分组分解法等常规的方法。解决问题的步骤要符合规范化要求。如解几何题,怎样画图、怎样叙述、如何讨论等,甚至如何使用"因为、所以、那么、则、即、故"等文字,都要求清清楚楚、步步有据、格式合理,否则就会乱套。

思维定势对问题解决既有积极的一面,也有消极的一面,它容易使我们的思想产生定向性,养成一种呆板、机械、千篇一律的解题习惯。当新旧问题形似质异时,思维的定势往往会使解题者步入误区。

大量事例表明,思维定势确实对问题解决具有较大的负面影响。当一个问题的条件发生质的变化时,思维定势会使解题者墨守成规,难以涌出新思维、做出新决策,造成知识和经验的负迁移。

从思维过程的大脑皮层活动情况看,定势的影响是一种习惯性的神经联系,即前次的思维活动对后次的思维活动有指引性的影响。所以,当两次思维活动属于同类性质时,前次思维活动会对后次思维活动起正确的引导作用;当两次思维活动属于异类性质时,前次思维活动会对后次思维活动起错误的引导作用。

(二)服从权威

1961年,耶鲁大学心理学助理教授斯坦利·米尔格兰姆(Stanley Milgram)做的心理学实验,证明人类有一种服从权威命令的天性,对于服从的研究,早在米尔格兰姆之前也有不少人做过。比如有研究表明,如果研究者以权威人士的口气命令受试者切下小白鼠的头,有70%的人会这样做;如果以医生的装束命令受试者做一些怪异的动作,大部分人都不会反抗。

(三)从众心理

从众是指个人的观念与行为由于在群体的引导和压力下,不知不觉或不由自主地与多数人保持一致的社会心理现象,通俗地说,就是"随大流"。

从众是指个人受到外界人群行为的影响,而在自己的知觉、判断、认识上表现出符合于公众舆论或多数人的行为方式。通常情况下,多数人的意见往往是对的。从众服从多数,一般是不错的。但缺乏分析、不做独立思考、不顾是非曲直的一概服从,则是不可取的,是消极的"盲目从众心理"。

从众原因有几下几点:

(1)行为参照。在情境不确定的时候,其他人的行为最具有参考价值。

(2)对偏离的恐惧。木秀于林,风必摧之。

(3)与群体融合的需要。与群体成员保持一致可以使人更容易被成员所接受。

(4)群体的凝聚力。对自己的群体有强烈的认同感。

从众有这样几种表现形式:一是表面服从,内心也接受,即口服心服;二是口服心不服,出于无奈只得表面服从,违心从众;三是完全随大流,谈不上服与不服的问题。就从众心理的客观影响来看,既有积极意义,也有消极意义,主要看从众行为的具体内容。由于学生的知识、经验都不足,自制能力又不强,因此在多数情况下,从众行为不同程度地带有盲目性。

(四)功能固着

功能固着是一种心理上的阻塞,是指人们把某种功能赋予某种物体的倾向,它可以通过抑制人们对事物的创新意识,对问题解决产生不利的影响。一个人如果初次看到的功用越重要,也就越难看出它的其他用途,如此就很难产生创新思维。

在一次课堂教学活动中,老师拿出一支蜡烛、一枚图钉、一盒火柴,要求学生利用这三个条件,把蜡烛点燃,固定在直立的墙壁上。全体学生思考了很久,无人能想出解决这个问题的方法。

这是一个趣味实验,解决这个问题的方法很简单,只需用火柴把蜡烛点燃,然后用图钉把空火柴盒固定在墙上,再用蜡油把蜡烛粘在火柴盒上,就解决了。

大家之所以没能想出这一解决问题的方法,原因是他们在思考解决问题的过程中,只是把火柴盒看作是装火柴的盒子,而没想到它还可以用来固定蜡烛。"功能固着"现象使我们趋向于以习惯的方式运用物品,从而妨碍以新的方式来解决问题。

认定原有的行为就不会再去考虑其他方面的作用。功能固着的产生原因包括心理因素和行为习惯两个方面。当个体在遇到新出现的问题时,总是容易用过去处理这类问题时的方式或经验来对待和解决新的问题。如果在一切条件都没有发生变化的情况下,运用已有的经验和方法会使问题得到迅速解决,提高工作和学习效率。但是如果在条件已经发生变化的情况下,仍然照搬过去的老办法,以固定的模式去应付多变的生活和学习,就会走许多弯路,使问题不能很好地解决。

个体对某种物体的通常用途越熟悉,就越难发现这种物体在其他方面的新功能。例如:发卡是女同学用来卡头发的,所以有些人想不到它可以充当螺丝刀拧螺丝钉;尺子是用来测量物体长度的,有些人则想不到它还可以做指挥棒;有些人手中有尺子则能测量物体的长度,没有尺子则完不成任务等,都是受物体的一般固定功能所限制。

遇到问题能从不同的角度和方面去考虑,会使问题更加容易解决。对于培养我们的创造力有着特殊的意义,还可以增强一个人的自信心和探索新问题的勇气。那么,怎样才能消除功能固着的消极影响呢?

（1）遇到问题时能随机应变,多变换角度去思考问题,寻找答案,锻炼思维的灵活性。

（2）善于运用问题现场所提供的条件和物品,因地制宜、因陋就简地解决当前所面临的问题。

（3）在思考和解决问题的过程中,能够把有关的信息向各个方向、各个方面扩散,以此引出更多的信息,以多种设想,找出多项解决问题的方法,而且每个方案都切实可行。

（4）丰富自己解决实际问题的经验,因为解决问题是以知识和实际经验为前提的。这就要求我们不仅对周围事物的通常用途特别熟悉,而且对其他用途也十分清楚,只有这样才能在解决问题的过程中应付自如。

（5）我们既要有常规的解决问题的方法,又要养成勤于动脑和善于思考的好习惯。

三、完善创新教育的对策建议

(一)加大创新教育的政策扶持及投入力度

近年来,我国高校教育投入逐年增加,但是创新教育并没有得到更多实惠。究其原因,是高校教育投入增长主要用于扩大招生、扩建校舍等"量"的增加上,而在创新教育等"质"的提高上,投入和支持力度还不够。要想让创新教育真正落到实处,不仅要有宏观的政策支持,而且还要有微观的实施方案。各级教育主管部门要切实增加对创新教育的政策扶持和投入力度,以制度化的方式确保创新教育的投入。例如,增加对创新教育课程和实践性教学环节的研发和投入,改善教学实验设备,加强对创新实践活动的投入,增加教师、学生参加学术交流活动的经费等。

(二)建立更加完善的人才培养质量评价体系

大师的培养模式能否复制? 很多人都说我们现在已经培养不出钱学森这样的大师了,也有人悲观地说"大师的时代已经过去了"。那么,既然我们的教育体系中曾经培养出了钱学森这样的科学巨人,那么这样的教育理念能否复制,当年培养钱学森的理念是否过时了呢? 其实,我们不能忽视这样的事实:各类人才在人群中的分布是均衡的。也就是说,各种资质的人在人群中的分布是有一定比例的,这个比例在现在和过去是差不多的。照此推论,过去能培养出钱学森这样的大师,现在也应该能培养出大师。但是,大师为什么越来越少了呢? 当年很多学校的校训是"诚、爱、勤、勇"。校训所提出的四个方面是一个优秀人才必备的人格特征,但没有一条直接与分数、升学挂钩。可见,人才的评价体系也很重要。

在网络信息技术日新月异、知识更新速度前所未有的今天,社会的发展和进步需要更多具有较高学习能力和创新能力的高素质人才。培养创新型人才,教育主管部门和高校要鼓励学生摒弃寻找标准答案的思维方式,敢于发散思维、勇于实践探索;要积极营造鼓励创新、接受失败的良好氛围,给学生尝试、探索和实践的机会,允许并宽容他们的失败,同时努力教会他们从失败中分析原因、获得成长;要建立更为科学全面的人才培养质量评价方式,打破考试、考核定终身的评价方法,注重和加强对培养过程的考察,对评价结果的科学分析和追踪,从评价方法、组织方式和评价效果等多方面入手进行研发,不断提高评价的质量和信效度。

(三)加强师资队伍的思想建设与能力建设

培养创新人才,师资队伍是关键。一个好的教师应该是一个"杂家",广阔的知识面会潜移默化地影响日常教学内容和教学方式,并能激发学生的好奇心和求知欲,也利于指导学生进行创新实践。高校要加强对教师进行新理念、新知识、新技术的培训,以促进教师教育、教学观念的转变。在教学目标上,不仅要传授知识,而且还要训练技能、发展智力,培养学生良好的思维品质和健康个性,体现认识、情感、技能、目标的统一;在教学关系上,突出学生的主体地位和主动意识;在教学过程中,关注每个学生,充分发掘每个学生的潜能;在教学内容上,从知识、能力、品德、方法等方面研究教材、挖掘教材、把握教材、处理教材,从而使教师转变教育观、教学观、课程观、质量观、评价观。

(四)改革人才培养的教学模式与教学方法

从发达国家的教学经验来看,创新型人才的培养需要适度弱化学科之间的界限,注重学科间的结合,通过开设跨学科课程、提倡学生自主学习,鼓励学生提出问题、互相讨论,甚至与教师探讨争论,来培养学生的创新思维和能力。为此,要改变传统的讲授式教学,提倡启发式教育,指导学生学会自主式、研究式学习。在教学内容上,应进一步拓展延伸,除了课堂讲解之外,要鼓励学生课下进行拓展阅读和自学;在教学方法上,要增加基于实际问题的案例教学、小组讨论等方式,鼓励学生与教师进行讨论,充分调动学生的积极性,激发学生的内在潜能;在思维方法上,要引导学生系统地学习历史上的科学技术成就,建立批判思维,要在继承以往科学技术贡献的基础上进行超越和创新,努力站在前人的肩膀上攀登新的高峰。

(五)加强创新实践活动的组织管理与指导支持

创新人才的培养离不开实践活动。高校应进一步加强和改进创新实践活动,结合学校的学科特点以及学生的实际情况,设计组织不同类型和层次的创新实践活动,使更多学生受益。在实践中,可以开展三个层次的创新活动:第一层次为科技普及活动。对参加者没有特殊能力要求,适合绝大多数学生参加,如"科技展览""科普宣传""学术论坛和讲座"等。第二层次是学科竞赛活动。要求参与者基于一项能力开展深入钻研和实践。第三层次是跨学科的竞赛活动。要求参与者具备较强的综合能力和创造力,融合多学科知识开展创新创造。同时,重点要加强对学生的创新过程指导和成果转化,引入行业协会、企业以及投资基金等专业资源的指导与支持,切实帮助学生提高创新实践活动的科学性和实效性,使学生不仅停留在"积极参赛、努力拿奖"的阶段,而且能够围绕某一领域进行深入研究并形成有价值的研究成果,从而在创新实践过程中增强对创新创造的理解,切实提高创新创造能力。

拓展阅读

大学新生创新创业教育:美国马里兰大学 FIRE 项目

2014 年,马里兰大学(图 6-1)校长华莱士(Wallace Loh)亲自参与开发并推行面向大一新生的新生创新研究项目"First-Year Innovation and Research Experience",简称"FIRE"。参加该项目的学生在获得学分的同时,将在真实研究情境中发展批判性思维、创新探索能力、实验设计能力、解决问题能力、领导力及学术交流能力,该项目具有一定的创新意义。

图6-1 美国马里兰大学

1. FIRE 项目的综合性

学科群落多样性的 FIRE 项目构建了理工科与人文、艺术及社科专业间的跨界合作研究。大多数院校的新生创新课程面向的学生来自 STEM,即科学、技术、工程学及数学等专业,而马里兰大学的 FIRE 项目倡导基于理工科的创新和研究。结合非理工科类的专业知识和视角,来营造一种真正的多学科交叉的、基于探究的研究氛围。这与国内一些文献提出在大学创新教育强中开设通识课程或文化素质教育课程不谋而合。大学各个专业在大学教育生态系统里是相互依存、相互作用的,FIRE 项目倡导理工科与人文、艺术及社科各专业间的跨学科合作的理念遵循创新生态系统特性,有利于知识在整个创新生态系统里的流动、扩散和运用。

2. FIRE 项目的群落共生性

FIRE 项目里多个创新群落的主体间合作、互动紧密。第一,导师以项目为依托将学生置于真实研究情境之中,并为学生提供广泛的指导——包括个人、学术、科研、职业等多个领域;第二,打破院系分割,学生与学校各层面——同学、老师、学院、系部和大学紧密联系;第三,各研究小组中的成员、导师和教师合作密切。蒂姆·布朗(Tim Brown)在哈佛商业评论上曾说过,日益复杂的产品、服务和经历使得"神话中的、孤独的创新英雄"被"现实中充满热情的、交叉学科的合作者"所替代。马里兰大学多学科背景的合作者们在以课程、科研、实验、实习、大赛等平台为依托构建的创新生态环境中,相互联系与合作,形成良性互动的生态群落。

3. FIRE 项目的成长性

FIRE 项目的人员构成体现了组织的成长性。FIRE 项目的各研究小组在人员组成上有统一的结构。新生不论成绩优劣皆可参与研究小组。每个小组除了大约30名参与的新生成员外,至少有1名教师、1名博士学位层次的学者,还有一队训练有素的本科生作同辈导师。相比美国其他院校,如得克萨斯大学只有一名导师,马里兰大学的 FIRE 项目由多个学科的多名教师指导,并且发挥同伴学长在小组研究中的影响力,科学充分地调动新生创新的积极性。很多新生在大学二年级时就能以同行导师身份参加研究小组,为下一级新生提供指导。FIRE 项目的相关课程设置体现了学生创新能力的成长性。课程设置在时间的纵向规划上循序渐进。该项目历时三个学期,学生可获得通识教育的 9 学分。一年级秋季学期,学生根据自己的兴趣试选研究小组,进行兴趣配对、预选调整和初级科研训练;一年级春季学期至二年级秋季学期,学生正式进入选定的小组进行创新创业专业训练。FIRE 项目在学生创新能力培养方法上既遵循人才培养规律又充分发挥学生的主动性,第一学年各小组在确立研究项目范围和目标的同时,侧重对特定学科寻找研究方法并对成员进行技能培训;第二学年秋季学期,注重在发挥成员已有技能基础上,培养学生的领导和合作交流能力。课程视学生的时间灵活安排,比如课程的后两个学期,各小组每周一次课,具体日期由学生决定,学生可自行安排各自的科研工作时间,一般每周 6 小时。项目结束时,有专题讲座和辅导班指导学生顺利进入教师实验室工作或者在其他地方获得实习等机会。这样的课程设置让学生在从课堂到实验室再到实习的创新环境里,不断发展在研究方法、团队合作、领导和交流等方面的综合能力。

4. FIRE 项目的开放性

首先,FIRE 面向市场和企业。与其他院校不同,FIRE 项目利用相关教师课题、大学的创新创业学院等平台,以创业和向企业技术转让为导向,将大一新生纳入创新创业活动中。在此过程中,学生会面临超越其学科层面的产品开发、市场分析、商业计划制订等问题,从而提高对市场和创办企业的认识,为其创新创业的后续发展奠定基础。其次,项目与一些研究院和企业直接合作。这一措施让大学新生创新走向市场,突破了以往主要依托实验室创新研究的局限,为其专业研究和应用提供真实的实践平台;同时获得在技术层面上解决市场相关问题的直接锻炼,使大学新生面对真正的市场和企业,在专业知识和教师的引导下进行创业实践,实现技术向商业、市场的转化。推动大一新生的研发,以新技术、新产品、新理念的形式从校园最终走向市场,形成一个从投入到产出的开放的创新生态系统。

参考文献:

1. 陈国胜. 创新创意创业[M]. 北京:国家行政学院出版社,2018.

2. 杜鹏举,罗芳. 大学生创新创业基础[M]. 北京:中国铁道出版社,2018.

3. 李爱华,杨淑琴. 大学生创新创业教育[M]. 上海:上海交通大学出版社,2018.

4. 廖益,赵三银. 大学生创新创业入门教程[M]. 北京:北京理工大学出版社,2012.

5. 马莹,杨敏. 朱继宏. 创新创业指导教程[M]. 上海:上海交通大学出版社,2017.

6. 宋一然,罗芳. 大学生创意创新创业教程[M]. 上海:上海交通大学出版社,2017.

7. 詹跃明,夏成宇. 大学生创新创业基础[M]. 重庆:重庆大学出版社,2018.

8. 张铭钟. 大学生创新创业基础[M]. 徐州:中国矿业大学出版社,2018.

第七章
创业机遇的识别

学习目的

1. 掌握创业市场的发展情境；
2. 分析营销模式的创新方向；
3. 了解如何来设计盈利模式。

创业者要有梦想，就用自己的方式去识别创业机遇。创业机遇的识别首先就是实物的创新。我们要有一个真正创新的点。这个创新的点，并不是你随便想出来的一个小窍门或是比较有意思的想法，而是当你有了创新点后，考虑如何把你的能力或是企业的能力与识别到的创业机遇相结合。

好的开始是创业成功的一半。创业者在寻找生财之道时，如何选准项目、避开陷阱、稳中求胜，很值得创业者思考。

要选择具有独特资源优势的项目。创业者如果能独具慧眼，挖掘自己身边特有的资源进行投资开发，往往更容易成功，因为在此时，你可能尚未有竞争对手。

要选择有良好发展前景的项目。产品的市场支持力、市场容量及自身接受能力对创业者来讲至关重要，要多考察当地市场，看看所选项目是否在当地有需求及靠自己的能力是否可以进入市场等，要瞄准市场空隙，选择有发展潜力的项目。

要选择目标市场非常明确的项目。针对某个特定消费群体，进行市场调查，知其所好、投其所好，乘"需"而入，推出新产品或服务项目，往往能领先一步占领市场。

要选择那些投资较少，比较稳妥的项目。初当老板如同学游泳，必须先在浅水区多练习几次，才能到大江大海里去享受搏击风浪的乐趣，否则就会有溺水的危险。

要选择有一定技术含量的产品项目，增强竞争优势，以求较好的回报。

第一节 产生创业构想，识别创业机遇

[案例导入]

布里斯托尔的生产创意

布里斯托尔(Bristol)是世界上最后一家"独立汽车制造商"，该公司根据每位客户的需要来生产汽车。众所周知，汽车大王福特发明了"流水线"，环形传送带将汽车零件传送至装配工人的工位，大幅度缩短了每道工序的制作时间。"流水线"的发明带动工业化大生产进入一个新的阶段，直到现在，它仍是效率最高的生产方式之一，在汽车制造业中更是如此。然而，布里斯托尔并没有使用流水线生产，而是反其道而行之，采用手工制造。因为对于少数的豪华汽车而言，手工制作是其立足之本。秘诀在于手工制造的豪华汽车把制造过程以艺术化的方式变成增值的制造方式，并竭尽所能地维持这样的制造方式。因此，对于很多车主而言，布里斯托尔汽车就像是一套量身定做的西服，顾客可以自己挑选汽车地毯的颜色和座椅的形状。为保持独特的风格，该公司都是直接与顾客沟通，也没有与任何经销商合作。他们的伦敦样车陈列室，至今还保持着几十年前开业时的样子，木质办公室、褪色英国国旗，以及20世纪60年代的旧家具，在那儿找不到电脑的踪影，每一位客户的信息记录都保存在地下室的一个档案柜中。

一、什么是创业构想

创业构想就是对一个人或者组织识别到创业机会并因此而产生的一系列思维活动。好的创业构想是创造商业机会和创业成功的第一步。一家成功的企业既要满足顾客的需要，又要创造价值；既要向人们提供想要的产品或服务，又要为创业者带来利润。

企业想法应当包括：

(1)你的企业将销售什么产品或服务？

(2)你的企业将向谁销售产品或服务？

(3)你的企业将如何销售产品或服务？

(4)你的企业将满足顾客哪些需要？

这里有两点需要说明：尽管创业构想是首要条件，但它只是一个工具，无论想法本身有多好，但是想要成功还是不够的，还需要转化它为有价值的商业机会。

二、为什么要产生创业构想

创业者和想要成为创业者的人需要产生创业构想是有很多原因的，下面仅仅是一部分原因：

(1)一个好的创业构想是成功创办一个企业的基本要素，在创办企业之前和以后都是必需的。

（2）对市场需求的反应。市场是由那些有需求的消费者组成的。创业者和企业能够通过满足有购买力的消费者而获得利润。

（3）对流行趋势和需求变化的反应。由于流行趋势和需求变化会产生新的商机，创业者可以采用新的想法、产品和服务来满足需求，把握机会。

（4）走到竞争对手前面。如果你没有提出新的想法、产品和服务，而你的竞争对手做到了，你将会面临更多不同的挑战。

（5）开发新技术。技术已是当今市场上的主要竞争工具，21世纪巨大的变化迫使更多的企业去创新。目前，只有个别电子和家用器具企业能够平均每个月开发出十几个新产品。对于大多数企业而言，产生创新想法是至关重要的。

（6）产品的生命周期。所有的产品都有一个有限的生命，产品生命周期图显示，新产品最终会陈旧和过时，因而，需要制订一个新产品和产品成长计划。

（7）降低风险和减少失败。对于企业来说，要想降低风险，设法不断地产生新的产品是非常必要的。

三、创业构想的来源

（1）爱好和兴趣

爱好是成立企业的重要原因。例如，你喜欢上网、烹饪、音乐、旅行、运动或表演，你就可能有把它们发展成为企业的想法。

（2）个人的技能和经验

一半以上成功的企业想法都来源于个人经验。例如，一个学习汽车维修专业的大学生在大型汽车制造厂工作几年后，他（她）就可能创办汽车修配厂。创业者的背景在决定其创办企业及企业类型的过程中扮演了至关重要的角色。而技能和经验是最重要的资源，不仅体现在产生想法方面，而且还体现在如何利用这些想法方面。

（3）特许经营

特许经营是指特许者将自己所拥有的商标、商号、产品、专利和专有技术、经营模式等以特许经营合同的形式授予被特许者使用，被特许者在特许者统一的业务模式下按合同规定从事经营活动，并向特许者支付相应的费用。特许经营有很多类型，但是最流行的一种就是提供名称、标识、操作程序和经营方式。在二十世纪八九十年代，特许经营迅速增长，成为一种在美国和欧洲广泛使用的商业活动形式。仅在美国就有超过2 000种的特许经营，年销售额超过3 000亿美元，大约占零售总额的1/3。除了购买特许经营权外，也可以开发和销售特许经营的理念。

（4）大众传媒

大众传媒是大量信息、想法和机会的来源，包括报纸、杂志、电视和互联网等。通过报纸或杂志，可以找到关于企业转让的商业广告，这是产生企业想法很好的信息来源。新闻出版物或互联网、电视上也经常会有关于流行趋势或消费者需求变化的报道。例如，你能看到或听到人们对健康和减肥食品的兴趣日益增加，便可以由此产现某个新的投资理念。

（5）展览会

参加展览会和大型贸易洽谈会是另外一个产生企业想法的途径。通过参观，你不仅可以看到新的产品和服务,还可以直接联系厂商、批发商、发行商和经销商。

(6)市场调查

通过调查确定消费者的需求是企业提供产品和服务的基础。创业者通过与消费者进行正式或非正式的交谈来调查需求,经常使用的方法有调查问卷、访谈或直接观察。最方便的方法是与你的家庭成员或朋友交谈,找出他们尚未被满足的需求,例如,他们是否对现有产品或服务满意,他们希望看到什么样的改进。也可以与厂商、批发商、代理商和零售商沟通,近距离地接触消费者、渠道成员可以更好地判断市场的需求情况。除了和人们交谈,你还可以通过观察获得信息。例如,决定是否在某条街上选址开店前,你可以观察和计算在特定的天数里通过街道的人数,并且和其他地点进行比较。

(7)抱怨

一部分消费者的抱怨催生了许多新的产品或服务。无论什么时候,当消费者抱怨某个产品或服务,或者当你听到有人说"我多么希望能……"或"只要有一个产品或服务能满足我……"你就有了一个潜在的创业想法。这个想法可以创办一个提供更好的产品或服务的具有竞争力的企业,或者可以将新的产品或服务卖给那些存在问题的企业。

(8)头脑风暴

头脑风暴是一个创造性解决问题和产生想法的技术方法,它的目的是产生尽可能多的想法。使用这个方法时,需要遵守四个原则:第一,不要随意评价他人的想法;第二,鼓励随心所欲,欢迎那些看似疯狂的想法;第三,需要大量的想法;第四,对于所有的想法,无论从表面上看有多么不合逻辑,都可以记录下来。

四、适合大学生创业的方向和项目

(一)高科技领域

身处高新科技前沿阵地的大学生,在这一领域创业有着近水楼台先得月的优势。有意在这一领域创业的大学生,可积极参加各类创业大赛,获得脱颖而出的机会,同时吸引风险投资。

推荐商机:软件开发、网页制作、网络服务、手机游戏开发等。

(二)智力服务领域

智力是大学生创业的资本,在智力服务领域创业,大学生游刃有余。例如,家教领域就非常适合大学生创业,一方面,这是大学生勤工俭学的传统渠道,可以积累丰富的经验;另一方面,大学生能够充分利用高校教育资源,赚到"第一桶金",此类智力服务创业项目成本较低,一张桌子、一部电话就可开业。

推荐商机:家教、家教中介、设计工作室、翻译事务所等。

(三)连锁加盟领域

统计数据显示,在相同的经营领域,个人创业的成功率低于20%,而加盟创业则高达80%。对创业资源十分有限的大学生来说,借助连锁加盟的品牌、技术、营销和设备优势,可以以较少的投资、较低的门槛实现自主创业。但连锁加盟并非"零风险",在市场鱼龙混杂的现状下,大学生涉世不深,在选择加盟项目时更应注意规避风险。一般来说,大学生创业者资金实力较弱,适合选择启动资金不多及人手配备要求不高的加盟项目,从小本经营开始为宜;此外,最好选择运营时间在 5 年以上、拥有 10 家以上加盟店的成熟品牌。

推荐商机:快餐业、家政服务、校园小型超市、数码速印站等。

(四)开店

大学生开店,一方面可充分利用高校的学生顾客资源;另一方面,由于熟悉同龄人的消费习惯,入门较为容易。正由于走"学生路线",因此要靠物美价廉来吸引顾客。此外,由于大学生资金有限,不可能选择热闹地段的店面,因此推广工作尤为重要,需要经常在校园里张贴广告或和社团联办活动,才能广为人知。

推荐商机:特色专柜、手工制造、网络维护等。

拓展阅读

雷军:小米成功 1% 的运气远远超过 99% 的汗水

雷军是金山软件的代言人,参与了卓越网的创建;他是国内著名的天使投资人,陆续投资了 20 家创新型企业,并使它们成为行业内数一数二的带头企业。他二次执掌金山,41 岁开始二次创业,用小米手机助威国产手机品牌。

一、创建最牛的 IT 公司

雷军在获得"2012 中关村十大年度人物"时表示:"参加中关村十大系列评选活动,对于我来说有特别不一样的意义。因为我是一个老中关村人,1992 年就开始在中关村创业,20 年过去,我觉得我作为一个经历者感受到了中关村作为创新之都的魅力,也感受到了 20 多年中关村发生了覆天覆地的变化。"1987 年,在武汉大学计算机系读大一的雷军看到了《硅谷之火》这本书,书中讲述乔布斯等计算机爱好者给电脑带来的变革。当时 18 岁的雷军就梦想着创办一家全世界最牛的 IT 公司。

1992 年雷军加入了金山软件股份有限公司,在中关村开始为自己的梦想而奋斗。2007 年,38 岁的雷军将金山软件带入资本市场,又投资了十几家公司,在当时已拥有超过 3 亿元身家。在旁人看来,这时的雷军好像人生所有目标都实现了,但他却没有停步。2010 年,41 岁的雷军二次创业,这次他选择了智能手机。

雷军之前从没做过手机,但他把手机当电脑来做的想法正好是智能机核心的思想:每一部手机都是一部电脑。也是这种想法,在手机行业引起了颠覆性的反响。公司成立四个月后,小米发布了第一个产品:MIUI 手机操作系统。小米开始被世人所熟悉。

二、以客户需求为原动力

与中外巨头闭门做研发的惯例不同,小米敞开门做研发,根据用户意见每周进行更新。一个外地用户因停电被困在黑暗的电梯里,在手机上找不到手电筒图标。通过小米的社交工具"米聊",用户向雷军建议开发手电筒功能。于是,公司在下一个周五推出的 MIUI 新版本中,按住最常用的 Home 键,就能打开手机的手电筒。这种实用独有的小功能,赢得了用户们的褒奖。

在雷军手机通讯录里,有 1 000 多名小米粉丝的电话。在他们的参与下,200 余项符合国人使用习惯的创新在系统中陆续诞生。不安装软件找回手机功能、上百种主题风格的解锁方式、群发短信前自动添加名称……

"有很多人超级喜欢我们的小米,我们称之为'米粉',我经常接到微博私信,有很多的'米粉'到小米公司送各种各样的礼物,每天都会有全国各地的'米粉'给我们送礼物,我收到最珍贵的礼物是一个'米粉'用小米粘了一部小米手机模型,还有一个讲解他是怎么完成的视频,我想这需要对小米有多深的感情才能做出这样的礼物?"雷军告诉记者,"我认为这是因为我们把很多事情想得很简单,我们每天只思考两个问题:第一点,我们是不是竭尽全力把产品做好,我们还有多少事情没有做好? 第二点,我们做的东西用户是不是真的满意?"正是以客户需求为原动力,才成就了小米的大市场。

三、成功源于80%的运气

"我觉得小米创造这点成绩背后的80%是运气。"说到这话时,雷军一脸认真,"我在很多场合都讲过这句话。当然很多人的解读说这是雷军在谦虚,一定不是这样的,但是我真的认为80%是运气,小时候我们听到的是成功是99%的汗水+1%的运气,但有时后面1%的运气远远超过了99%的汗水"。雷军说:"我个人认为,团队的努力是成功的必要前提,除此之外,还需要天时地利,小米开始做智能手机的时候,正赶上了我国手机市场一场轰轰烈烈的换代浪潮,智能手机逐步成为主流,我们赶上了这股潮流,占到了天时,这也是促使小米成功的最大原因。"

在雷军眼中,地利无疑是中关村的大环境,中关村汇聚了无数的人才,小米初期也是站在巨人的肩膀上往前走,我们在创办小米的时候,很容易地就汇聚了像摩托罗拉、谷歌等很多大公司的精英。小米在做的事情,一部分在于人才,一部分在于资金,没有资金支持做这么大的事情是不可能成功的。正是成长于中关村,才让小米走到了今天。

四、允许创业者犯错

投资人要建立对创业者的绝对信任,并允许创业者犯错。雷军同时还是帮助其他创业者的天使投资人。雷军有着独特的投资理念,他曾多次强调自己只投熟人,而且不超过熟人及熟人的熟人这两层关系。比如,UC优视的俞永福、凡客诚品的陈年都是雷军的朋友。另外,雷军投资只看人。"我不在乎你在做的项目是什么,我认为在中国,在今天的中国创业市场上,缺的是执行力而不是主意。"他说:"投资人要建立对创业者的绝对信任,并允许创业者犯错。"创建小米后,雷军更加注重帮助年轻创业者。小米和顺为基金,都鼓励他们投资年轻人,30岁以下的年轻人。"同时拥有天使投资人和46岁创业者的双重身份,雷军更懂得创业的艰难。"创业如跳悬崖,我46岁,还可以为我18岁的梦想再赌一回。"雷军表示,抱着必输的信念来创业,那就做一个创新的东西。这种心态让他迅速获得成功,创立5年的小米在2014年已经估值达到450亿美元。

(资料来源:根据成功创业网相关资料整理,2015年9月8日)

第二节　识别和评估商业机会

很多创业者都有一个错误观念,通常认为小本创业一定会成功,而忽略掉该行业是否有市场或市场是否已经饱和? 自己是否适合这一行业? 因此,建议创业者除了要挑选有兴趣的行业外,还要抓住市场潮流,提高创业成功的概率。

哪个是最具"钱"景的创业行业? 在思考创业行业时,最重要的是抓住市场潮流动脉,降低创业风险。统计结果显示,最具"钱"途的创业方向前五名依序为:平价概念、健康概念、个性化概念、教育概念与女性概念。其中最具赚钱潜力的行业前十名依次为:儿童文教、健康医疗、成人补教、健康食品、个性化商品、早餐店、减肥美容、电子商务、休闲饮品与中式小吃。有心创业者不妨先了解再行动,这样才能少走弯路。

寻找、发现和利用机会是一个成功创业者的特征之一,也是成功创办和管理企业的基础。创业者不仅要产生想法和识别机会,还要同时进行筛选和评估,从而把握并利用最有价值的机会。

一、商业机会

简单地说,一个好的想法未必是一个好的商业机会。例如,你可能通过一项新技术发明一个非常有创意的产品,但是市场未必需要它;或者一个想法听起来不错,但是在市场上没有竞争力,并不值得投资;或者尽管有时市场有需求,但是需求的数量不足以收回成本。很多企业想法听起来很有优势,却经受不住市场的考验。如何将企业想法转化成一个好的商业机会? 最基本的答案就是收入超过成本,能够获得利润。

二、一个好的商业机会的特征

商业机会具有特殊的生成要素,包括现实需要、理性目标、较强的竞争力,以及一定的资源和技术。以下商业机会案例集中体现了一个好的商业机会应从哪些方面去把握。

(一)平价概念——提供消费者物超所值的产品

以零售业态发展来看,越是高度文明的国家,平价概念发挥得越极致,在美国、日本等发达国家处处可见大型出售过季商品的购物中心,"一元"商店也因此创下了令人瞩目的业绩。另外,经济不景气、产业竞争日趋激烈,也是平价概念店盛行的原因。

整体看来,平价概念的创业业种较多、投资门槛较低。根据调查结果,现阶段最具潜力的赚钱行业,其中第六名的早餐店、第八名的电子商务、第九名的休闲饮品与第十名的中式小吃,都具有平价概念。

早餐店与休闲饮品店投资不大,一般在数万元以内,净利可达二成五以上,半年可收回投资,具有本小利丰、回收快的优势,因此是许多人创业时的首要选择。目前,国内市场这两种业种已经有加盟品牌数十个,加盟店几万家,而现阶段以单店进入市场不太容易生存,不妨考虑

第三篇　创新求发展

以加盟的方式创业。因此,挑选具有竞争力的品牌便格外重要。另外,在经营上的挑战是要改变过去经营过路客的创业思维。现阶段要以培养熟客、提高顾客忠诚度为主,才能够持续经营。

(二)健康概念——满足健康需求就有钱赚

随着知识水准、国民收入的提升,人们对于健康越来越重视,不再是因为生病才有医疗需求,预防疾病的观念已能被大家接受,这可从数年前风靡一时的灵芝和芦荟等保健产品的热卖得到印证。现在市面上多了很多健身俱乐部和养生餐厅,就连饮用水及有机蔬菜、水果也因为强调有益健康而热卖。因此,健康概念被列为最具"钱"途的创业方向之一。

健康饮品单价高、毛利高,成本回收快,而根据专家票选出的最有潜力的赚钱行业,如第二名的健康医疗与第四名的健康食品,都是具有健康概念的创业方向。不过若以投资门槛来看,健康医疗业包括药房、中药店或是药妆店的投资门槛,都在十万到几十万以上,毛利约三成五,回收期较长,适合资金足够者长期发展。所幸目前这些行业已有品牌提供加盟创业,有心投入健康产业的创业者,可由总部辅导提升医药专业知识,降低开店技术门槛,并可压低进货价格,增加获利空间。

健康食品业分成天然健康饮品与讲求养生、食疗的餐饮专卖店,后者开店成本较高,约在四五十万元左右;而健康饮品店的投资门槛则相对较低,开店成本约10万元左右,不仅较易入行,若以都市区一级商圈为主力,平均客单价约在20元左右,毛利可高达六成,因此,大约三个月就可以回收成本,是健康概念各业种、业态间赚钱速度较快的。

(三)个性化概念——强调量身定做赢得族群认同

个性化概念可以分成两种:一种是商品个性化,主要是抓住时下年轻人多变、求新、个人意识强烈的特点,将自我意识形象化,为每位客户量身打造独一无二的个性化商品,如个性化吊饰、人像公仔、个性化印象等,是为满足消费者潜在的自恋情结而产生的商机;另一种则是店铺个性化,由于国内许多零售服务业已进入完全竞争阶段,因此现阶段开店的制胜关键是让消费者产生认同感,要具有独特的店铺个性。例如,卖咖啡的星巴克、卖生活用品的无印良品、卖美容保养品的美体小铺等,就是具有店铺个性化的代表。

目前,市面的个性化商品很多,如大头贴、数字照片印章等,不过这类产品由于技术层次低,流行热潮退去后,不易再做创意变化,也容易使商机退去。另外,有的高价艺术品,如琉璃等,受到市场限制,也不是每个人都消费得起的,因此在个人创业上,以周围生活商品为切入点,再量身定做属于个人化的创意商品,有较大的获利基础。如已开放加盟的阿雷西公仔,主要是通过材料变化,加上艺术创意设计,制造个性化商品,投资金额约在10万元,由于毛利可高达六至八成,最快在半年就能回收成本。

个性化商品发展的另一个商机,主要在于现阶段大型卖场为寻求商品差异化,对于具有特色的个性化商品趋之若鹜。以贩卖德国熏香木偶的"木偶之心"为例,开店不到半年,各大卖场都纷纷邀请进驻。而进驻卖场的优点是,借由卖场的聚客力,可大大地提升营业额与知名度。

（四）教育概念——子女教育与生涯教育有商机

随着双薪家庭的比例越来越大且收入越来越高，再加上望子成龙的心态，父母对子女教育的投资毫不吝啬，因此打造了儿童文教业市场的利好基础。上班族也因为失业率攀升，求职压力加大，为加强竞争力而培养第二专长，于是成人教育业的商机逐渐浮现。

目前，在北京、上海、武汉、重庆等大城市，国学、少年科技知识培养等专业儿童培训机构较为普遍。调查表明，儿童文教业的投入金额较高，约在数十万元，不过由于其淡旺季的营收差异不大，净利在四成五左右，因此多数在两年内就可回收成本。而成人教育则可以分成两个概念：一是为上班族培养第二专长的补习班，如英语、计算机或是创业补习班；二是有些人会利用周末双休时间针对个人兴趣进修，例如插花、跳舞等，前者目前商机较大，较适合开在办公商圈，而专业水平高的师资是制胜关键，只要打出口碑，生意就会源源不绝，大约也是两年内可以回收成本。

（五）女性概念——捉住她的感觉赚钱不难

随着女性经济独立自主比例越来越高，消费能力越来越高，很多产品纷纷以女性为目标市场。如专为女性推出的信用卡，就是着眼于女性强大的消费力。

以往创业者多为男性，但从近年对加盟创业展会及加盟者的调查发现，男性与女性的创业比例为1:1，因此女性创业意愿提高，也是女性概念店经营形态发酵的原因。

许多减肥美容业者不断通过大众媒体的广告宣传，激起女性爱美的天性，以此带动了减肥美容产业的兴旺。随着饮食精致化，国内有减肥需求的人数也不断攀升，根据调查，有七成以上的女性对自己的身材不满意，这是减肥美容业有商机的原因。一般来说，投资成本约在10万元，但由于其毛利高，多半在一年半内即可收回成本。目前，减肥美容业已不再局限于单纯的脸部、身体美化，为求在市场上立于不败之地，协助女性做全方位的身心提升已是趋势。因此，除了高科技仪器与天然营养品的应用，结合SPA与美容讲座活动，是减肥美容产业未来的经营重点。

由此，可以看出，一个好的商业机会必须具备可行性，但需要符合以下标准：

(1)需求是真实的，即那些具有购买力和购买欲望的消费群体仍有未被满足的需求。

(2)能够收回投资，即在承担风险和创业的努力付出之后，可以带来回报和收益。

(3)具有竞争力，即比竞争对手能获得更多的价值，更受消费者认可。

(4)实现目标，即能满足创业者的愿望。

(5)有效的资源和技能，即在创业者所具备的资源、能力、法律等必备条件范围内。

三、识别商业机会

首先，了解一下什么是"市场机会"。例如，中国有14亿人口，假如每人每天花一元钱购买茶叶，就会有14亿元的营收，这个是"市场机会"；那到底什么是"商业机会"？就是如何让14亿人口都知道你的茶叶同时都愿意购买，而且不买别家的茶叶，这个路径就是"商业机会"。因此，很多时候，我们发现了市场机会，就要去创造商业机会。

商业机会通常体现为市场上尚未满足和尚未完全满足的有购买力的消费需要，也称为市场机会。在新经济时代，一个有价值的商机可以使亏损企业扭亏为盈，扩大竞争优势。有效把握商业机会逐渐成为企业发展的关键命题。商业机会的捕捉就是对市场信息的调查研究,是商业机会管理的首要环节。对创业而言,市场机会就是各种可能转化为商业机会的情报。

(一)现有市场机会和潜在市场机会

现有市场机会是指市场机会中那些明显未被满足的市场需求。另外,那些隐藏在现有需求背后的、未被满足的市场需求称为潜在市场机会。现有市场机会表现明显,往往发现者多、进入者多,竞争势必激烈。潜在市场机会则不易被发现,识别难度大,往往蕴藏着极大的商业价值,需要创业者深度分析研究,才能将之体现为创业资源。

(二)行业市场机会和边缘市场机会

行业市场机会是指市场中某个行业内的市场机会。边缘市场机会是指在不同行业之间的交叉结合部分出现的市场机会。一般情况下,人们对行业市场机会比较重视,因为发现和识别创业机会的难度较小,但正因为难度小,参与者众多,往往竞争激烈,成功的概率较低。而在行业之间出现的市场机会,往往涉足较少或难以发现,需要创业者具有丰富的知识和经验,以及丰富的想象力和大胆的开拓精神,一旦顺利开发,创业成功的概率就会很高。

(三)当前市场机会与未来市场机会

当前市场机会是指那些已经在社会经济发展中呈现出来的市场机会。未来市场机会是指通过前期的市场调研和预测分析将来会在某一时期内出现的市场机会。如果创业者对将来可能出现的某种市场机会具有比较清晰的认识和判断,就可以提前做好准备,并调动已有的市场资源,为创业机会的出现搭建平台,从而获取创业的领先优势。

(四)全面市场机会和局部市场机会

全面市场机会是指在市场大范围出现的未满足的实际需求,如在国际市场或全国市场出现的市场机会,着重于拓展市场的宽度和广度;而局部市场机会则是在局部范围或细分市场出现的未满足的需求。在大市场中寻找和发掘局部或细分市场的机会,见缝插针,拾遗补阙。创业者可以集中优势资源投入目标市场,有利于增强主动性、减少盲目性,从而增加成功的可能。

一般来说,创业机会的识别方法有多种。由于大学生属于创业群体中的弱势群体,创办的企业多为微小企业,因此,生存第一,成长第二。为了避免在激烈的市场竞争中失败,寻求创业机会应以能够发挥自己的专长和先立足后发展为原则。简单讲,在夹缝中求生存,填补市场空白,借助市场外力才能真正把握创业机会。

人们一旦产生和发现了想法和机会就需要对它进行识别和评估,这很重要,但并不简单。人们是否做了识别和评估工作,将决定他们是赚钱还是赔钱,成功还是失败。但是,并不是说只要做好识别和评估工作就一定能够成功,因为成功还和其他很多因素有关,但识别和评估工作的确能够起到降低风险和减少失败的作用。

1.市场识别

(1)行业和市场。你的想法有市场吗?有消费购买力且乐于购买你的产品或服务的顾客吗?你能够满足他们的需求吗?这样的消费者有多少?

(2)"机会窗"的大小。当机会存在时你能创造和抓住机会并利用它们吗?

（3）创业者的个人目标和能力。你真的要冒险去创业吗？你有足够的动机吗？

（4）团队管理。谁将是企业的成员？他们有经验、技能、社会关系和你所需要的乐于奉献的品质吗？

（5）竞争。谁是你的竞争对手？你是否拥有一些竞争对手没有的顾客？你是否低成本地生产和经营？

（6）资金、技术和其他必需的资源。你有多少资金、技术和其他必需的资源？你是否已经具备或者有能力拥有呢？

（7）环境。你周围的政治、经济、地理、法规环境是否有利于创业？你的企业是否会破坏自然环境？

上述问题是识别和评估商业机会的典型问题。通过思考这些问题可以决定商业机会是否具有吸引力和前景。但是，你还不能仓促创业，还必须对自己的想法或者项目进行科学分析，以确认其可行性。对创业项目的分析，无非是从市场和客户两个方面进行。

2. 市场调查

市场调查是进行创业项目分析的首要环节，其主要内容可以归结为描述、分析、预测。通过调查描述当前市场环境与行业状况、顾客需求与目标市场状况、竞争对手及自我经营状况等；根据描述分析行业、市场、顾客、自身经营与竞争者的现状与投资项目的可行性，并对未来做出尽可能准确的预测，从而将决策的风险降到最低，从根本上提高成功的可能性。

（1）市场调查的作用

第一，市场调查有助于创业者把握宏观的市场环境，加深对所从事行业的了解，例如整个社会的政治经济环境、行业的竞争状况、社会对于某种产品或服务的需求和购买力等，为自己的经营决策提供宏观的环境依据。

第二，通过市场调查，确定顾客的需求，生产客户需要的产品，保证企业获得丰厚的利润，因此市场调查是企业取得良好经济效益的重要保证。

第三，市场不是一成不变的，顾客的需求在不同的时期也各不相同。通过市场调查，可以发现一些新的商机和需求，以便开发新的产品去满足这些需求。

第四，通过市场调查可以了解企业自身的产品和经营状况，发现企业产品的不足及经营中的缺点，及时加以纠正，改进企业的经营策略，使企业始终保持生机与活力，在竞争中永远立于不败之地。

第五，通过市场调查还可及时掌握企业竞争者的动态，了解竞争对手的经营状况与策略，以及对方产品或服务的优势、不足及在市场上所占份额的大小，以便针对竞争者的情况，及时调整和改进自己的经营策略。

现代营销观念认为，实现企业各种目标的关键，是正确认识目标市场的需要和欲望，并且比竞争对手更有效、更有力地传送目标市场所期望的东西。而市场调查是企业了解目标市场需求和竞争对手行动的真正有效的手段，因此，随着营销观念逐步深入人心，市场调查在全球范围得到了广泛的重视。

（2）市场调查的内容

市场调查的内容是指在进行市场调查工作时应该调查的问题和所需搜集的资料。这是整个市场调查的核心，也是调查工作的目标所在，因此，在开展市场调查以前就必须明确。一般来说，市场调查主要有以下内容。

①环境调查

这里的市场环境主要是指市场所在地的政治法律环境、经济环境、社会文化环境、科学技术环境及地理气候环境等因素的总称。这些环境直接决定了市场所在地的市场生态,也是创业者进行新产品开发,尤其是为产品开拓新的市场时必须考虑的因素。

事实上,不仅国与国之间的宏观市场环境是不同的,即使在同一个国家,例如我国就存在南北之间的地理气候差异、东西之间的经济科技差异及几乎所有地区都存在的历史文化差异,这些都会造成不同省市、地区甚至县级的市场环境的较大差异,因此创业者准备将目标市场定位在某一地区时,对本地区的政治、经济、科技、文化和地理等因素的了解就显得尤为重要。

在进行宏观市场调查时,创业者要详细考察目标市场所在地有关创业及创业所在行业的政策及法律、法规,例如对于创业及创业项目是否有优惠政策或措施,是否有法律、法规禁止进入的事项等;考察在市场所在地的经济科技水平下,创业具有多大的发展空间,例如当地的经济发展水平、消费水平和科技水平等是否能为创业提供广阔的市场和相关支持;考察当地历史文化长期积累的社会心理对于自己创业所在行业的心理接受程度,例如当地人的消费习惯和偏好,多少人可以成为自己的现实消费者和潜在消费者等;此外还要考察当地的地理和气候对于自己的创业有什么样的影响,例如,一般情况下在险峻崎岖的山区销售自行车未必能赚大钱,而在热带地区销售羽绒服也并非一个明智的选择。

当然,创业者所面对的市场环境不同,有的可能局限于一条街道或一个社区,有的可能面向一个县城或一个地市,有的可能辐射一个省或一个国家,甚至整个世界。无论创业者面对怎样的市场环境,都必须对所在地的宏观环境进行考察分析,我们平常讲的"因地制宜",其实也就是这个意思。

②产品调查

创业者总是以一种产品或服务进入某个目标市场,进行自己的创业活动,那么对于创业者而言,必须了解自己的产品及产品所在行业的状况,深入调查目前市场的容量和产品在当地的消费方式、增长情况。在产品调查时,一般需要了解以下信息。

首先,了解同类产品在目标市场中销售的具体数字和品牌、规格、来源、生产厂家、价格,并根据当地的人口和社会经济统计数据,了解过去和现在发生的变化,预测将来可能发生的变化。

其次,了解当地市场有关产品的消费变化,主要调查当地同类产品的生产数量和可能发生的变化、当地产品的销售数量、当地的经济收入水平、消费者的消费习惯等,在此基础上分析产品今后可能出现的消费变化趋势。

再次,调查同类产品在当地的年消费量、消费者数量和产品的消费方式、产品消费范围的大小、消费频度、产品用途,以及具有什么竞争性代用品等因素。

最后,为了预测产品未来的消费变化趋势,还应了解产品在当地市场上的生命周期状况,并结合相关因素进行综合分析和判断。

同时,在进行产品调查时,还应该对产品市场进行细分,从而了解在当地市场上什么类型的消费者可能购买自己的产品;准确地估计当地市场的发展潜力,正确地选择产品销售的目标市场,进而了解不同类型的消费者对各种产品的需求,有针对性地采取改进产品的策略和措施,使之适销对路,以扩大产品的销路。

细分市场的方法有两种:一是地理细分,即为按照消费者所处的地理位置、自然环境来细分市场;二是消费细分,在试图吸引新的消费者之前,要明确哪些消费人群最有可能接受这种产品,然后针对这一消费人群制定相应的销售策略。

③行业调查

稍有商业眼光的创业者都会注意到这样一种现象:工业制成品如彩电、微波炉、空调、电脑等的价格一降再降,早些年属于奢侈品的手表、自行车、半导体等更成"明日黄花";与此相反,一些服务行业的价格却节节攀升,例如幼儿入托费一涨再涨,各旅游景点的门票涨价的风潮也一浪高过一浪。这一现象至少带给我们这样一种启示:我国产业利润正悄悄转移。

对大多数创业者来说,进入一个热门行业或者潜在的热门行业会是一个不错的选择,那么在未来可称为热门行业的有哪些? 从现在的发展趋势来看,如建筑、房地产行业,汽车制造业,电信业,生物技术,老年人、母婴用品,环境能源类环保产业等都比较热门。

行业的热门与否只是一个相对的概念,随着时间的推移,旧的行业格局可能被打破,行业间利润的分配面临重新洗牌,而且就创业而言,也并非所有的创业者都适合在热门行业摸爬滚打。因此对创业者来说,与盲目追求热门行业相比,选择一个适合自己的行业也许更有意义。

④消费者调查

通过调查,创业者能比较容易把握消费者对产品的具体要求。

第一,了解消费者在何处购买。企业需要知道目前消费者在何处购买此类产品,并且要确定哪些因素可以使他们转而购买自己的产品。

第二,了解消费者何时购买。了解消费者的购买时间和购买频率,细分为每日、每月、每季、每年,这样才有利于创业者就营业时间、广告宣传时间及各个时期的备货等问题做出正确的决策。

第三,了解消费者如何购买。了解消费者的购买方式,便于企业管理者对企业销售中的信用政策和价格政策做出决策。

对消费者调查的另一个方面是分析潜在消费者。企业的潜在消费者可以描述为:需要企业产品的人;买得起这些产品的人;愿意购买这些产品的人。对企业来说,潜在消费者就是企业的贵宾。潜在消费者有以下特征:潜在消费者并不依赖于任何企业;潜在消费者是企业的服务对象;潜在消费者具有与其他消费者一样的感受和情绪;潜在消费者是有想法和需求的人,企业要迎合他们。

⑤竞争调查

商品市场是没有硝烟的战场,竞争是与商业相伴而生的一个概念。在现代商品市场,产品竞争异常激烈,激烈的市场竞争对企业的利润影响巨大,因此,对产品的竞争调查也是决定企业生存发展的关键因素之一。

竞争分为直接竞争和间接竞争两种。直接竞争是指经营同类或类似产品的行业之间的竞争,例如可口可乐公司与百事可乐公司之间的竞争;间接竞争是指经营种类不同但用途相同的企业间的竞争,例如碳酸饮料与茶饮料之间的竞争。在竞争性调查中,需要了解市场竞争的结构和变化趋势、主要竞争对手的情况及本企业产品竞争成功的可能性等。

四、市场预测

市场预测,是指在市场调查获得一定成效的基础上,针对创业的实际需要及相关的现实环境因素,运用已有的知识、经验和方法,对市场未来的发展趋势做出适当的分析与判断,为创业决策提供可靠依据的一种活动。市场预测主要有以下内容。

1. 市场需求变化预测

市场需求变化预测主要是指商品的购买力及其投向的预测,包括生产资料市场购买力预测和消费市场购买力预测两个方面内容。

除现实购买力以外,对市场需求变化的预测还需要研究社会潜在购买力。潜在购买力包括两种情况:受货币支付能力或商品供应量的限制而未能实现的需求;居民手中因为种种原因而持有的现金及银行存款。另外,预测市场需求的变化还必须考虑人口变动、基本建设规模、生产力水平、文化水平、货币流通速度及消费者行为的变化等因素。

2. 消费结构变化预测

消费结构变化预测的主要内容是预测消费品市场的产品构成及其相应比例关系,包括消费者的消费支出在不同商品之间的分布比例、变动趋势,其中最关键的是居民消费的恩格尔系数的变化。

3. 产品(服务)销售预测

产品(服务)销售预测是对产品销售前景的判断,包括对销售的品种、规格、价格、销售量、销售额及销售利润等方面变化的预测,其目的在于使产品(服务)适销对路,满足消费需求。

4. 产品(服务)价格预测

产品(服务)价格预测是指产品(服务)未来市场价格变化的预测。影响产品价格的主要因素有市场供求状况、市场竞争状况、产品价值规律及价格规律等。

5. 资源预测

为了保障创业活动顺利进行,必须对创业所需要的原材料、能源等资源的供应状况及其变化趋势进行合理的预测,明确资源供应的数量、规格、质量、价格与渠道等,寻找降低资源成本的途径,增强竞争力。

6. 生产技术变化预测

生产技术的变化对未来企业的生存与发展有着十分重要的影响,创业者必须时刻关注生产技术的发展趋势。

五、创业机会的评估

创业机会的主要评估方法主要有:

(一)定性方法

定性方法的评估内容:通过前期调研分析,确定该创业机会所必须具备的成功条件;分析本企业在该市场机会上所拥有的优势;公司创立之后所拥有的竞争优势;分析与本公司的发展方向和目标是否一致。

(二)定量方法

定量方法的评估内容:在初步拟定营销规划的基础上,从财务上进一步判断选定机会是否符合创业目标,一般通过量、本、利进行分析。

1. 市场需求量预测

通过对市场需求量的预测,可以了解该机会所面临的市场状况及市场潜量,这也是进行经济效益分析的基础。市场需求量的预测可以运用一定的数学方法来进行,主要方法有趋势预测法、因果预测分析法、市场调查分析法和判断分析法等。

2. 运行成本分析

运行成本主要研究利用该机会所需要付出的资金人力成本,应从投资成本、生产成本和营销成本三方面进行分析,可采用专门的成本预测方法,如直线回归法和趋势预测法等。

3. 项目利润分析

在对市场需求量和成本的预测基础上进行利润核算,一般可采用损益平衡模型、简单市场营销组合和投资收益率等分析方法进行。

(三)阶段性决策方法

阶段性决策方法要求创业者在创业机会开发的每个阶段都要进行机会评价。一个创业机会是否能够通过每个阶段预先设置的障碍,在很大程度上取决于创业者经常面对的约束或限制,如创业者的目标回报率、风险偏好、金融资源、个人责任心和个人目标等。

🔲 拓展阅读

高尔夫球场上的老板赚得更多

"很多年前我就开始打高尔夫球,有的老板一个星期有三四天在高尔夫球场。在打球的过程中结识并慢慢了解这些老板之后,我发现这样一个现象:和那些整天在公司忙的老板相比,这些悠闲的老板赚的钱并不少,甚至比那些整天忙的老板赚得还要多。"分析:为什么高尔夫球场上的老板赚得更多? 有三个原因:第一,因为整合到了优秀的人才帮他们干活,他们才能有更多的休闲时间;第二,由于经常和优秀的社会精英们在一起,他们能不断地从别人身上学到很多重要的企业经营经验及做人做事的思维;第三,关键的是,社会上重要的资源很多都掌握在这些成功人的手里,与成功人士相处时间长了,彼此有了信任,他们便愿意把资源拿出来与朋友共享。这样,大家都能为企业引进更多更好的资源,企业的发展也就顺利了。

(资料来源:周峡.整合天下赢[M].北京:石油工业出版社,2013.)

第三节　识别和防范创业风险

案例导入

巴菲特的创业故事

相信很多人都知道沃伦·巴菲特(Warren Buffett)这位投资界的精英。他在2008年的福布斯排行榜上财富超过比尔·盖茨,成为世界首富。可是没人知道,就是这个世界首富,其实也是白手起家的。他的创业故事激励了很多年轻人。

虽然巴菲特的父亲是一家大公司的董事长,资产过亿,但是在大学毕业后,父亲拒绝了他想接管父亲公司的想法。父亲宁可慷慨地把大笔的钱捐给慈善机构,也不肯给巴菲特留一分钱。没办法,为了积累创业资金,巴菲特开始了自己的打工生涯。巴菲特白手起家成为世界首富的创业故事就这样开始了。

第一次赚钱是倒卖可乐,据巴菲特的母亲回忆,当她的儿子第一次对自由企业产生兴趣时,还只是一个年仅六岁的孩子。他以每箱25美分的价钱在爷爷的杂货店购买一箱可乐,然后以每瓶5美分的价钱在附近兜售。因为那时每瓶百事可乐的容量是12盎司,而可口可乐却只有6盎司,但是,两种可乐的售价是相同的。大多数孩子都心满意足地喝着汽水,但他们从来不去多想什么,只有巴菲特捡起汽水机旁被人们丢弃的瓶盖,把它们分门别类并数出每种瓶盖的个数,看看哪种牌子的汽水卖得快。

当巴菲特还在露丝黑尔学校读书时,就发表了一篇名为《马童选集》的报告,告诉人们在赛马中如何设置障碍及如何下注。他在他父母居所的地下室里完成了这本小册子的印刷工作,然后以每本25美分的价格出售。他和一个朋友运用数学原理开发出一套在赛马比赛中挑选谁是赢家的系统,但是由于没有营业执照,他们的企业被有关当局关闭。之后,10岁的巴菲特就开始阅读有关股票市场方面的书籍。

随着年龄的增长,巴菲特对股票市场的痴迷有增无减,他开始绘制股票市场价格的升降图表。10岁那年,他开始在他父亲的经纪人业务办公室里做些张贴有价证券的价格和填写有关股票及债券的文件等工作。

1942年4月,11岁的巴菲特开始小规模地购买股票:他以每股38美元的价格购买了三股受欢迎的城市服务股票,当时,这就是他的资本净值。巴菲特还说服他的姐姐多丽丝和他一起投资。他以每股40美元的价格抛出了他的股票,扣除佣金后,他赚了5美元。巴菲特一直关注着股票市场的变化,计算维持有利的平均价格而买进或卖出股票以维持高于平均值的价格;并且,他已经意识到,他对股票市场变化的预测要比其他人敏锐、精明得多。1943年1月,巴菲特全家搬到了维吉尼亚州的弗雷德里克斯堡,对巴菲特来说,他有一种好像是被连根拔起的感觉,心情非常郁闷。因此,第二个月,巴菲特就回到了奥马哈,和爷爷、姑姑一起生活。跟很多小孩离家出走不一样的是,他的离家出走和商业有关。他跑到了宾夕法尼亚州的赫尔希,打算靠在高尔夫球场为球手找球、拾球赚点钱。同时,他还有个想法,就是帮忙巡视好时巧克力工厂,并免费获取一块巧克力。

15 岁的巴菲特进入爱丽斯·迪尔中学读书,他每天要走 5 条线路递送 500 份报纸,主要是投送给公寓大楼内的住户。有几次,巴菲特病了,他的母亲不得不代替他去送报纸。为了能够让顾客更快地选择刊物,他发明了一个行之有效的订阅杂志的方法。他从被丢弃的杂志中撕下带有产品有效期的不干胶贴纸,把它们归类,然后在合适的时间请顾客从中选择要续订的刊物。巴菲特的老朋友卡罗尔说,少年时巴菲特几乎就能把《赚 1 000 美元的 1 000 种方法》这本书背下来。他想象自己能从一台机器开始,使他的营利逐渐增到几千美元以上。

巴菲特和他的朋友唐纳德·丹利,花费 25 美元买零件组装了一台弹球机后,开始了他们的弹球生意。他们把弹球机安装在繁华的威斯康星大街的一家理发店里。开业一天后,这两个年轻的企业家发现盛满了五分硬币的盘子里还有一张 4 美元的纸钞。1945 年,当巴菲特还在读高中时,他就从父亲手里买下了一家农场,这是一个未曾耕种过的农场,占地面积为 40 英亩,售价是 1 200 美元。然后,他把农场租给了土地租用人。

1947 年,17 岁的巴菲特高中毕业。在他对股票市场的研究还处在"绘制股市行情图"的阶段时,就已经积聚了一笔大约 6 000 美元的财富,这个年轻人赚的钱比他老师的薪水还多。

1950 年夏天,19 岁的巴菲特从内布拉斯加大学毕业,然后向哈佛商学院提出申请。他乘火车前往芝加哥,在那里有一个男士接见了他。巴菲特说,当时哈佛代表对他的印象是:虽然 19 岁,由于身材消瘦,看起来像只有 16 岁的样子,体重也相当于一个 12 岁少年的体重。当两个人的会面结束后,他进入哈佛大学的梦想也随之破灭了。被哈佛大学拒之门外给他带来很大的痛苦,但后来的事实证明,这对他来讲未尝不是一件好事,因为他很快就意识到,教授商业课的权威教授在哥伦比亚大学。巴菲特向哥伦比亚大学商学院提出申请,并且很快就收到了接收他入学的通知,巴菲特于 1951 年 6 月毕业于该校。

1956 年,年少气盛的巴菲特决心一试身手。一次,他在一个朋友家里突然语惊四座,宣布自己要在 30 岁以前成为百万富翁。不久,一帮亲朋凑了 10.5 万美元,成立了"巴菲特有限公司"。在不到一年的时间里,他已拥有了五家合伙人公司。当了老板的巴菲特竟然躲在家中埋头在资料堆里,每天只做一项工作,就是寻找低于其内在价值的廉价小股票,然后将其买进,等待价格攀升,这些股票果然为他带来了丰厚的利润。1957 年,巴菲特掌管的资金达到 30 万美元,年末升至 50 万美元。1964 年,巴菲特的个人财富达到 400 万美元,而此时他掌管的资金已高达 2 200 万美元。巴菲特兑现了他的百万富翁"狂言"。之后成为亿万富翁后的巴菲特不爱抛头露面,不喜欢张扬,生活保持低调。他把他的生活准则描述为:简单、传统和节俭。

1999 年,为了向一家慈善机构——奥马哈孤儿院捐款,他拍卖了他的裤带、钱包,在此前的 20 年里,他一直使用这个破旧的钱包。正如巴菲特所解释的那样:这个钱包没有什么特别之处,它的历史可以追溯到很久以前。

启示:沃伦·巴菲特创造了财富神话,很多人认为,没有资金就不能创业。持这种观点的人只看到问题(没有创业资金),却看不到解决问题的方法;只看到困难,却看不到自己的力量;只知道哀叹,却不去尝试解决问题。这样的人永远也富不起来。在巴菲特面前,没有解决不了的问题;巴菲特没有时间怨恨,没有时间等待,只有急不可待地行动。这才是白手起家的世界首富的本色!

创业成功的应该是这样的人:在眼睛发现问题时,心中就开始琢磨解决问题的办法,并立即开始尝试一种又一种方法,不将问题彻底解决,誓不罢休。他们不悲叹、不等待,他们的时间都用在思考和行动上。任何难题都不能阻止他们追梦的脚步。一个真正的创业者,他手中的创业资金,不是父亲给的,不是从天上掉下来的,不是别人施舍的,而是自己创造出来的。

(资料来源:《巴菲特的创业故事》,搜狐财经,2017年2月3日)

风险是与不确定性紧密联系在一起的。对于创业风险的理解,一般有两个角度:一个角度强调结果的不确定性;另一个角度则强调损失的可能性。前者属于广义上的风险,说明未来利润多寡的不确定性,可能是获利、损失或无损失也无获利。创业风险是指企业在创业过程中存在的各种风险。由于创业环境的不确定性,创业机会与创业企业的复杂性,创业者、创业团队与创业投资者的能力和实力的有限性导致创业活动结果的不确定性,从而导致创业活动偏离预期目标。

蕴藏着大量机会的创业领域普遍充满风险,创业者应该把注意力、技能和资源都集中在这些领域。创业者面对创业机会的同时,也要正确面对创业风险,敢于成功挑战风险,才能赢得市场。这不仅需要合适的过程和高度的思考能力,还需要行为准则,能够让创业者在蕴藏着风险与契机的环境中找到风险与机遇,这就是风险识别的根本目的。

一、创业风险的构成与分类

创业风险识别是指企业依据创业活动的迹象,在各类风险事件发生前运用各种方法对风险进行辨认和鉴别,是系统地、连续地发现风险和不确定性的过程。

创业风险按照其产生的内容可以划分为市场风险、技术风险、管理风险、财务风险和环境风险等几个方面。

1. 市场风险

市场风险主要是指在创业的市场实现环节,由于市场的不确定性而导致创业失败的可能性,其主要表现在市场需求量的不确定性、市场接受时间的不确定性、市场竞争力的不确定性和竞争战略的不确定性几个方面。

2. 技术风险

技术风险是指由于技术方面的因素及其变化的不确定性而导致创业失败的可能性。其主要表现在技术成功的不确定性、技术寿命的不确定性、技术前景的不确定性和技术效果的不确定性几个方面。

3. 管理风险

管理风险是指创业过程中由于管理不善而带来的风险,其主要表现在创业者的素质、决策风险、管理制度风险、机会风险和营销管理风险几个方面。

4. 财务风险

财务风险是指因资金不能适时供应而给企业带来的风险。在新创办的企业中,有80%的企业生命周期不超过3年,最主要的原因就是财务风险的影响。

5. 环境风险

环境风险是指由于外部环境的变化给企业带来的风险,其主要表现为经济环境风险、政治法律风险、社会文化环境风险、自然环境风险和人口环境风险。

创业风险按产生的原因划分,可分为主观创业风险和客观创业风险。

1. 主观创业风险

主观创业风险是指在创业阶段,由于创业者的身体与心理素质等主观方面的因素导致创业失败的可能性。

2. 客观创业风险

客观创业风险是指在创业阶段,由于客观因素导致创业失败的可能性,如市场的变动、政策的变化、竞争对手的出现及创业资金的缺乏等。

二、创业风险的来源

创业环境的不确定性,创业机会与创业企业的复杂性,创业者、创业团队与创业投资者的能力与实力的有限性,是创业风险的根本来源。研究表明,创业的过程往往是将某一构想或技术转化为具体的产品或服务的过程,在这一过程中,存在几个基本的、相互联系的缺口,它们是上述不确定性、复杂性和有限性的主要来源,也就是说,创业风险在给定的宏观条件下,往往直接来源于这些缺口。

1. 融资缺口

融资缺口存在于学术支持和商业支持之间的断层。其中,研究基金通常来自个人、政府机构或公司研究机构,它既支持概念的创建,还支持概念可行性的最初证实;投资基金则将概念转化为有市场的产品原型(这种产品原型有令人满意的性能,对其生产成本有足够的了解并且能够识别其是否有足够的市场)。创业者可以证明其构想的可行性,但往往没有足够的资金实现商品化,从而给创业带来一定的风险。

2. 研究缺口

研究缺口主要存在于仅凭个人兴趣所做的研究判断和基于市场潜力的商业判断之间。当一个创业者最初证明一个特定的科学突破或技术突破可能成为商业产品基础时,他仅仅停留在自己满意的论证程度上。然而,这种程度的论证后来不可行了,在将预想的产品真正转化为商业化产品(大量生产的产品)的过程中,即具备有效的性能、低廉的成本和高质量的产品,在能从市场竞争中生存下来的过程中,需要大量复杂而且可能耗资巨大的研究工作(有时需要几年时间),从而形成创业风险。

3. 信息和信任缺口

信息和信任缺口存在于技术专家和管理者(投资者)之间。也就是说,在创业中,存在两种不同类型的人:一是技术专家;二是管理者(投资者)。这两种人接受不同的教育,对创业有不同的预期、信息来源和表达方式。技术专家知道哪些内容在科学上是创新的,哪些内容在技术上是可行的,哪些内容根本就是无法实现的。在失败类案例中,技术专家要承担的风险一般表现在学术上和声誉上受到影响,以及没有金钱上的回报。管理者(投资者)通常比较了解将新产品引进市场的程序,但当涉及具体项目的技术部分时,他们不得不相信技术专家,可以说管理者(投资者)是在拿自己的钱冒险。如果技术专家和管理者(投资者)不能充分信任对方,或者不能够进行有效的交流,那么这一缺口将会变得更深,带来的风险更大。

4.资源缺口

资源与创业者之间的关系就如同颜料、画笔与艺术家之间的关系。没有颜料和画笔,艺术家即使有了构思也无从下手。创业也是如此,没有所需的资源,创业者将一筹莫展,创业也就无从谈起。在大多数情况下,创业者不一定也不可能拥有所需的全部资源,这就形成了资源缺口。如果创业者没有能力弥补相应的资源缺口,要么创业无法起步,要么在创业中受制于人。

5.管理缺口

管理缺口是指创业者并不一定是出色的企业家,不一定具备出色的管理才能。进行创业活动主要有两种:一是创业者利用某一新技术进行创业,他可能是技术方面的专业人才,但不一定具备专业的管理才能,从而形成管理缺口;二是创业者往往有某种"奇思妙想",可能是新的商业点子,但在战略规划上不具备出色的才能,或不擅长管理具体的事务,从而形成管理缺口。

三、创业风险的识别过程

识别创业风险是一项复杂而细致的工作,要按特定的程序和步骤,采取适当的方法逐层次地分析各现象,并实事求是地做出评估。风险可以分为以下三种形式。

(1)必然风险,即无论如何都不可避免的风险。

(2)潜伏风险,这种风险的发生取决于一定的诱发因素,即这种风险有可能发生,也有可能不发生。

(3)想象风险,即人们的猜想和想象,是心理反应的产物。

所谓创业风险识别过程,是指创业者依据企业活动,对创业企业面对的现实及潜在风险,运用各种方法加以判断、归类鉴定风险性质的过程。

1.确定导致创业目标不确定性的客观存在

这里强调的是导致创业目标不确定性的客观存在。因此,必须要发现或推测导致创业目标不确定性的风险是否存在不确定性。如果所有导致创业目标不确定性的风险是确定的,要确定导致创业目标不确定性本身必须是客观存在的,是事实上存在的,不以人的意志为转移,不是凭空想象和捏造。

2.建立创业风险因素清单

建立创业风险因素清单是识别创业风险的基础工作和前提条件。创业风险因素清单可以在创业风险机理研究的基础上构建起来。清单中应明确列出客观存在和潜在的各种风险,应该包括各种影响创业研究、制定、实施、控制及影响企业的生产、经营和经济效益的各种因素,可以通过理论研究成果和实际的经验进行判断。建立清单可以通过商业清单或一系列的调查表进行深入研究、分析而制定。

3.确定重要的风险事件并对其可能的结果进行测算

根据清单中的各种重要风险来源,分析和推测各种可能性,结合创业管理的手段和方法测算对创业影响的程度、创业成本耗费和最终企业的各种绩效指标的变化。

4.进行创业风险因素分类

对创业风险进行分类的目的是更加深入地理解创业风险的性质、特征和构成,并在此基础上制定更好的管理对策。对创业风险进行分类必须结合创业风险要素的性质和可能性结果及彼此之间的关联程度,这样有利于更加确切地了解风险、预测结果。

5. 进行风险排序

风险识别的结论是对其进行归类,即根据风险分类和各种可能的影响结果按照一定的方法进行排序,并分别列入不同的风险级别。每个风险级别都有自己的风险特征,包括不同的发生频率和严重性。

四、创业企业风险管理的基本方法

有效防范风险的主要方法有四种:减少可避免的风险,实行损失管理计划,分散风险,非保险方式的转移风险。

1. 减少可避免的风险

当创办企业发现从事某一项活动会涉及过高的风险时,可决定减少或放弃这项活动,以便减少甚至完全避免风险。避免风险有两种方式:一种是完全拒绝承担风险;另一种是放弃原先承担的风险,但是这种方法的适用性很有限。

2. 实行损失管理计划

损失管理计划分为防损计划和减损计划。防损计划旨在减少损失的发生频率或消除损失发生的可能性。建造防火建筑物、质量管理、驾驶技术考核、颁布安全条例、提供劳动保护用品、检查通风设备及产品改进等均是减少损失频率的措施。

3. 分散风险

人们日常所说的"不要把鸡蛋都放在同一个篮子里",讲的就是分散风险的道理。分散风险是指通过增加风险单位的个数来减少风险损失的波动。这样,企业一方面可以比较准确地预测风险损失,另一方面可以减少预防风险所需预备的资金。

4. 非保险方式的转移风险

在风险管理中,普遍使用的非保险转移风险的方式是合同、租赁和转移责任条款。例如,一家公司在与某建筑承包商签订新建厂房的合同中规定,建筑承包商对完工前厂房的任何损失负赔偿责任;再如,计算机租赁合同中规定租赁公司对计算机的维修、保养及损坏负责;又如,出版商在出版合同中加入转移责任条款,规定作者对剽窃行为自负法律责任。

拓展阅读

经营饰品店为何失败

一个偶然的机会,我在一个本地网站的二手市场上发现有人要转让一批饰品,出于好奇,我跟那人问了问情况。起初我没有想买,因为我毕竟毫无做生意的经验。谁知两天后那人又给我打电话,热情地说让我先看看货,迫于情面和女人的爱美心理我答应了。那人是一个很有气质也很精明的南方妇女。她说要她出国,因此想把刚从广州精心挑来的饰品转让出去。据她介绍,卖饰品利润非常高。"非典"时期利润最少,但就是那时,每月的纯利还有 2 000 多元。

她的说法很让我动心。我随后又看了看她带来的样品,那些样品很精致,当然标价也很高。她说可以按照标价的两折转让给我,这样的话无论我怎么卖都不会赔钱。听了这话,我更加动心了。可是,我告诉她我现在没有店铺。她听了以后又给我推荐了两个地方,并说马上就要出国,要我抓紧时间决定,还有别人也在跟她联系。

于是,我就去了她推荐的一个地方,那里是一个国际商业中心。市场组成大部分是小商铺,面积也就四五平方米,月租金一千元左右。这样的条件我觉得还可以接受。正巧的是这里还有几家空房,都写着转租。我试着联系了几家,有一家位置不错,租金也较低。

其实,我也怀疑过这里是否生意不好,可是问了几家店主,他们都说现在刚开业不久,商铺嘛,肯定要养一段时间的,这个商厦有政府的投资,不会垮的。

我想想,觉得这个说法还是有道理的,反正我做兼职,也不靠这个买卖吃饭,只要不赔钱就行了。其他准备都做好了,现在就剩下人的问题了。我每天都要上班,雇人又不知根知底,找谁呢?我想到了待业在家的小姑子,她那么聪明能干,先帮帮忙肯定没问题。跟她一谈,她马上就同意了,说好先帮帮忙等理顺以后再雇人。我马上接收下那批饰品并租下店面。谁知,我刚付完钱,小姑子却说她要准备考试,帮不了忙了。这是给我的第一个打击,可是箭已在弦,不得不发了。我只能是硬着头皮走一步算一步了。小姑子不来,大不了就是雇个人呗,但是第二个打击随后就来了。在办进场手续时,商厦宣称二楼是服装商场,不能经营饰品。转租时房东和租户都告诉我合同上写的是经营服饰,包括服装和饰品,而且当时也有其他人在经营饰品,我就没有深究。现在管理人员告诉我,他们正在清理那些不符合规定的摊位。我的心凉了一半,难道我白交租金吗?好多人劝我先干着再说,反正现在还没管。租金已交,也只好这样了。租房后正赶上我去杭州出差,于是顺便采购了一些饰品,也采购了少量的睡衣、肚兜等,以防万一。等我回来,已经是两周之后了。时间就是金钱!我草草装修,把货物上柜。看着那些精美的货物,我还是很有信心的。刚开始没有雇员,我和老公就下了班轮流去,虽然辛苦点,但是能够做成生意还是很高兴的。白天时想到店里正关着门,心里就火急火燎的,于是贴出了招聘广告。人可是大事。好在没几天,就有人介绍了个小姑娘给我。我看了看,感觉小姑娘条件还不错,就雇用了她。有了员工我就省心了什么事都有人顶着,我就是没事去抽查一下,如果缺货就去附近的批发市场买点货。后来我发现,总有人问我店里没有的东西,比如指甲油、假睫毛、唇油、钥匙链等,应顾客需求我都买了点。两个月下来一盘点,每个月都要亏损一二百元,我认为生意刚开始也没有太在意。谁知道,这个商厦的情况每况愈下,过了7、8月份的旺季,顾客越来越少。这个商厦的开发商是地产商,他们在开盘时炒作得非常厉害,买商铺的人甚至连夜排队,然而商铺卖出后他们就不再宣传。商厦都开业半年了,附近住的人竟然还有不知道的,而且由于商铺大部分都卖给了个人,由业主进行出租,给管理带来很大困难,到后来根本无法进行管理。另外,由于开始大家对商厦的期望值很高,租金也定得很高,相应的货物的价格就水涨船高,而附近居民的购买力和层次并不高,这也是造成人们望而却步的原因之一。

随着客流量日渐减少,商户的商品开始积压,大家情绪十分低落。一些商户在秋冬季还在卖夏天的衣服,有的商户干脆退场,有的商户没退场却也总是关着门,而开着门的商户有些又打牌、又下棋,总之不务正业。商厦的这种情况使客流量更加稀少,如此形成恶性循环。到后来,商场的摊位租金降到300元,我赔钱赔得更厉害了。那时我连服务员都雇不起了,因为雇人比关门还要赔钱。商厦门可罗雀,成天空荡荡的,只有几个摊主在聊天。在这种情况下,就是想赔钱甩货都没有人买。合同到期后,90%的商户已经撤场。我也无法再继续支撑下去,只得带着一堆货物收场,到现在我的手里还剩下一堆精美的但已经过时的饰品。

这场生意我支撑了半年,赔掉了几千元钱,不过,我从中也积累了一些经验和教训。总的来说有以下几点:

第一,选择项目一定要谨慎,尤其是涉足自己不了解的行业,最好有行家指导,要多做调查研究。

第二,对于饰品来说一般不要接手转让,因为再好的饰品都有时尚性,过时就一文不值。

第三,开店最重要的是选址。要仔细考察地理位置,还要考察客流量及附近居民的购买能力,还有一点,就是考察物业的管理能力。千万不能租那种产权和经营权都出售给个人的商铺。如果一个地方同时有很多商铺转让,最好不要租。

第四,开始上货时不要求全求多,再全也会有人需要你没有的东西,而上太多的货就会占压资金,而且太全的话还会形成杂乱的感觉。

第五,创业并不是容易的事,不是你雇个人干就能赚钱,至少在先期要付出很多的精力和时间,因此兼职创业要有足够的时间和自由度才能考虑。要审时度势,见好就收。如果是自己无法控制的原因造成经营不善,马上止损撤退另谋高就,还能避免更大损失。

第八章
创业团队的构建

学习目的

1. 了解创业团队及其在不同创业阶段的作用；
2. 了解创业团队的角色定位；
3. 掌握创业团队的组建原则；
4. 掌握团队建设的基本步骤和常用工具；
5. 掌握创业团队组建的常见问题及解决方案。

狭义上的创业团队是指有着共同目的、共享创业收益、共担创业风险的一群创建新企业的人。创业团队对创业成功有着重要的价值，创业团队是高层管理团队的基础和最初的组织形式。创业团队成员之间优势互补、资源共享，并依靠团队力量集资集策、抱团取暖，成为创业成功的一条途径。

第一节　创业团队的重要性

案例导入

俞敏洪创业团队

一、聚集人才

在新东方创办之前，北京已经有三四所同类学校，参加新东方培训的学生多是以出国留学为目的。新东方能做到的，其他学校也能做到。当时，国内掀起了学习英语的热潮，越来越多的优秀教师加入英语培训行业，如何先人一步，取得自己的竞争优势，把新东方做大做强，俞敏洪认识到英语培训行业必须要具备一流的师资。

培训学校普遍做不大的一个重要原因是对个别讲师过分倚重。所以,俞敏洪需要找到更多的合作伙伴,帮他控制住英语培训各个环节的质量。而这样的人,不仅要有过硬的专业知识和能力,更要和俞敏洪本人有共同的办学理念。他首先想到的是远在美国的王强、加拿大的徐小平等人,实际上这也是俞敏洪思考了很久所做的决定——这些人不仅符合业务扩展的要求,更重要的是这些人作为自己在北京大学读书时期的同学、好友,在思维上有着一定的共性,肯定比其他人能更好地理解并认同自己的办学理念,合作也会更坚固和长久。这时他遇到了一个和他有着共同梦想的惺惺相惜的朋友——杜子华。杜子华像一个漂泊的游侠,研究生毕业后游历了美国、法国和加拿大,凭着对外语的透彻领悟和灵活运用,在国外结交了许多朋友,也得到了不少让人羡慕的机会。但他在国外待的时间越久、接触的人越多,就越是感觉到民族素质提高的重要和迫切。要提高一个人、一个民族的素质唯有投资教育。

1997年,俞敏洪的另一个同学包凡一也从加拿大回来加入了新东方,新东方就像一个磁场,凝聚起一个个年轻人的梦想,这群在不同土地上为了求学、洗过盘子、贴过广告、做过推销、当过保姆的年轻人,终于找到一个突破口,年轻人身上积蓄的需要爆发的能量在新东方充分得到了释放。就这样,从1994年到2000年,杜子华、徐小平、王强、胡敏、包凡一、何庆权、钱永强、江博、周成刚等人陆续被俞敏洪网罗到了新东方的门下。

二、构建团队

俞敏洪的成功之处是为新东方组建了一支年轻而又充满激情和智慧的团队,俞敏洪的温厚、王强的爽直、徐小平的激情、杜子华的洒脱、包凡一的稳重,五个人的鲜明个性让新东方总是处在一种不甘平庸的氛围当中。

俞敏洪敢于选择这些创业伙伴,并且真的在一起做成了大事,成就了一个传奇,从这一点来说,他是一个成功的创业团队领导者。他知道新东方人多是性情中人,从来不掩饰自己的情绪,也不愿迎合他人的想法,打交道都是直来直去、有话直说。因此,新东方形成了一种批判和宽容相结合的文化氛围,批判使新东方人敢于互相指责、纠正错误;宽容使新东方人在批判之后能够互相谅解、互相合作。这就是新东方人的特点:大家互相之间不记仇,只计较到底谁对、谁错、谁公正。

这种源自北大精神的自由文化,使俞敏洪敢用人,这是新东方成功的关键因素之一。而另一个关键因素就是俞敏洪本人所具备的包容性,帮助他带领着一帮比他厉害的"牛人",不仅将新东方从小做大,还完成了让局外人都为之捏了一把汗的股权改制。最令人意料不到的是,俞敏洪居然还将新东方带到了美国的资本市场,成为中国第一个在海外成功上市的民营教育机构。这一份成绩虽然还不能定义为最终的胜利,但是仍然有着非同寻常的意义,即它告诉了人们:对于中国教育来说,一切价值正有待重估。

(资料来源: https://wenku. baidu. com/view/faa85109bb68a98271fefa5d. html? sxts = 1532487430390)

创业团队是创业者的基石。一个企业的成功并非是一蹴而就的,而是与创业团队的支持和努力密切相关的。正如俞敏洪所言:"成功来自团队而非个人!"团队是由基层和管理层所组成的一个共同体,该共同体会合理利用每个成员的知识和技能来解决问题,并最终实现奋斗目标。

那么,到底何为创业团队呢?

关于创业团队的内涵,许多专家学者都进行了界定。我国学者张亮认为,创业团队是由两个及以上的人所组成,共同对企业的发展负责,并拥有共同的财务或其他方面的义务。李雪东等人认为,创业团队顾名思义就是找一群有着共同目标的人一起去完成一件事。创业团队是指在创业过程中,一些才能互补并负有共同责任,有共同的价值观,愿为统一创业目标而奉献的少数人员集合。

基于以上各观点,笔者将创业团队界定为是由企业内的基层人员和管理层人员所组成的共同体,该共同体具有共同的价值观,都将企业的发展当作最终的目标,并一起为实现最终目标而努力。

拓展阅读

优秀创业团队的特征

1. 共同创业理念

创业理念决定着创业团队的性质、宗旨和任何获取创业的回报,并且关系创业的目标和行为准则。这些准则指导着团队成员如何工作和如何取得成功。从某种意义上讲,创业理念甚至比机会、商业计划、融资等细节问题更为重要。共同的创业信念是组建团队的一个基本准则。许多拥有杰出的技术或其他相关的技能,以及良好教育背景的人在一起创业,往往会由于缺乏共同的创业理念,成为高度个人主义竞争的牺牲品。他们的极端个人主义与团队的一致性格格不入,最终导致创业的失败。实践表明,能够促使团队成功的理念和态度并无定式,但却具备一些共同点。这些理念是:凝聚力;合作精神;完整性;立足长远目标;收获的观念;致力于价值创造;平等中的不平等;公正性;共同分享收获。

2. 团队成员的互补关系

互补性是指团队成员在思维方式、成员风格、专业技能、创业角色等方面的互补。团队成员之间可以有一定的交叉,但又要尽量避免过多的重叠。团队成员可能是某一方面的专家,但不可能样样精通,那就有必要利用其他团队成员或外部资源来弥补。一个优秀的创业团队必须包括以下几种人:一个具备高超领导艺术的人,这个人可以决定公司未来的发展方向,用正确的方法激励所有人共同努力实现一个合适的目标,这个人相当于公司战略决策者或公司的带头人;一个拓展能力强的人,他具有产品的销售、融资等方面的拓展能力;一个具有专业管理水平的人,一个企业光有理想没有管理水平就无法控制成本;一个研发能力强的人,特别是对高科技企业来说更是如此。当然创业团队也并非一蹴而就,往往是在新企业发展过程中才逐渐孕育形成完美组合的创业团队。

3. 团队利益第一

团队成员能够同甘共苦,每一位成员都应将团队利益置于个人利益之上。他们认识到,个人利益是建立在团队利益的基础上,因此,团队中没有个人英雄主义,每一位成员的价值,体现在其对于团队整体价值的贡献。另外,团队成员愿意牺牲短期利益来换取长期利益,比如团队成员不计较短期薪资、福利、津贴,而将创业目标放在成功后的利益分享。

4. 合理的股权分配

平均主义并非合理,团队成员的股权分配不一定要均,但需要合理、透明与公平。通常核心创业者拥有较多股权,但只要与他们所创造的价值、贡献相匹配,就是一种合理的股权分配。创业之初的股权分配与以后创业过程中的贡献往往并不一致,因此会发生某些具有突出贡献的团队成员,拥有股权数较少,贡献与报酬不一致的现象。因此好的创业团队需要有一套公平弹性的利益分配机制,来弥补上述不公平的现象。例如,新企业可以保留一定百分比的盈余或股权,用来奖励以后有显著贡献的创业人员。

5. 对企业的长期承诺

对于企业经营成功给予成员长期的承诺,让每一位成员均了解企业在成功之前将会面临严峻的挑战,因此承诺不会因为一时的利益或困难而退出,并同意将股权集中管理,如有特殊原因而提前退出团队者,必须以市面价值将股权出售给原公司创业团队。

6. 团队成员有良好的沟通

团队的形成可能是基于地缘、血缘、学缘、业缘或共同的兴趣,形成团队的成员可能是同乡、亲属、同学、同事关系等。因此,团队成员在创业初期,大多能够齐心协力、精诚团结,为企业的发展贡献自己的力量。但随着企业的发展,各种矛盾、各种难题不断出现,在处理这些问题时,团队成员自然有不同的观点。如果成员之间不能很好地沟通以形成统一的意见,那么事后难免相互埋怨。相互间的矛盾会随着时间的增长越来越大,最后可能导致团队的分裂。而优秀的团队并不回避不同的意见,而是进行充分的沟通和交流,最后形成一致意见。因为大家是基于共同的利益,不是谋取个人利益,所以能够畅所欲言,坦诚相见。

[资料来源:武勇.优秀的创业团队是创业成功的法宝[J].改革与战略,2006(7):100-101]

第二节 创业团队的模式

如何创建团队并无明确的标准答案,理论研究的结论和创业实践的结果常常自相矛盾,正所谓"一半是科学,一半是艺术"。这是由于创业团队的成员往往是个性、能力、背景差异很大的个体,如何在特定的创业环境中发挥每个成员的聪明才智,提升创业绩效和维持团队的稳定性,不仅需要领导才能,也需要科学规划。

一、创业团队的结构

从不同的角度和层次出发,可以将创业团队划分成不同的类型。其中,依据创业团队的结构形态,创业团队可划分为星状创业团队(Star Team)、网状创业团队(Net Team)和虚拟星状创业团队(Virtual Star Team)。

星状创业团队中一般有一个核心人物充当领队的角色。这种团队在形成之前,一般是核心人物有了创业的想法,然后根据自己的设想进行创业团队的组织。因此,在团队形成之前,核心人物已经就团队组成进行过仔细的思考,根据自己的想法选择相应人员加入团队,这些加入创业团队的成员也许是核心人物以前熟悉的人,也有可能是不熟悉的人,但这些团队成员在企业中更多的是扮演支持者的角色。

网状创业团队的成员一般在创业之前都有着密切的关系,比如同学、亲友、同事、朋友等。一般都是在交往的过程中,共同认可某一个创业想法,并就创业达成了共识以后开始共同创业。在创业团队组成时,没有明确的核心人物,大家根据各自的特点进行自发的组织角色定位。因此,在企业初创时期,各位成员基本上扮演的是协作者或者伙伴角色。

虚拟星状创业团队是由网状创业团队演化而来的,基本上是前两种的中间形态。在团队中大学生创意创新创业中有一个核心成员,但是该核心成员地位的确立是团队成员协商的结果,因此核心人物从某种意义上说是整个团队的代言人,而不是主导型人物,其在团队中的行为必须充分考虑其他团队成员的意见,不如星状创业团队中的核心主导人物那样有权威。

二、创业实践中的组合类型

根据中国的创业实践,《名人传记(财富人物)》总结了创业团队组合的 7 种类型。

1. 父子兵型

俗话说:"上阵亲兄弟,打虎父子兵。"父子创业有着亲情上的天然优势,对于一个父亲来说,恐怕没有什么比看到自己的亲生儿子伴随左右,共同打天下更让他自豪的了。父子俩通常情况下是近乎绝对的利益共同体,但由于各种客观条件的限制,父子在创业时齐上阵的情形不太多见,父子兵更多表现在后创业时期,或者子承父业上。比较知名的例子有方太厨具的茅氏父子和格兰仕的梁氏父子。

2. 兄弟班型

"兄弟同心,其利断金。"在家族经营的过程中,兄弟创业的故事远比父子创业要浪漫得多。兄弟创业的成功事例很多,比如鼎鼎大名的希望集团的刘永言、刘永行、刘永美和刘永好四兄弟,湖南首富远大空调的张剑、张跃兄弟,吉利控股集团李书福四兄弟等,人们早已耳熟能详。

3. 夫妻店型

人们爱用"夫唱妇随"来形容夫妻间的合作,也爱用"开夫妻店"来表示对这种合作关系的疑问。在全球华人中,成功的夫妻企业有很多。北京东方爱婴咨询有限公司的贾军和余宁是此类夫妻档的代表。夫妻创业有相当的特殊性,因为在其创业的过程中,不可避免地要掺杂进感情的因素,这有时是动力,有时也是阻力。

4. 好汉帮型

俗话说,"一个好汉三个帮",形容朋友在人一生中的重要作用。朋友的作用体现在方方面面,如果是一群志同道合的朋友聚在一起,决定干出一番事业,那么其爆发出的力量也一定是惊人的。朋友创业比起父子、兄弟等亲戚创业的类型,多元性是其显著的特点,而且在责、权、利的划分及管理上,更会多几分理性和约束。同时,朋友间的创业具有选择性,不像亲戚创业那样会受到创业者个人能力、素质等问题的局限。这是一种介于传统家族企业和现代企业之间的企业形态。

5. 亲帮邻助型

靠向亲朋好友借钱起家的创业,不论是过去还是现在,都是一种主要的创业方式。这种最容易实现,因而也是最具普遍性的创业方式,要想成功也绝非易事,因为借钱者通常身单势孤,而且还款压力巨大,稍有不慎,"滑下水"的也大有人在。

6. 个人英雄型

个人英雄型的创业企业,是指由个人先打拼出一片小天地,然后吸收家族成员参与企业管理;或者在创业时一个人像当年关云长千里走单骑那般打出一片新天地。但凡这样的人,意志、胆略诸方面都有过人之处。

7. 综合创业型

既然是创业,就没有什么固定的招式。我们可以把家族企业的创业类型大致分上述父子兵、夫妻档、兄弟班等若干种,也有一些不能够归到上述分类之中的企业。比如当年北京大名鼎鼎的"公关怪杰"——北京百龙绿色科技企业总公司的老总孙寅贵的创业经历,以及正泰集团股份有限公司的董事长南存辉的创业故事,都不能归入上述哪一类,他们稍显复杂的起家过程,都或多或少地综合了上述方式中的几种。

三、创业团队的重要性

人才是企业成功的关键因素,每一个企业的成功都离不开一支优秀的团队。团队对于创业者的关系就像鱼之于水。创业团队的重要性主要表现在以下三个方面(图8-1):

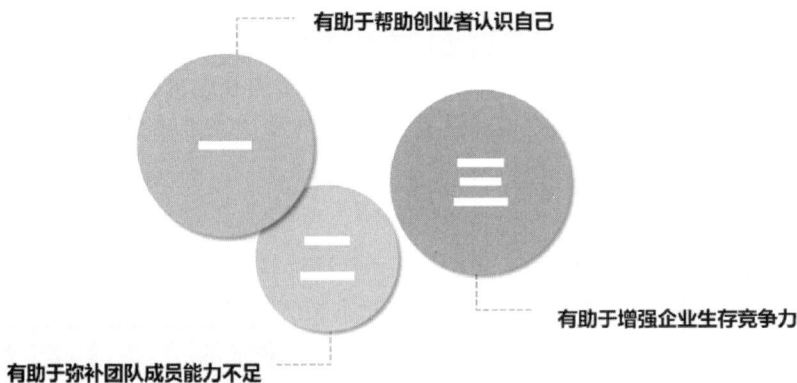

图 8-1　创业团队重要性的体现

1. 有助于帮助创业者认清自己

一个团队会由许多创业者组成,每个人的优势特征都存在差异。而且,团队会有许多的协作过程。通过团队成员间的协作,创业者会了解彼此的特征,并将其与自己的特征进行对比,从而能够了解自己的优势和所存在的不足。并且,为了实现企业的长远发展,团队成员之间会进行彼此沟通和评价。在沟通和评价的过程中,创业者能够从侧面客观地了解自己、剖析自己,从而认清个人的优点和不足,并有针对性地采取改进措施。

2. 有助于弥补团队成员能力不足

大雁南飞呈"人"字形飞行,这表现出大雁的一种集群本能。其实,创业团队的成功与每个成员职责的合理分配,以及团队成员间的积极配合是密不可分的。一支优秀的创业团队的各成员间呈一种互补的关系,大家会在思维方式、成员风格、专业技能、创业角色等方面互补,通过合理分工、各司其职,共同推动整个企业的发展。

3.有助于增强企业生存竞争能力

在创业团队中,会存在竞争与合作。通过团队成员间的合作,不仅能够增强各成员之间的凝聚力,又能够提高团队成员的工作效率。一个团队的发展除了与团队合作密切相关外,竞争在整个团队的发展中还发挥了重要作用。竞争是人类生存和发展中普遍存在的活动,是推动市场经济发展的内驱力,有利于激发团队成员的创新能力。正所谓:"物竞天择,适者生存。"因而,组建创业团队有助于增强企业生存竞争能力。

拓展阅读

腾讯五虎将:难得的黄金创业团队

腾讯创业团队的组建堪称标本。20多年前的秋天,马化腾与他的同学张志东"合资"注册了腾讯。之后,又陆续吸纳了三位股东,分别为曾李青、许晨晔、陈一丹。为了避免彼此间的权力争夺,马化腾在腾讯创立之初就和四位伙伴约定清楚,大家要各展所长、各管一摊。马化腾是CEO(首席执行官),张志东是CTO(首席技术官),曾李青是COO(首席运营官),许晨晔是CIO(首席信息官),陈一丹是CAO(首席行政官)。直到2007年的时候,这五人的创业团队还基本保持这样的合作阵形,彼此不离不弃。都说一山不容二虎,尤其是在企业迅速壮大的过程中,要保持创始人团队的稳定合作尤其不容易,这与工程师出身的马化腾从一开始所设置的合作框架紧密相关。

从股份构成上来看。5个人一共凑了50万元,其中马化腾出了23.75万元,占了47.5%的股份;张志东出了10万元,占20%的股份;曾李青出了6.25万元,占12.5%的股份;其他两人各出5万元,各占10%的股份。可以看到,主要资金由马化腾所出,但所占的股份却控制在一半以下。马化腾说:"要他们的总和比我多一点点,不要形成一种垄断、独裁的局面。"而同时,他自己又一定要出主要的资金占大股。"如果没有一个主心骨,股份大家平分,到时候也肯定会出问题。"

可以说,在中国的民营企业中,能够像马化腾这样,既包容又拉拢,选择性格不同、各有特长的人组成一个创业团队,并在成功开拓局面后还能依旧保持着长期默契合作是很少见的。马化腾成功之处,就在于其从一开始就很好地分配了创业团队的责、权、利。能力越大,责任越大;权力越大,收益也就越大。

保持稳定的另一个关键因素,就在于搭档之间的"合理组合"。马化腾非常聪明,但非常固执,一心注重用户体验且愿意从普通用户的角度去看产品。张志东思想非常活跃,对技术也很沉迷。马化腾和张志东都很擅长技术,马化腾的长处是能够把很多事情简单化,而张志东更多的是把一件事情做得完美化。和马化腾、张志东同为深圳大学计算机系同学的许晨晔,是一个非常随和而有自己的观点、但不轻易表达的人,是有名的"好好先生";而陈一丹十分严谨,同时又是一个非常张扬的人,他能在不同的状态下激起大家的激情;曾李青是腾讯5个创始人中最有趣、最开放、最具激情和感召力的一个人,其大开大合的性格,也比马化腾更具备攻击性,更像拿主意的人。

曾李青:市场干将

马化腾和张志东创办公司一个月后,腾讯的第三个创始人曾李青加入。他是深圳互联网的开拓人物之一,为当年腾讯市场的开拓贡献良多,是腾讯最终能够上市的核心因素。后来,为了给刘炽平让路,曾李青离开了腾讯,他也是最早离开腾讯的人。

陈一丹:稳

陈一丹扮演的是首席行政官的角色,自 1999 年起全面负责公司腾讯的行政、法律、政策发展、人力资源以及公益慈善基金事宜,同时还负责管理机制、知识产权等。在腾讯内部,陈一丹和马化腾被认为都是性格很稳的人,考虑事情非常清楚、长远。马化腾是产品和技术的佼佼者,会有很多新的点子、新的策略,而陈一丹很快就领会,并从专业角度提醒实践中应该注意到哪些问题。

陈一丹在接受《21 世纪经济报道》的采访时曾聊到,自己 2011 年已经决定"交棒",而倒计时的这近两年里他已经为最终离开腾讯做了很多铺垫。其离职的历程,也体现了陈一丹的"稳"。

张志东:技术天才

张志东个子不高,比马化腾和曾李青要矮上一个头,圆脸,说话总带微笑,但在讨论技术问题时会有些偏执。熟悉张志东的人都把他叫冬瓜,取张志东的东字的谐音,也与其身材有一定的暗合。但随着腾讯的壮大,张志东也逐渐位高权重,旁人逐渐把称呼改成瓜哥或喊他的英文名 Tony 以示尊敬。据腾讯内部人员介绍,张志东除了在即时通信基础构架上做了巨大贡献外,在微信以及其他产品层面同样贡献巨大。

许晨晔:笃定

许晨晔和马化腾、张志东同为深圳大学计算机系的同学,他是一个非常随和而有自己的观点,但不轻易表达的人,是有名的"好好先生"。他在腾讯是首席信息官,全面负责网站财产和社区、客户关系及公共关系的策略规划和发展工作。

（资料来源：中国企业家网）

第三节 团队组建的原则

导读

不管一个人多么有才能,但是集体常常比他更聪明和更有力。

——奥斯特洛夫斯基

用人不在于如何减少人的短处,而在于如何发挥人的长处。

——彼得·德鲁克

正所谓:"众人拾柴火焰高。"在创业团队的组建过程中,依据创业团队的组建目的不同,创业团队的组建原则也会存在差异。综合考虑个别专家学者的观点,本教材将创业团队的组建原则归类为合伙人原则、激情原则、团队原则以及互补原则等四大原则,请见图8-2。

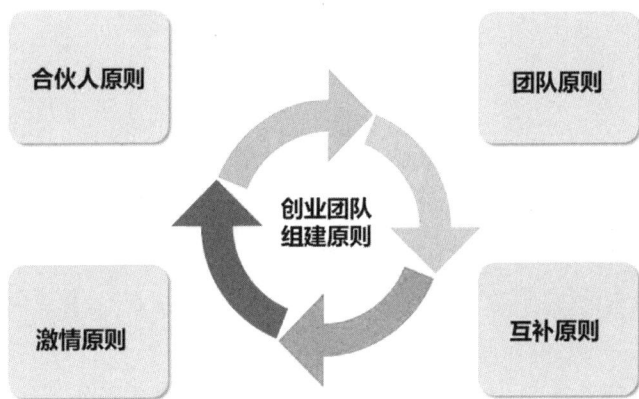

图 8-2 创业团队的组建原则

一、合伙人原则

俗话说,一个人只有把工作当作事业才有成功的可能。合伙人原则强调,创业团队是一个大集体,团队成员具有共同的创业目标,大家都将以主人公的身份参与其中,各司其职。并且,清晰的权责划分、明确的任务安排是团队分工的基本要求。在组建创业团队的过程中,首先需要考虑的是团队成员目标的一致性。正所谓,道不同不相为谋。一致的奋斗目标是整个团队不断前进的基石。只有当个人的奋斗目标同整个创业团队的奋斗目标相一致时,创业团队才能将奋斗目标进行进一步划分,并实现分工合作。

在组建创业团队时,我们需要明确三个权利,分别为话语权、决策权和利益权(图8-3)。其中,话语权是指团队中每个人都有发表言论的自由,从而能够营造公平、开放的氛围,集思广益、支持决策者的决定。决策权强调创业者需要各司其职,并对所承担的事情负责,这样有助于促进团队的工作效率。利益权是指要保证团队成员利益的合理性,避免利益纠纷。在满足团队整体利益的情况下,要尽可能满足团队成员的个体利益,使其成为团队成员团结的纽带。

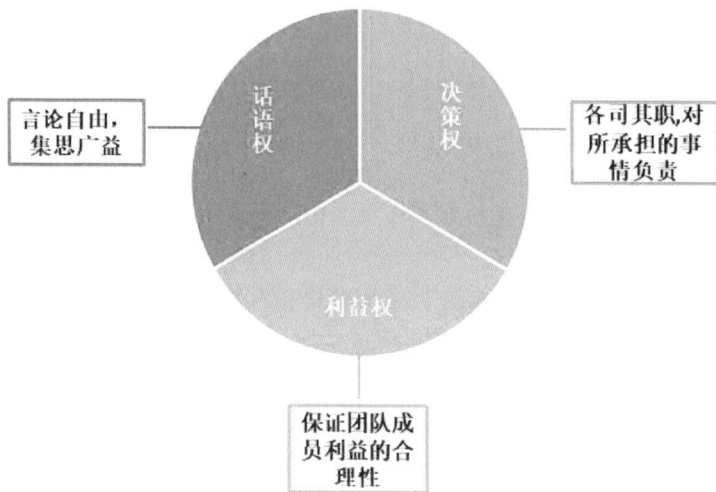

图 8-3　团队的组建需要明确的权利

拓展阅读

"真功夫"创业团队的故事

"真功夫"创业是一个经典的反例,也是餐饮行业的经典案例。"真功夫"的蔡达标和潘余海各占 50% 的股权,结果投资人在后期投资以后,他们的股权变成 47%,双方这种股权比例的确极其容易引发僵局或者争议,最终的结局是一个人从公司辞职,另外一位被股东控告侵占公司资产,锒铛入狱。

股权划分最错误的做法是五五分,五五分的结果是没有分配决定权。在开始的"蜜月期"可能不会产生争执,正所谓可以共患难,难以同甘苦。到了出现分歧的时候,如果都没有绝对的控制权,可能谁也不服谁,最终的结果就是分道扬镳,创业失败。

(资料来源:http://www.360doc.com/content/17/1024/15/38309109_697717241.shtml)

二、激情原则

创业是一个很艰辛、富有挑战性的事情,并且创业之路也很漫长。很多人会在创业初期对创业项目或者产品充满激情,并且斗志昂扬。但是,随着时间的不断推移以及创业活动的不断开展,当初所怀有的创业激情会不断地被消磨掉,直至消耗殆尽,从此个人也告别了创业之路。

其实,激情是衡量一个人能否取得成功的基础标准。它会不断鞭策我们要坚定奋斗信念,朝着最终目标努力奋斗。若是我们连最终的奋斗激情都没有,那么我们则很难会将创业之路坚持到底。其实,在创业过程中难免会遇见很多的困难和挫折,这会对我们的意志和斗志提出一定的挑战。而且,激情有助于我们保持不断奋斗的决心和信心,不断鞭策着我们朝着目标努力,并最终实现奋斗目标。

拓展阅读

中冶宝钢技术湛江基层党建工作纪实

随着宝钢湛江钢铁的建设,第四分公司紧随其后,在集团的厚望和重托下,2014 年从东海之滨的上海,远赴湛江,扎根南海之滨的东海岛。在湛江这片热土上,全体党员干部不忘初心,迎难而上,以"一天也不耽误,一天也不懈怠"埋头苦干的创业精神,打造了一支有精神、有梦想、有信念、有特色的团队。

提升两个能力——团队领导力和团队综合能力。"康泰之树,出自茂林;树出茂林,风必折之。"领导力的践行,需要一个有活力团队作为载体。第四分公司党委不忘初心,通过多途径强化团队凝聚力;开拓进取,努力打造团队核心竞争力;精益运行,弘扬比学赶超的团队意识;兢兢业业,营造积极向上的团队氛围;攻坚克难,培育敢于亮剑的团队魄力,着力打造一支高素质、高协同、高精简的管理团队,一支高技能、高效率、高斗志的专业团队。

在目标上,力争两年内一线检修员工中的中级工比率达到 90% 以上。同时与湛江钢铁青年管理团队全面对接,逐步提高属地化比例。力争与湛江钢铁同步实现三年班组长 100% 属地化,作业长 70% 属地化的目标。在途径上,坚持外部引进与内部培养相结合。通过引进社会成熟技术人才 65 人;通过招聘大学生,并逐步扩大重点院校招生比例,2017 年招聘 32 人;通过为每个基层车间队引进 3~5 名大学生作为管理储备人员,通过"引路子""架梯子",以老带新,加强核心技术人员培养,快速担当重要技术岗位。另外,通过"三落实",实现员工全面培训培养及全面激发激励。"结对子":以老带新,青年员工和老员工结师徒。"压担子":交付一定项目化任务,加快优秀青年员工向骨干、班组长、作业长发展。已聘任 287 名属地化班组长,19 名属地化作业长。"重奖励":奖励湛江钢铁比武第一名 10 000 元;中、高级工取证人员奖励 2 000 元。"优先转制":劳务合同优先转劳动合同。

(资料来源:http://www.zgyj.org.cn/familynews/781710203.html)

三、团队原则

团队是企业凝聚力的基础,成败最终会影响整体而非仅仅影响个人。团队原则强调团队成员之间协作的重要性。团队中的每一个人都在创业过程中发挥着重要的作用,大家都在为共同目标的实现而不断努力、奋斗。这要求我们在进行思考的时候,需要从集体利益出发。并且,个人利益与集体利益在根本上是一致的。当个人利益与集体利益相冲突时,要坚持以集体利益为重,并愿意放弃或者牺牲一些个人利益,这有利于企业的长远发展。如果大家都以个人利益为主,而不考虑企业整体的利益,这样不利于实现最终的创业目标。

拓展阅读

同舟共济，才能成就梦想

在上海海洋大学里，有一个攻克了某种高级观赏鱼人工养殖课题的高才生，名叫王楠。他在毕业时，就用这个颇有技术含量和难度的科技项目开始了自己的创业之旅。

他首先攻克了这种鱼在人工海水下的养殖，紧接着又在老师的帮助下成功地解决了人工繁育课题。

为了开办公司，他找到了一个与他性格不同但优势互补的搭档张玉。王楠是技术型的，可以负责公司的技术问题；而张玉是营销型的，可以负责公司的销售和外联工作。

公司在天使基金的帮助下顺利创立了，由于产品填补了市场空白，一时间生意兴隆，他俩非常开心。但好景不长，渐渐地王楠发现公司的业务很好，可就是不盈利。他细心地观察和打探之后，发现张玉已经在外边又重新开了自己的公司。

是沟通不够？还是利益分配不均？还是其他原因？一心只顾技术改进的王楠，也缺乏企业管理知识。总之，尽管他们创业优势互补，但却因为彼此间缺乏诚信问题，导致团队合作失败，也最终导致创业失败。

（资料来源：李肖鸣，孙逸，宋柏红. 3 版. 大学生创业基础［M］. 北京：清华大学出版社，2016. ）

四、互补原则

一个创业团队是由多位成员所组成的，每位成员具有不同的性格和能力等特征，各具不同的优势和劣势，在一定程度上大家可以互补。每个人可以发挥各自所长、扬长避短，使团队力量发挥最大效用，实现完美融合，不断提升整个团队的竞争力。关于创业团队的互补性，本教材认为其主要体现在知识能力互补、阅历互补和资源互补等三方面(图 8-4)。

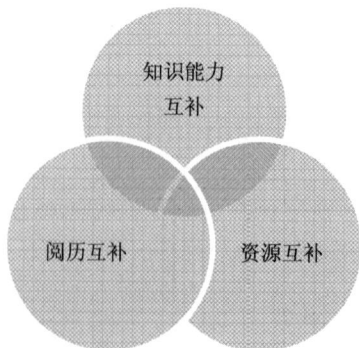

图 8-4　互补原则的内容

1. 知识能力互补

创业团队是由各种各样的人所组成的，大家都各具所长、能力各异。互补原则是指在组建创业团队时，综合考虑每个人的特征，充分发挥每个人的优势，让合适的人做适合的事情，提高人才的利用率和准确性。团队成员的知识能力互补，是保持团队完整性、提高团队工作效率的关键。

2. 阅历互补

阅历互补是指大家的实践经验存在差异，可以在一定程度上形成互补，从而有效推动整个项目的前进。本来，创业道路就很艰辛、充满挑战。若一个创业团队孤陋寡闻、见识少或团队成员涉世未深，那么该团队在发展道路上会经常碰见坎坷，这是不利于整个企业发展的。团队成员的见识和阅历会存在多样性。若是遇见困难，大家集思广益，及时处理解决，将推动整个团队的前进。

3. 资源互补

资源包括信息资源、人脉关系以及硬件设备等。每个人的成长背景存在差异，所能够提供的资源存在差异、形成互补，并最终形成多资源社交网络，促进整个企业的发展。

拓展阅读

中星微电子的创业团队

1999年10月，邓中翰与来自朗讯贝尔实验室的张辉、惠普的杨晓东等人放弃了在美国的事业和成就归国，借鉴硅谷模式创立了中星微电子公司。自中星微创立起，在短短6年时间内，"星光"系列数字多媒体芯片以500多项专利技术占据国际市场60%的份额，率先走向国际市场。"星光中国芯"打破了国外芯片生产的垄断格局，彻底结束了"中国无芯"的历史。2005年11月15日，"中星微电子"在美国纳斯达克成功上市，这是中国电子信息产业中首家拥有核心技术和自主知识产权的IT企业在美国上市。

中星微的成功归功于以邓中翰为首的四人创业团队。留学美国，立志产业报国，共同的经历与理想使他们走到一起。"中星微"的创业团队堪称"豪华"：邓中翰博士，1997年毕业于美国加州大学伯克利分校，获电子工程博士、经济管理硕士、物理学硕士，曾先后任职于Sun Microsystem、IBM从事计算机研究工作，后在美国硅谷创建半导体公司Pixim，市值达1.5亿美元；伯克利博士张辉曾在贝尔实验室从事芯片研究；斯坦福博士杨晓东有在英特尔和惠普工作的经历；金兆玮参与过国家级项目。显然中星微电子的创业团队以技术见长，通过精诚合作创造出了惊人的技术成就。当然中星微电子的创业团队也通过自身学习或引进外部人才，弥补其在市场、运营、融资等方面的不足。

[资料来源：武勇. 优秀的创业团队是创业成功的法宝 [J]. 改革与战略，2006（7）：100-101.]

第四节 创业团队组建的关键因素

📑 案例导入

农村娃创建老区大学生就业创业帮扶中心

——记福州职业技术学院经济系毕业生聂君锋的创业故事

1. 背景

聂君锋,福州职业技术学院经济系 2004 届毕业生。毕业后不久开始创业,在短短三年时间里在大学城开办 5 家与电信合作的营业厅、一个客户综合服务营销中心,最近又有一家和"中旅"合作的营业部已开业,并正筹备建立一个老区大学生创业帮扶中心。现已带动 30 位母校毕业生走上自主创业道路,为大学城近千名学生提供社会实践机会。

2. 创业心得

21 世纪,是团队创业的世纪,个人创业身单力薄,青年创业需要一个"以创业带动创业"的帮扶中心,才能以最快的速度提升青年创业成功率。

聂君锋,1982 年出生于贫困山区,几乎完全靠自己赚钱读完大学,白手起家创业,如今已是福建省闽侯校园绿洲信息技术有限公司的董事长。2008 年 1 月 16 日,他同福州职业技术学院院长共同启动"校园绿洲大学生自主创业计划",经过一年多的努力奋斗,已兑现带动 30 个母校毕业生一起创业的诺言。近段时间,正积极与福建省老区教育帮扶办公室及相关部门沟通,力争在"校园绿洲大学生自主创业计划"的基础上,建立"老区大学生创业帮扶中心",通过中国老区经济开发基金教育扶贫专项基金平台,聚集中小型企业力量,专门帮扶老区学生及贫困生创业的同时,也为中小型企业建立人才提供渠道。

聂君锋,家境不好,2002 年高中毕业时,弟弟妹妹还在读书,考虑自身的家庭状况,聂君锋选择在他眼里学费最便宜、在校时间最短的高校——福州职业技术学院。聂君锋当时只带着 3 000 元到学校报到,这点钱还不够交学费,住宿费、课本费等各种费用更是没有着落。聂君锋大着胆子给系主任打了个电话,表示将在两个月内将所有钱交齐。

虽然顺利报到了,但是摆在聂君锋前面的现实是,他必须在两个月内筹集约 3 000 元的费用以兑现自己的承诺。新生入学第一天下午,刚跨入大学校门,没有任何头绪的聂君锋躺在床上冥思苦想,还是想不到一个可以在两个月内赚那么多钱的法子。

这天晚上,聂君锋绞尽脑汁想他的赚钱之法时,一位师兄来他宿舍推销电话卡,聂君锋像发现新大陆似的从床上跳起来,他要"卖卡去"。通过卖电话卡及面包、牛奶等,两个月后,聂君锋兑现了他的承诺。在随后的大学生活里,聂君锋在确保学习和干部工作做好的前提下,利用课余时间勤工助学,在自力更生完成学业的同时,还开始创业实践。大学毕业后不久,聂君锋决定自己创业,在创业的方向上,经过考虑,他选择在大学城为学生提供综合信息服务。这样他不仅可以白手起家创业,还可以借助高校资源,发现和培养"志同道合"的大学生,一起走上综合信息服务的创业路。

在开始的一年多时间里,聂君锋和创业伙伴一起,因为缺乏资金,只能做一些旅游、图书及票务信息服务,创业曾一度陷入困境。最穷时只能用电热杯熬稀饭,配点咸菜。后来他实在撑不下去了,就解散了创业团队。

成功贵在坚持,2004 年中国通信业提出"综合网络提供商向综合信息提供商"的战略转型目标,他们的机会终于来了。在 2006 年前,通信运营商大学城业务主要由代办点完成,这些代办点主动服务意识不够,而且像学生宿舍电话损坏等售后服务,代办点无法跟进。为了给大学城的老师和学生提供更优质的服务,其中福建电信决定改革渠道:与专业公司和富有创业精神的学生合作。

在福建电信领导的支持和帮助下,聂君锋开始组建新的创业团队,经过两年的发展,聂君锋带领团队有了很大的进步和成长,并开始探索从高校电信综合信息服务提供,到社区综合信息创业的实施方案。

自身的经历加上在高校里的所见所闻,聂君锋深知农村学生对改变自身命运的渴望和承担的压力:这些同学能考上大学非常不容易,因为他们不但承载着亲人的希望,同时他们也承载着农村经济发展的希望。聂君锋创业团队一直努力奋斗,力争创建一个可以在资金及创业辅导等方面,为更多农村大学生创业提供创业帮扶的平台。

皇天不负有心人,一个多年从事老区教育扶贫事业的热心人士,得知聂君锋创业团队的想法后,积极协助聂君锋创业团队,与中国老区经济开发基金管理委员会及相关部门沟通,在"校园绿洲大学生自主创业计划"基础上,共同筹建老区大学生创业帮扶中心。

(资料来源:根据 2011 年东南网、新浪财经网等相关报道整理)

一、创业团队的五元素（5P 要素）

1. 目标（Purpose）

创业团队的存在使得创业活动中的各项事务依靠团队来运作而不是仅仅依靠个人。创业团队应有一个既定的目标,该目标应成为团队的共同奋斗理想。

2. 人（People）

创业团队的基本构成是人,在新企业中,人力资源是所有资源中最活跃、最重要的资源。创业的共同目标是通过人来实现的,不同类型的人通过分工共同完成创业团队的目标,因此团队成员的选择是团队建设中非常重要的一个环节,创业者应当充分考虑团队成员的技能和性格等多方面的因素。

3. 定位（Place）

定位是指创业团队中的每个成员在创业活动中扮演的具体角色。大学生创新创业的基础关系到每个成员是否对自身的优势和劣势有清醒的认识。创业活动的成功推进,不仅需要整个企业能够找到出色的商机,同时也需要整个创业团队能够明确分工、各司其职,并形成一种良好的合力。因此,每个团队成员都应正确定位自身在团队中的位置,并根据自身定位充分发挥主观能动性,推进企业快速成长。

4. 权力（Power）

为了实现团队成员之间的良好合作，赋予每个成员一定的权力是必要的。为了满足团队成员对于控制力的追求，需要分配权限给他们，以达到激励的效果。对创业活动而言，创业者所面临的是更为动态多变的环境，管理事务也比较复杂，创业团队每个成员都需承担较多的管理事务，客观上也需要团队成员有一定的权力，能够在特定条件下进行决策，因此，权力的分配有利于团队的运作。

5. 计划（Plan）

计划是创业团队未来的发展规划，也是目标和定位的具体体现。有了计划，创业者就能有效制定团队的短期和长期目标，能提出目标的有效实施方案及实施过程的控制和调整。这里所讨论的计划尚未达到商业计划书那种复杂程度，但从团队的组建和发展过程来看，计划的指导作用自始至终都是存在的。

因此，为了充分推进创业，团队小伙伴们必须不断磨合，才能形成一个拥有共同目标、人员配置合理、定位明确、权限分明、计划充分的优秀团队。事实上，很多团队组建初期，会存在一个试用期以体验团队成员间能否形成必要的默契，这样能在很大程度上降低团队组建的风险。

二、创业团队的具体操作

（一）创业团队组建

创业团队的组建是一个复杂的过程，不同类型的创业团队其创建步骤也不尽相同。概括地讲，创业团队的组建程序主要有以下步骤。

1. 明确创业目标

招募合适的人员目标必须明确，这样才能使团队成员清楚地认识到共同的奋斗方向是什么。团队从建立到完成都有一个共同的目标。共同目标是团队之所以存在的客观原因，是团队凝聚力的源泉，也是衡量团队是否成功的关键。创业团队的总目标就是要通过完成创业阶段的技术、市场、规划、组织、管理等各项工作实现企业从无到有、从起步到成熟。总目标确定之后，为了推动团队最终实现创业目标，再将总目标加以分解，设定若干可行的、阶段性的子目标。

招募合适的人员也是创业团队组建最关键的一步。创业团队成员的招募，主要应考虑两个方面：一是考虑互补性，即考虑其能否与其他成员在能力或技术上形成互补。这种互补性既有助于强化团队成员间的合作，又能保证整个团队的战斗力，更好地发挥团队的作用。一般而言，创业团队至少需要管理、技术和营销三个方面的人才。只有这三个方面的人才形成良好的沟通协作关系后，创业团队才可能稳定高效。二是考虑适度规模，适度的团队规模是保证团队高效运转的重要条件。团队成员太少无法实现团队的功能和优势，过多又可能产生交流的障碍，导致分裂成许多较小的团体，进而大大削弱团队的凝聚力。

每个成员都有自己的个性，因此团队成员加入的目的，团队成员的知识结构，团队成员的性格、个性、兴趣，以及团队成员的价值观念，都是招募人员时应考虑的因素。

2. 定位明确，划分职权

明确各成员在团队中担任的职务和承担的责任，是对团队成员进行角色分配时必须考虑的问题。创业团队的职权划分就是根据执行创业计划的需要,具体确定每个团队成员所要担负的职责及所享有的权限。团队成员间职权的划分必须明确,既要避免职权的重叠和交叉,也要避免无人承担造成工作上的疏漏。此外,由于创业过程中面临的创业环境是动态复杂的,会不断出现新的问题,团队成员可能不断出现更换,因此创业团队成员的职权也应根据需要不断进行调整。

3. 构建创业团队制度体系

创业团队制度体系体现了创业团队对成员的控制和激励能力,主要包括团队的各种约束制度和激励制度。一方面,创业团队通过各种约束制度(主要包括纪律条例、组织条例、财务条例、保密条例等)指导成员避免做出不利于团队发展的行为,对其行为进行有效的约束,保证团队的稳定秩序;另一方面,创业团队要实现高效运作需要有效的激励机制(主要包括利益分配方案、奖惩制度、考核标准、激励措施等),使团队成员看到随着创业目标的实现,其自身利益将会得到怎样的改变,从而达到充分调动成员的积极性,最大限度地发挥团队成员作用的目的。要实现有效的激励,首先必须把成员的收益模式界定清楚,尤其是关于股权、奖惩等与团队成员利益密切相关的事宜。需要注意的是,创业团队的制度体系应以规范化的书面形式确定下来,以免带来不必要的混乱。

4. 团队的调整融合

完美组合的创业团队并非创业一开始就能建立起来的,很多时候是在企业创立一定时间以后,随着企业的发展逐步形成的。随着团队的运作,团队组建时在人员匹配、制度设计、职权划分等方面的不合理之处会逐渐暴露出来,这时就需要对团队进行调整融合。由于问题的暴露需要一个过程,因此团队调整融合也应是一个动态持续的过程。团队调整融合工作专门针对运行中出现的问题,不断地对前面的步骤进行调整,直到满足实践需要为止。在进行团队调整融合的过程中,最重要的是要保证团队成员间经常进行有效的沟通与协调,培养强化团队精神,提升团队士气。

(二)组建创业团队的策略

1. 知己知彼,寻找合作伙伴

团队是公司的魂,是公司最终成功的重要的保证。一个好的合伙人,可以帮助企业腾飞;同样,一个不合格的合伙人,给企业带来的只能是灾难。因此对于创业者而言,选择合作伙伴,意味着将企业未来几年的命脉与人共享。那么在共享权力之前,就必须认真地考察合作伙伴。

俗话说,"知己知彼,方能百战百胜",创业者在寻找适合自己的合作伙伴时,不但要了解自己能做什么、不能做什么,自己擅长做什么、不擅长做什么,还要分析自己究竟能找到哪些对创业有利的客观资源和人脉资源。从身边最熟悉的人开始规划,不但是组建团队最实际的做法,也是最有效的方法。因为熟悉的人更容易彼此信任。信任是创业艰难阶段最重要的支持力量,这份信任需要双方的付出。作为团队创建人,和自己信任的人一起工作,不但能省去很多麻烦,还能提高工作效率。知人是善任的基础,如果没有"知"的基础,就不能做到善任,很可能让伙伴们丧失斗志,最后失去兴趣和信心。

对创业者而言,可能在创业初期会面临各种各样的困难,会造成"见到光头就以为是和尚""捞到根稻草就以为能救命"的情况。这时候就需要创业者的鉴别能力,冷静地分析可能的合作伙伴,谁更有利于企业的发展。

2. 扬长避短,人尽其用

世上的人虽然各种各样,但是,以创业者用人的眼光去看,大致可分为三类:一是可以信任而不可大用者,是指那些忠厚老实但本事不大的人;二是可用而不可信者,是指那些有些本事但私心过重,为了个人利益而钻营弄巧,甚至不惜出卖良心的人;三是可信而又可用的人,作为创业者,都想找到第三种人,但是这种人不易识别。为了企业的发展,创业者对各种人物都要用。只要在充分识别的基础上恰当使用,扬长避短,合理配置,就能最大限度地发挥他们的作用。

"尺有所短,寸有所长",创业伙伴之间的优势最好呈互补关系。每个人都有他存在的价值,每个人都有他超越别人的那一面,因此用人首先要看到他的优点,其次包容他的缺点,这样才能人尽其用。当创业者是内向型性格,不善于交际,只适合从事技术工作时,最好找富有公关能力、会沟通、能处理复杂问题的搭档;当创业者是急性子,脾气比较暴躁且又自认为很难改正的人,最好找慢性子、脾气温和的搭档,因为合作中的摩擦是在所难免的,一急一缓可以相得益彰。优秀的创业团队成员各有各的长处,才能做到相互补充。

大量创业事例告诉我们,单个创业者通常只能做到维持生计,要想单枪匹马地发展一家高潜力的企业是极其困难的。如果创业者不顾实际情况,一门心思单打独斗,就很有可能延误企业的发展。创业者如果成为孤独的"狼",无法与他人相处共事,那只能算是地摊式的小业主,而无法成为统领千军万马的企业家。

3. 志同道合,目标明确

团队的成员应该是一群认可团队价值观的人。团队的目标应该是每个加入团队的成员都认可的。否则,就没有必要加入。在明确了一个团队的目标时,作为团队的负责人,应该以这个共同的目标为出发点,召集团队的成员。团队是不能以人数来衡量的。如果有一群人,但没有共同的理想和目标,那就不是一个团队,而是一群乌合之众,这样的团队是打不了胜仗的。因此,创业者及其伙伴应是志同道合的,有共同的或相似的价值追求和人生观。

合伙人应该都是有梦想的人,是为了做出一番事业才走到一起,而不是为了简单的现实利益。美国电子数据系统公司(EDS)、佩罗系统公司的创始人罗斯·佩罗(Ross Perot)曾经说过:"我在找人,找那些喜欢赢得胜利的人。如果我没找到,我就找那些憎恨失败的人。"所有的团队成员都必须是对企业的创业项目有热情的人。因为任何人才,不管其专业水平多么高,如果对创业事业的信心不足,都无法适应创业的需求。

俗话说,"三个臭皮匠,顶个诸葛亮"。团队精神在企业管理中非常重要。微软集团在用人时就非常注重团队精神,理由是即使你才华横溢,有超群的技术,可是如果你不懂得与人合作,那么就不能发挥出最好的成绩,只有把企业内部有着不同文化背景和知识结构的各种人才有效地联合起来,才能实现高效的配合,达到事半功倍的效果。

4. 完善股权,利益共享

对于创业者来说,从企业创立之始就需要制定相对完善的股东协议,明确各个创业者之间和原始投资人之间的关系。创业企业的股权结构不能太复杂,即不能在开始阶段赋予别人太多权利,因为后续的投资人特别是风险投资人,会关注公司的股权结构,如果股权结构太复杂,谈判就很难进行。

在创业的初始阶段，一定要具有群做群分的意识。这里所说的群做群分，就是指创业主导者寻找一些志同道合的人一起合作，而且还要做到清晰且无争议的利益分配。俗话说：亲兄弟明算账。凡涉及权利义务与利益分配问题，不能感情用事，也不能避而不谈。

设计团队成员的股权分配是创业规划时的一项重要工作。创业团队必须在合作前签好创业契约，有了创业契约，大家各司其职，才会一直合作下去。马化腾创立腾讯之初，就和四个伙伴约定各展所长、各管一摊。虽然主要资金由马化腾所出，但为了避免日后出现垄断、独裁的局面，他自愿把所占的股份降到一半以下。如此设计，创始团队才能够在维持张力的同时保持和谐。

5. 就地取材，引进资源

最基础的团队成员最好是自己的亲朋好友。如有志向相投又能优势互补的好友助阵，会是比较理想的状态。但对大多数大学生来说，这一点通常是可遇而不可求的，因此，不必为实现这一愿望逢人必问，这不但需要关注，还需要机遇。

优秀又有一定专业知识基础的大学生不在少数，但是因为分布比较分散或因为个人计划，不易被发觉。要想通过这种渠道有所收获，在大学期间，就需要广泛积累自己的人脉。当然，积累的人脉不见得都有机会成为自己的创业伙伴，但是从长远来看，这一积累过程绝对是有益的，因此不必担心投入与产出不相符。只要方法得当，就能受益匪浅。

6. 招贤纳士，共谋大业

由于大学生本身没有资本，或者资本有限，因此，像企业一样招聘员工是不现实也是没有意义的。大学生创业者可以利用各种资源招贤纳士，招募志趣相投、愿意共同创业的伙伴。这一方式的成本很高。一方面，需要投入精力进行宣传和沟通；另一方面，需要保证既能把项目介绍得清晰、真切，又能保护核心技术与知识产权。正是基于这两方面的考虑，某创业联盟在会员专区发布了"创业项目"与"毛遂自荐"两个服务项目，为有志于创业的大学生组建创业团队提供了一个平台。同时，该创业联盟"创业项目"的服务模式一改以往创业服务网站加盟广告式的特点，注意保护发布者的权益，可以有效地为创业大学生组建团队提供平台支持。

(三)创业团队组建的关键要素

创业团队的组建受多种因素的影响，这些因素相互作用、共同影响组建过程，并进一步影响团队建成后的运行效率。影响创业团队组建的关键要素主要有以下三个方面。

1. 管理者

人是构成创业团队最核心的要素。管理者就是组织者，管理者的能力和思想意识从根本上决定了组建创业团队及团队组建的时间表及组成人员。管理者只有意识到组建团队可以弥补自身能力与创业目标之间存在的差距，才有可能考虑是否需要组建创业团队，对什么时候需要引进什么样的人员才能和自己形成互补做出准确判断。

2. 技术人才

企业的生存和发展靠的是产品，在顾客对产品的要求越来越高的今天，面对日益激烈的竞争市场，企业必须要有过硬的产品，否则难以在市场立足。产品依赖于技术，只有技术才是创业者的核心竞争力，没有技术作为依托，品牌、资金只不过是无源之水、无本之木。而拥有技术或能够创新的人才，是组建创业团队的关键要素之一。技术创新是企业的生命力，不创新企业就不能生存,不持续创新企业就难以发展。

3. 营销者

营销者是指希望从别人那里取得资源并愿意以某种有价之物作为交换的人。营销者是营销决策的终点,更是营销执行的起点。营销是根据市场需要组织生产产品,并通过销售手段把产品提供给需要的客户,而营销者就是其执行者。营销决策不落实到营销者,就算消费者战略和竞争策略做得都很好,也只是导向,没有落到实处。企业的产品要卖出去,需要营销者。创业团队中人人都是营销者,每个人都是产品的推广者,团队的营销执行要从培育营销者开始。营销者如同艺术家和拍卖者,他们创造艺术品并不停地卖出去,创造出更好的换回更多的。

总之,产品是必要的,市场是必需的,人是最主要的。

第九章
创业资本的筹集

学习目的

1. 了解融资及创业融资的概念；
2. 了解大学生创业融资的特点；
3. 了解创业融资的主要渠道；
4. 理解财务管理的基本内容。

通过本章学习能了解创业融资的概念，熟悉常见的创业融资方式及其特点，理解融资困难的原因和对策，理解企业财务管理的基本内容和管理过程中存在的基本问题及相关对策。

第一节　创业融资概述

案例导入

"滴滴"融资历程盘点

目前，无论是从市场规模还是估值来看，""滴滴"出行"（以下简称"滴滴"）已经成为中国互联网出行公司的独角兽。从融资总数额来看，2017年6月，"滴滴"CEO程维表示，"滴滴"已经融资150亿美元；从主要投资方来看，腾讯、苹果、蚂蚁金服、富士康、软银、招商银行、中国人寿、中国平安等知名大公司都参与了投资，金沙江创投、淡马锡、DST、中投公司等投资巨头也纷纷入局。融资具体明细如下：

1. 天使轮融资

"滴滴"成立于2012年，最早获得了数百万元的天使轮融资。阿里巴巴前高管王刚是其中的天使投资人，投资"滴滴"也让他获得了数千倍收益。

2. A 轮融资

2012 年 11 月,"滴滴"获得金沙江创投 A 轮融资 300 万美元,这可能是金沙江创投合伙人朱啸虎最引以为傲的一笔投资。

3. B 轮融资

2013 年 4 月,"滴滴"完成 B 轮融资,腾讯投资 1 500 万美元。

4. C 轮融资

2014 年 1 月,"滴滴"完成 C 轮 1 亿美元融资,中信产业基金、腾讯以及其他机构分别投资 6 000 万美元、3 000 万美元、1 000 万美元。

5. D 轮融资

2014 年 12 月,"滴滴"完成 D 轮 7 亿美元融资,由淡马锡、DST、腾讯主导投资。

值得注意的是,在完成 D 轮融资仅仅两个多月后,"滴滴"和"快的"进行合并。

6. E 轮融资

2015 年 7 月,"滴滴"完成 30 亿美元融资,投资方为中国平安、阿里资本、腾讯、淡马锡、中投公司等。

7. F 轮融资

2016 年 6 月,"滴滴"宣布,已经完成了新一轮 45 亿美元的股权融资,新的投资方包括苹果、中国人寿及蚂蚁金服等。腾讯、阿里巴巴、招商银行及软银等现有投资人也都参与了本轮融资。

本轮除股权投资外,招商银行还将为"滴滴"牵头安排达 25 亿美元的银团贷款,中国人寿对"滴滴"进行了 20 亿人民币(约 3 亿美元)的长期债权投资。这也意味着,"滴滴"本轮融资的实际总额高达 73 亿美元。

(资料来源:https://tech.qq.com/a/20171221/011300.htm)

一、创业融资概述

融资是指为支付超过现金的购货款而采取的货币交易手段,或为取得资产集资而采取的货币手段;货币资金的持有者和需求者之间,直接或间接地进行资金融通的活动。企业要发展,要扩张,就必须依靠融资;部分公司在需要清还欠款时,也会选择融资。

广义的融资是指资金在持有者之间流动以余补缺的一种经济行为,这是资金双向互动的过程,包括资金的融入(资金的来源)和融出(资金的运用)。狭义的融资仅指资金的融入。

对企业而言,创业融资是指企业从自身生产经营及资金运作情况出发,根据未来经营发展的需要,通过一定的渠道和方式筹集资金,以满足后续发展需要的一种经济行为。对个人而言,创业融资是指创业者为了将创意转化为现实,通过不同的渠道,采用不同的方式筹集资金以建立企业的过程。

每一个创业者都会面临的问题:我的项目需不需要融资? 何时需要融资? 需要融多少资? 找谁融资? 融资之后干什么?

创业所需资金的测算:创业到底需要多少资金? 这个问题主要根据选择项目的种类、规模大小、经营地点等情况而定。以小本投资项目为例,所需的资金主要由以下几个部分组成:

(1)项目本身的费用。这里是指付给所选定项目的直接费用。

（2）经营设备、工具等购置费用。主要是指项目在经营过程中所需的辅助设备和工具。

（3）房租、房屋装修费用及流动资金（房租至少要计算3个月的费用）。

（4）营业执照及其他类似的费用（注册公司、办理印章等，约3 000元）。

（5）经营周转所需的资金（至少要准备能支付三四个月的经营周转资金）。

二、大学生创业融资的特点

（1）融资方式单一

根据对多所不同高校、不同专业的大学生进行的问卷调查，以及对200多名有创业经历或正在进行创业的大学生（包括在校和离校）进行的个人访谈，我们了解到大学生创业资金的来源主要是父母提供和向亲朋好友借款，渠道单一。

（2）对相关规范性文件了解少

根据相关调查，一些大学生对个人创业融资相关的政策、法律和法规不了解，并在不十分了解这些规范性文件的同时，对其表现出没有信心或疑虑态度。在已经创业的大学生中，多数想过试图利用这些规范性文件中的优惠条件进行创业融资，但是对相关的法律、法规及操作程序不熟悉，不知道如何入手。

（3）过分强调资金和社会关系的重要性

当前很多大学生对创业条件的理解仅仅停留在物质层面，而忽视了自身素质与能力的培养，这样，即便拿到了资金，创业失败率也会很高。

（4）创业准备不足

尽管大学生有独立创业的愿望与热情，但真正面对激烈的市场竞争时，还是会因自身底气不足而却步。针对大学生创业融资准备的不足，创业者在融资的过程中需要做好以下工作：

第一，在制定大学生融资方案之前要准确评估自己的有形和无形资产的价值，千万不要妄自菲薄，低估了自己的价值。

第二，在融资过程中要做好大学生融资方案的选择，多渠道融资的比较与选择可以有效降低融资成本，提高效率。如果采用出让股权的方式进行融资，则必须做好投资人的选择工作。只有与自己经营理念相近，其业务或能力能够为投资项目提供渠道或指导的投资才能有效支撑企业的成长。

第三，创业不仅是实现理想的过程，更是使投资者的投资保值增值的过程。创业者和投资者是一个事物的两个方面，只有通过企业这个载体才能达到双赢的目标。"烧投资者的钱圆自己的梦"说到底是企业家的信用问题，怀有这种思想的人不会成为一个成功的创业者。能为投资者创造价值的企业家才能得到更多的融资机会和成长机会。因此，创业者不仅要加强自身的技术能力，还需要具备企业家的道德风范。

三、我国中小微企业融资现状

我国的中小微企业主要通过内源融资、直接融资、间接融资和民间借贷等形式募集企业发展所需的资金，从目前的实际情况看不容乐观，"闹钱荒"是当下众多中小微企业共同面临的问题。

（1）内源融资

内源融资是中小微企业创业之初的首选模式。由于缺乏抵押和尚未建立起诚信度,私营业主很难从银行等金融机构获取贷款,因而只能利用自有资金、寻找合伙人或向家人朋友借款来进行生产经营,并将企业经营的收益部分拿出来进行扩大再生产。这种融资模式的好处在于融资成本低、风险相对较小,但由于其获取的资金量有限和资金来源不稳定,对企业的快速成长十分不利。

（2）直接融资

直接融资包括发行股票、债券和吸引风险投资等形式,是一种新兴的融资方式,它的优点在于企业可以募集到足够的资金来发展壮大。但由于股票、债券市场进入的门槛过高以及风险投资者基于自身追求利润等因素,这种融资方式偏重于国有或大型企业,创业板块和中小企业板块规模还很小。当前,我国只有极少数的前端行业、高科技含量的中小微企业才能够通过这种方式获取资金,并不是数以千万计的中小微企业的主流融资渠道。

（3）间接融资

通过抵押、担保和信用贷款从银行获取所需资金,是当前我国中小微企业的主要融资方式,而缺乏可抵押物和诚信不足,一直是多年来困扰许多中小微企业难以从银行获取贷款的主要原因。虽然近年来国家和各级监管部门要求银行加大对中小微企业的信贷投入,但是针对中小微企业的信贷规模的增速仍远低于当前企业不断增长的资金需求。同时,由于金融监管部门对商业银行信贷规模设定了诸多的限制,也使它们不能很好地为中小微企业提供更多优质的融资产品。

（4）民间借贷

随着市场的日趋成熟,企业产品的利润率已经越来越低,很多中小微企业资金压力日益增大。同时,由于银行在贷款审核方面对这些企业过于苛刻,近年来越来越多的中小微企业选择民间借贷的方式,并以此缓解融资难的问题。民间借贷有着手续简便、放款快捷等优势,但利率较高。随着中小微企业资金缺口的增大,民间借贷的利率不断攀高,一旦企业经营出现状况,就很难偿还高额的利息。

四、我国大学生创业融资存在的问题

（1）国家政策法规没有得到有效执行

近年来,国家颁布了一系列支持大学生创业的政策,但这些政策在执行过程中往往会遇到一系列难题。政策执行单位大多还不具备解决这些问题的实际经验,具体如何操作,政策也没有进行明确规定。

（2）我国风险投资事业仍不够发达

虽然最近几年我国的风险投资事业已经有了深化发展的趋势,但无论是规模还是发展程度都受外国机构的影响。可见,我国风险投资事业发展还不成熟,这必将影响我国中小微企业的发展,制约我国建设创新型社会的目标。

（3）大学生自身创业能力不强

大学生自身创业能力不强是制约大学生获得创业资金的重大障碍。近年来,我国高校实现跨越式发展,招生规模一再扩大,高校毕业生数量逐年大幅度增长,伴随而来的是社会各界对一些大学生综合能力的评价越来越差。在强调团队合作的今天,创业者想靠单枪匹马获得成功的概率正大大降低。受家庭因素的影响,一些大学生具有独立的个性,在创业中常常自以为是、刚愎自用。缺乏经验也是大学生创业问题中关键的因素之一,没有经验的大学生创业者还没有具备对市场事先调查的习惯,相反却进行理想的推断。这种缺乏实际经验的思维方式,往往是大学生创业失败的关键。这些素质缺陷,大大降低了大学生创业成功的概率,也大大降低了其获得资金青睐的可能性。

五、解决我国大学生创业融资的基本对策

(1)创造良好的宏观调控环境

国家和政府为支持大学生创业融资,为其提供了良好的宏观环境,具体体现在各种有关法律、法规的颁布上。所以当务之急,我们要做的就是建立一个长效约束机制,督促银行等金融机构落实对大学生创业的小额信贷。政府应建立相应的配套机制,对银行等金融机构发放的创业贷款进行适当比例的补贴,以促使这种政策能够得到长期有效的贯彻执行;同时,把对大学生创业贷款的支持,纳入对银行各级从业人员的业绩考评体系,从行政和经济上对大学生创业融资进行相应的法律支持。

(2)大力发展风险投资事业

风险投资是推动自主创业的有效途径,这一理论得到了西方发达国家的实践证明。对创业者来说,尤其是对高科技领域的创业者,寻求风险投资商的帮助是一个合理、有效的途径。风险资金的融入,在给企业带来丰富现金流的同时,也带来了先进的管理理念,这对初出茅庐的大学生来说是至关重要的。因此,应该充分发挥风险投资在大学生自主创业中的支撑作用。

(3)开展大学生创业教育

我们在分析支持大学生自主创业遇到困难的同时,往往忽视了大学生自身综合素质的提高。创业教育在我国许多高校尚未开展起来,远远落后于西方发达国家。其原因是各高校近年来持续扩大招生规模,导致学校师资力量不足,从而忽视了创业教育。在市场经济条件下,资本是逐利的,如果投资大学生的收益率很高,资金必然会大量涌入这一行业,商业银行自然也无法拒绝这一"诱惑"。所以,开展大学生创业教育,提高大学生的综合素质和创业能力,是解决大学生融资难的内部动力。

拓展阅读

大学生创业贷款政策与办理流程

大学生创业贷款政策是国家给大学生提供的创业优惠政策。该政策涉及融资、开业、税收、创业培训、创业指导等诸多方面。该政策出台的主要目的是支持大学生创业,其中对贷款的要求是必须有合法有效的身份证明和贷款行所在地的证明。

一、政策内容

(1)大学毕业生在毕业后两年内自主创业,到创业实体所在地的工商部门办理营业执照,注册资金(本)在50万元以下的,允许分期到位,首期到位资金不低于注册资本的10%(出资额不低于3万元),1年内实缴注册资本追加到50%以上,余款可在3年内分期到位。

(2)大学毕业生新办咨询业、信息业、技术服务业的企业或经营单位,经税务部门批准,免

第三篇 创新求发展

征企业所得税两年;新办从事交通运输、邮电通信的企业或经营单位,经税务部门批准,第一年免征企业所得税,第二年减半征收企业所得税;新办从事公用事业、商业、物资业、对外贸易业、旅游业、物流业、仓储业、居民服务业、饮食业、教育文化事业、卫生事业的企业或经营单位,经税务部门批准,免征企业所得税一年。

(3)我国有商业银行、股份制银行、城市商业银行和有条件的城市信用社要为自主创业的毕业生提供小额贷款,并简化程序,提供开户和结算便利,贷款额度在5万元左右。贷款期限最长为两年,到期确定需延长的,可申请延期一次。贷款利息按照中国人民银行公布的贷款利率确定,担保最高限额为担保基金的5倍,期限与贷款期限相同。

二、申请资料

(1)大学生创业贷款申请者及配偶身份证件(包括居民身份证、户口簿或其他有效居住证原件)和婚姻状况证明;

(2)大学生创业贷款申请者个人或家庭收入及财产状况等还款能力证明文件;

(3)大学生创业贷款申请者营业执照及相关行业的经营许可证,贷款用途中的相关协议、合同或其他资料;

(4)大学生创业贷款申请者担保材料:抵押品或质押品的权属凭证和清单,有权处分人同意抵(质)押的证明,银行认可的评估部门出具的抵(质)押物估价报告。

三、办理手续

1.受理

大学生创业贷款申请人向大学生创业园管理服务中心提出申请,并提交相关申报材料,由大学生创业园管理服务中心进行初审。

2.审核

对初审通过的商业贷款贴息对象及金额,由人事局会同财政局等有关部门按产业导向、企业规模、就业人数、注册资本和利税等要素对申请商业贷款贴息对象的资料进行审核,并核定贴息金额。

3.公示

经审核通过的商业贷款贴息对象和贴息金额由人事局和大学生个人创业贷款申请人所在单位或社区进行公示,公示期为5个工作日。

4.核准

经公示后无异议的,由人事局下发核准通知书。

5.拨付

根据核准通知书,财政局在贴息对象提供付息凭证后从扶持大学生自主创业专项资金中拨付资助资金。

第二节 创业融资渠道

案例导入

从实例看大学生创业筹措启动资金方法多

创业是很多大学生的梦想,但对于刚从象牙塔里走出的学生,创业的道路中有很多他们未知的困惑。在这次培训中,很多参加培训的学生提出的问题应该能给准备创业的大学生一些提示。

小孙:北京师范大学心理学专业 03 级本科生,项目负责人

我们团队的创业项目是"幸福妈妈心情吧",我在一次讲座中偶然听到有 10% 的产妇患有产后抑郁症,这个数字是非常惊人的。现在创业遇到最大的困难就是资金方面,不知道什么样的融资形式比较适合?

专家王铁家:中国社会科学院中小企业研究中心研究员

有十余种融资方式大学生在创业时可以考虑:银行贷款融资、信用担保融资、民间借贷融资、金融借贷融资、风险投资融资、补偿贸易融资、项目包装融资、高新技术融资、产业政策融资、专项资金融资、股权融资等。

以小孙的项目为例,他的项目不是高新技术,所以吸引风险投资的可能性不大。但是一个新的服务项目,有一定知识含量,我个人认为银行贷款融资和信用担保融资的机会大些。另外提醒大学生,创业融资时不能因为急于得到资金,给点小钱就转让了大股权,这只能解燃眉之急,不是长远发展的可行之路。创业有时要孤注一掷。

(资料来源:http://www.zhlzw.com/cy/ct/737149.html)

对于很多年轻人来说,找工作难,找一个好工作更是难上加难,在这样的情况下,想要通过社会就业体系实现自己的致富梦想太难,光靠普通的就业劳动收入很难过上体面富裕的生活。想要改变命运,更多地需要通过创业这一条途径来实现。

创业最需要的就是资金,没有资金,不管你创业的项目是大还是小,都无法顺利实施,因此对于很多抱有创业想法的青年人来说,资金其实是最难跨越的一道关。尽管难,但是还是有不少途径可以帮助青年人筹集到创业资金的。只要确定了创业项目,具备了基本的创业素质,有着完整的创业规划,那就可以通过如下一些途径来筹集资金。

一、创业融资渠道

企业的筹集资金活动是根据企业自身对资本的生产经营需要,通过各种各样的筹资渠道,并且采用合适的筹资方式取得自身所需要的资本的行为。筹集资金是企业资金进行周转运动的起点,也是决定企业生产经营发展规模和资金运动规模的重要环节。特别是针对现在许多企业负债运营这一问题,弄清资金筹集的相关问题也就显得非常重要了。

（一）一般企业融资方式

（1）商业银行贷款

个人创业宜从小到大滚雪球式发展，所以可先通过有效的质押、抵押或第三方担保等向银行申请流动资金贷款，等有了一定实力再申请项目贷款也就方便了。个人创业可充分利用自身条件，到商业银行寻求贷款。个人创业贷款不一定完全都要求是质押，只要你的个人信用良好，有相关的企业和部门作担保，也可以贷到自己需要的贷款。

①信用贷款，是指银行仅凭对借款人资信的信任而发放的贷款，借款人无须向银行提供抵押物。

②担保贷款，指以担保人的信用为担保而发放的贷款。

③贴现贷款，指借款人在急需资金时，以未到期的票据向银行申请贴现而融通资金的贷款方式。

提醒创业者要做好打"持久战"的准备，因为申请贷款除了与银行打交道，还要经过工商管理部门、税务部门、中介机构等，而且手续烦琐，任何一个环节都不能出问题。

（2）找某些民间融资机构（专为小企业贷款的）进行小额贷款风险较大。

（3）政府基金。作为调节产业导向的有效手段，各地政府部门每年都会拿出一些扶持资金。近年来，政府充分意识到中小企业在国民经济中的重要地位，尤其是各省市地方政府，为了增强自己的竞争力，不断采取各种方式扶持科技含量高的产业或者优势产业。为此，各级政府相继设立了一些政府基金予以支持。这对于拥有一技之长又有志于创业的诸多科技人员，特别是归国留学人员是一个很好的机会。

（4）参加创业竞赛。近年来，各类创业竞赛越来越热，如"挑战杯"中国大学生创业计划竞赛、CCTV"赢在中国"大赛、杭州市大学生创业大赛等，这些赛事对于获奖者均有较大的资助奖励。虽然参加创业竞赛获得资助的机会有限，但值得一试。

（5）合伙创业，利用股份制来筹资。创业社会化是一种趋势，由于一个人势单力薄，所以几个人凑在一起有利于创业投资，合伙创业不但可以有效筹集到资金，还可以充分发挥人才的作用，并且有利于对各种资源的利用与整合，合伙投资可以解决资金不足等问题。但也应当注意一些问题：一是要明晰投资份额，个人在确定投资合伙经营时应确定好每个人的投资份额，并不一定要平分股权，平分投资份额往往会为以后的矛盾埋下祸根。因为没有合适的股份额度，会导致权利和义务的相同，结果对所有的事情大家都有同样多的权利，都有同样多的义务，经营意图难以实现。二是要加强信息沟通。很多人合作总是因为"感情好""你办事我放心"，所以相互信任。长此以往，容易产生误解和分歧，不利于合伙基础的稳定。三是要事先确立章程。合伙企业不能因为大家感情好，或者有血缘关系，就没有企业的章程，没有章程是合作的大忌。

（6）找风险投资商。但前提是你要有一份详细的商业计划书，能以你的核心竞争力（如你的专利发明抑或是一个新的经营理念或是你发现的一个市场空白）打动投资商。风险投资公司都是主动的投资者。他们不断寻找值得投资的企业，并通过本身的关系网络和先进技术去协助企业成功发展，同时也凭借其技术援助去降低投资金额。如果风险投资公司能够为你的企业提供这种宝贵的援助，并且能够花费大量时间和人力资源在你的企业中，使你的企业得以真正转型成功，那么即使投资再低一点也是价有所值的，比起只有投资而无技术性的协助来得更划算。某些国外风险投资公司具有丰富的中国投资经验,他们对中国的民情及文化都十分了解,可以令你们的工作更为顺利。也有著名的大公司可能投资在你的身上,但是他们会利用其声誉而压低你要求的投资金额。而且有很多项目都会争相邀请这类大公司投资,令其分身不暇,倒很可能表现未如理想。不同的风险投资公司会基于不同因素而选择其投资对象。这可能是基于投资公司的投资方式及风格,个人的作用或其投资策略及组合比例的演变。例如风险投资公司会因为项目的行业及地区而降低评级。

(7)天使投资是自由投资者或非正式风险投资机构,对处于构思状态的原创项目或小型初创企业进行的一次性的前期投资。天使投资虽是风险投资的一种,但两者有着较大差别:天使投资是一种非组织化的创业投资形式,其资金来源大多是民间资本,而非专业的风险投资商;天使投资的门槛较低,有时即便是一个创业构思,只要有发展潜力,就能获得资金。而风险投资一般对这些尚未诞生或嗷嗷待哺的"婴儿"企业兴趣不大。

在风险投资领域,"天使"这个词指的是企业的第一批投资人,这些投资人在公司产品和业务成型之前就把资金投入进来。天使投资人通常是创业者的朋友、亲戚或商业伙伴,由于他们对该创业者的能力和创意深信不疑,因而愿意在业务远未开展之前就向该企业投入大笔资金,一笔典型的天使投资往往是投资项目的大头,是风险资本家随后可能投入资金的零头。

(二)其他融资方式

除了上述以外,目前政府、银行等还特许为创新企业提供了以下几种资金筹集渠道:

(1)个人创业贷款

个人创业贷款,是商业银行和有关部门对符合贷款条件的个人发放满足其融资需要的指定用途贷款,其用途限于个人创业投资。个人创业贷款在上海发端,现已被迅速推广到浙江、四川、安徽、河南以及广东深圳等全国大部分地区。个人创业贷款融合了公司金融和个人金融的特点,其用途不是用来消费,而是用于经济实体的经营和运作,从而为个人创业提供了有效的融资渠道。时下中国工商银行、中国银行、中国农业银行、浦发银行、中信实业银行、交通银行等都已推出了个人创业贷款业务。比如中国农业银行青岛分行推出的个人创业贷款,是针对个体工商户、个人独资企业投资人和企业合伙人等具有完全民事行为能力的自然人这一特定主体发放的,集中用于其创业和经营,以购买或租赁店铺、购买机械设备、支付货款、购置原材料等用途的贷款。再如中国农业银行在四川省还成立了第一家个人创业贷款中心,该中心专门为初始创业和继续创业的人士提供融资需求,可以通过商铺、住房、有价证券等抵押、质押以及有实力的人士提供担保解决贷款,贷款额度最高可达 200 万元。中国农业银行浙江省分行营业部投放的"个人创业贷款",推出了房改房抵押、车辆质押、出租车经营权证质押、个体业主摊位权证质押等新的担保抵押方式,贷款"门槛"进一步降低。而深圳发展银行在上海推出的创业贷款,服务于各类投资的个人,最高贷款金额为 105 万元。

(2)扶持性贷款担保

下岗失业人员乃至一部分困难企业的富余人员虽然创业意识高,但融资难又是他们处于起步阶段共同面临的普遍问题。特别是开办小企业,贷款担保更加困难。为此许多地方政府和部门针对广大普通劳动者创业给予了必要的政策引导和扶持。2003 年 1 月 10 日,中国人民银行会同财政部、国家经贸委、劳动和社会保障部共同制定发布了《下岗失业人员小额担保贷款管理办法》,分别就下岗失业人员小额担保贷款的对象和条件、程序和用途、额度与期限、利率与贴息,以及有关贷款担保基金、担保机构等管理内容进行了详细规定。同时,下岗失业人员小额贷款担保基金也将在各省、区、市及地级以上市建立。近年来,上海市有关部门着力构筑一个市场化运作的个人创业平台,为有志于个人创业的下岗职工等普通市民提供帮助。目前,上海已基本形成一个由提供项目、资金支撑、开业指导、社会保障组成的个人创业支持体系。例如作为与市政府"净增十万就业岗位"的配套措施之一,"再就业基金"已改名为"促进就业基金",并由上海市劳动保障局出台了《关于促进就业基金担保开业贷款的试行意见》及《实施意见》,为广大有志于创业的下岗失业人员送来了福音。目前该项基金担保的个人贷款项目主要有四种:开业资金贷款、短期贷款、设备贷款、购置生产经营用房贷款。江西省成立的再就业小额贷款信用担保中心共设立担保基金 2 220 万元,到 2003 年 2 月底,该省 11 个地市将全面启动再就业小额贷款,届时发放额将达到 520 万元,扶持 700 人自主创业。据了解,目前,很多地区针对中小企业贷款、个人创业贷款等出台了好办法,如成立担保基金、协会、中心等,为个人创业贷款筹资提供了担保条件。

(3)特许加盟

特许经营是指特许者将自己所拥有的商标、商号、产品、专利和专有技术、经营模式等以合同的形式授予被特许者使用,被特许者按合同规定,在特许者统一的业务模式下从事经营活动,并向特许经营者支付相应的费用,现阶段连锁经营已成为一种引领市场潮流的营销模式。目前,很多银行也积极参与特许经营,为创业者提供贷款,这种助业贷款可以达到一举三得的效果:银行的信贷资金可以获得比较安全的投放渠道;借款人通过银行贷款可以达到投资创业的目的;企业达到了销售自己产品的目的。不久前,上海工行与柯达公司联合推出的助业贷款就受到了欢迎。个人投资 9.9 万元,柯达就可以帮助建一个彩扩店。最重要的是,这 9.9 万元的投资可以通过申请工行的助业贷款获得。中国银行也与柯达(中国)公司和立邦(中国)公司合作,在全国范围内为想要开办柯达快速彩色冲印店或立邦漆经销店的投资者提供贷款。在此种情况下,只要得到柯达公司、立邦公司认可,借款人无须提供任何担保即可获得贷款,用于购买有关设备。而浦东发展银行的个人创业贷款是支持联华便利店的"投资 7 万元,做个小老板"特许加盟方案。例如,44 岁的上海市民张丽勤萌生了自己当"老板"的心思。她在上海市首届开业项目招标会上看中了贺丰豆业连锁项目,随即投资 10 多万元开办了自己的加盟店。现在,张丽勤那 30 多平方米的加盟店每月营业额达到 5 万元左右,纯利润超过 1 万元。在我国,特许经营经过十年的发展壮大,目前有超过 1 000 个具有一定规模和较为规范的特许体系。到 2001 年年初,全国连锁企业已有 2 100 家,店铺数有 3.2 万个,销售总额为 2 200 亿元。

二、众筹

众筹是随着互联网技术发展出现的一种新的融资方式。为支持"大众创业、万众创新",我国政府号召通过众筹这样的互联网金融方式来服务广大创业者,帮助解决小微企业,特别是创业企业融资难的问题,从而对传统金融服务起到一定的补充支持作用。所谓众筹,是指通过网络平台发起项目向大众筹集资金,并由项目发起人为投资人提供一定回报的融资模式。

2015 年 9 月,国务院印发《关于加快构建大众创业万众创新支撑平台的指导意见》(国发〔2015〕53 号)(以下简称《指导意见》)。其中明确指出,"众筹,汇众资促发展,通过互联网平台向社会募集资金,更灵活高效满足产品开发、企业成长和个人创业的融资需求,有效增加传统金融体系服务小微企业和创业者的新功能,拓展创业创新投融资新渠道"。

(一)我国众筹发展蓬勃兴起

众筹通过互联网平台向社会募集资金,其方式更加灵活、运作更为高效、服务更加便捷,为企业产品研发、个人创业融资都提供了巨大便利,是众多中小微企业早期发展、募集资金的重要融资途径。众筹在我国经过多年发展,形成了捐赠众筹、实物众筹、股权众筹等业务模式。从回报方式区分,依次为无须回报、实物奖励、公司股权。具体来看,捐赠众筹是指投资者以捐款、慈善、赞助等方式为具有特殊意义的项目或企业提供财务资助,不求实质性回报;实物众筹是指投资者对项目或者公司进行投资,获取产品或相应服务作为回报;股权众筹是指投资者对创新创业公司进行股权投资,并分享随着公司成长带来的回报。

(1)实物众筹规模扩大

2015 年,在淘宝、京东等电商龙头企业的引领下,实物众筹规模迅速扩大,仅上半年,成功的实物众筹项目总数就超过 1.2 万个,累计筹款金额达 8 亿元,同比增长超过 300%,覆盖消费电子、智能家居、健康设备、艺术出版、影视娱乐等多个领域,助力一批极具发展前景的创新企业脱颖而出,实现梦想。如"小牛机车""三个爸爸净化器"等实物众筹项目纷纷融资超过千万元。

(2)股权众筹探索前行

股权融资是创新创业企业发展初期重要的募集资金方式,其中公募股权众筹影响较大,但发展却一直处于探索阶段,"草根"崛起、监管不足,突破现有法律、法规等问题突出。2015 年 7 月,《关于促进互联网金融健康发展的指导意见》中国人民银行等十部委联合发布银发〔2015〕221 号,以下简称《指导意见》),指出股权众筹要以公开、小额、大众作为发展基本原则。从目前我国企业在该领域的探索与实践看,大多数股权融资平台开展的业务是私募股权融资,与真正意义上大众化、开放式股权众筹业务模式相差甚远。

(二)发展众筹具有积极意义

众筹本身拥有巨大的市场价值、融资价值和营销价值,打破了传统的融资模式,使大众天使投资深入人心,其快速发展带来了四个方面的积极意义:一是拓宽个人和中小微企业的直接融资渠道。有利于缓解中小微企业融资难问题,优化社会融资结构,提升金融服务的覆盖面,为个人和中小微创新创业企业提供快速、便捷、普惠的直接融资服务。二是健全多层次资本市场体系。促进市场分层有序、功能互补,推动金融市场、产品、投资者及融资中介的多元化,满足发展处于不同阶段的个人和企业的融资需求。三是有利于分散融资风险,增强金融体系的弹性和稳定性。四是加强市场化运营机制。提高金融资本市场运行透明度,鼓励更多群众关注、参与、支持创新创意项目的融资活动,让"人人投""大众天使"成为大众创业万众创新的又一新常态。

(三)分类推进众筹发展重点方向

《指导意见》针对众筹提出了"稳健发展众筹,拓展创业创新融资"的总体方向和目标。同时,根据不同众筹类型及发展所处的不同阶段和实际情况与问题,选取了实物众筹、股权众筹和网络借贷等典型模式,提出了适当的相应推进策略。

（1）积极开展实物众筹

实物众筹相比股权众筹、网络借贷发展较为成熟，在电商龙头企业的引领下，逐步建立了规范的实物众筹业务发展模式和及时的投资者保护机制，发展趋于稳健。《指导意见》提出要积极鼓励其发展，更好地发挥实物众筹在资金筹集、创意展示、价值发现、检验市场等方面的独特功能，不仅能够帮助创新创业企业融资，还为企业带来了发展初期所急需的外部资源，弥补了技术和管理经验上的不足，促进创意创新产品更好地适应市场需求，帮助企业发展壮大。

（2）稳步推进股权众筹

目前，股权众筹发展还存在较多难以在短时间内解决的问题，如法律、法规方面的"立、改、废、释"工作。《指导意见》提出要进一步通过试点示范方式，稳步推进股权众筹发展，引导企业加快完善运营机制。这既是针对现实情况和问题提出相对稳妥的推进方式，也体现出政府在创新业态的监管理念上，秉持包容发展态度及防范风险、管控风险的整体思路。同时，也更有利于企业在试点范围内积极创新，深入探索股权众筹未来发展方向，进而丰富多层次资本融资市场体系建设，完善信息披露规则，切实保护投资者合法权益，防范金融风险。

（3）规范发展网络借贷

长期以来，我国中小微企业贷款难的问题在一定程度上限制了实体经济的发展，网络借贷的兴起以其贷款额度较小、期限灵活、无须抵押担保等突出特点，开辟了在传统借贷方式以外，解决个人、小微企业融资难问题的另一条路径，行业发展获得了巨大增长空间。例如，网信理财网络借贷平台提供的"三农"借贷服务，有效将普惠金融服务带到全国各地县乡镇村，覆盖传统金融服务体系的薄弱环节，通过互联网体系实现了生产者和资金需求的对接，解决农业生产者的资金难题。但是，在网络借贷快速发展的同时，也需要看到存在的诸多风险与隐忧，例如关门跑路现象接连出现，自融自贷资金池等问题屡禁不止，都还须进一步进行规范。《指导意见》提出，一方面要继续鼓励互联网企业依法合规设立网络借贷平台，另一方面也要积极运用互联网技术优势构建风险控制体系，降低信息不对称，防范风险，规范发展。目前，国家对众筹领域的发展与创新秉持鼓励和包容的态度。可以预见，在《指导意见》的指引和规范下，众筹将在探索中不断前行，迈向健康发展的道路，各类众筹模式都有望蓬勃发展，进一步激发众筹创业热情，点燃大众参与创新创业项目投资的激情。

三、大学生创业主要资金筹集方式

（1）家庭支持

通过家庭和亲朋好友的支持筹备创业资金是大学生创业资金来源的一个捷径。通常情况下，只要借款人没有不良的行为记录，家人及亲朋好友都会愿意支持大学生的创业投入。尤其是对于自己的父母来说，都希望子女在外能闯出一番天地，如果向父母说明自己的创业理念和发展前景，父母都会对子女做出全力支持。而对于亲朋好友来讲，可以通过设置一定的盈利借款利率，使其从中获得高于银行部分利息，从而达到双赢的目的。因此，大学生在创业过程中，向家人及亲戚朋友寻求资金支持是一个相对便捷的方式。

（2）学校创业资金支持

目前，各大高校为支持大学生创业，培养新时代自主创业人才，都会设置一定的创业基金以鼓励大学生进行自主创业，开拓事业。此外，学校还会举办各种形式的创业大赛，对大学生的创业理念和项目进行考察和评估，如果项目具有一定的可行性，校方则会发布一定的奖金作为创业者的启动资金。大学生可以积极参与到学校类似的创业活动当中,在学校的充分支持下,筹备创业项目所需要的资本。

(3)投资商或企业的支持

大学生创业过程中通过大企业的融资进行筹资是筹集资金的一项重要措施,这项筹资方法具有较大的困难,但同时又可以使创业团队得到最大收益。一般情况下,如果大企业认定了一个投资项目,必定会给出充足的资金支持整个创业项目的运转。因此,如果得到了大企业的融资,该项创业项目就不需要寻找其他的投资途径了。当然,投资者在投资项目的同时是追求收益的。对于企业人来说,创业投资存在一定的风险,为了有效避免投资风险又可取得有效利益,企业在投资前会对创业项目、创业人进行系统的挑选和评估,以保证在最大程度上降低投资风险,同时使投入资本能获得最高利益。

因此,大学生创业团队如果想要得到大企业的财政支持,必须有一个富有创意的创业计划,项目发展计划,一份详细的商业报告以及项目在目前和将来市场上良好的发展预测。获得企业创业资金的投资除了需要良好的企业素质之外,还需要大学生具备一定的融资能力和技巧。通常情况下,可以说大学生创业者获得企业资金支持的过程即是对创业企业投资价值的展示以及大学生创业企业家融资技巧的发展过程。大学生创业者在和企业投资商进行投资项目谈判的时候,应该做好充分的准备,带上和自己创业项目相关的材料,包括:

①项目概要。对自己准备创办的企业项目、发展需求、地理位置、产品信息等进行详细的概述。

②项目计划书。对创办项目的企业发展情况、市场营销计划、竞争力情况以及财务情况完整地体现出来。

③营销策略。在保证创业项目顺利进行的情况下,企业决定投资金额的比例主要是看创业项目的营销策略。

(4)寻找合作团队

团队合作适用于大家共同创业的模式。团队合作主要是指由多个合作人共同出资,集体经营,打造同一个创业项目。对于部分家庭条件一般的大学生,家庭经济不足以支持自身创业,也没有找到合适的资金筹集渠道时,可以在大学里寻找和自己理念一致的创作伙伴,由整个创业团队的人共同筹资,分担创业经济压力,以获得足够的创业资金,支持创业项目发展下去。比如,某高校有一个绿叶创业团队,创业项目是由5个人共同商讨出来的。如果他们准备在大学里面进行企业的创办,那就可以选择共同出资的方式,5个人一起平摊项目所需要花费的资金,这样就可以较好地减轻每个人的经济负担,有利于促进创业项目的顺利进行。

(5)借助国家优惠政策

自党的"十七大"提出"实施扩大就业发展战略",国家为鼓励大学生自主创业,将更多的劳动者培养成自主创业者,提出了许多关于大学生自主创业的优惠政策。有创业计划的大学生可以对相关内容进行详细了解,通过优惠政策渠道,减轻创业初期成本负担。例如关于税费减免部分,从事个体经营的创业扶持对象,在从工商部门登记注册起3年内,均可享受免收登记费、管理费、证照类等相关行政税费。而对于从事微利经营项目的小额度贷款,国家相关政策规定也会给予一定额度的财政补贴。因此,通过国家优惠政策,减免部分创业成本也是大学生创业资金筹集的一个重要途径。

（6）自主理财

对于有创业计划但是启动资金有不足的大学生来讲，在学习之余，通过自己创造财富来积累创业基金是一个不错的选择。事实上，学生在完成学业的基础上有大量的课余时间，在这期间，学生可以通过学校勤工俭学、校外兼职等机会创造财富。按照 10 元/小时的劳动费用计算，一个学生每周利用 30 个小时的时间进行勤工俭学，每周收入为 300 元元，再加上寒、暑假通过陪读、家教等方式赚取更多的劳动费用，2 年时间积累下来，可达到 2 万~3 万块钱存款，这一笔收入对于创业项目初期具有重要意义。

（7）银行借款

银行借款是大学生创业资金筹集的另一个有效途径。在大多数城市，对于个体经营项目，可通过银行申请小额担保贷款，额度通常在 5 万元以内。对于有创业计划的大学生，通常是从个体工商户做起，风险和收益均相对较低。在家庭经济不足以支持创业启动的情况下，可以考虑通过小额银行借贷筹集到项目启动资金，以顺利进行自身的创业项目。

大学生自主创业越来越普遍，创业资金作为创业过程的重要组成部分，在创业初期筹集到足够支持创业运转的资金对创业项目的顺利发展具有重要影响。因此，在创业初期，大学生应当学会通过各种渠道来筹集资金，同时还应当熟悉国家的相关政策法规，合理选择资金筹集渠道，以支持自身的创业项目顺利进行，实现自我价值。

拓展阅读

创业融资越多越好吗？

视美乐这个名字你可能没有听说过，但它是中国第一家高科技学生创业公司，曾经名噪一时。1999 年 3 月，王科、邱虹云和徐中组队参加了清华大学的创业大赛，由于表现优秀，之后又被推荐参加了全国大学生创业计划竞赛并最终斩获金奖。在此背景下，三人对创业信心满满，当年 6 月就迅速成立了视美乐公司，主打产品为多媒体超大屏幕投影电视，该产品被很多公司看好。

由于这种制造类创业前期需要大量资金，视美乐一直积极对外融资。由于名声在外，他们很顺利地得到了第一笔投资——上海第一百货公司 250 万元的风险投资。然而由于缺乏公司运营管理经验，企业的研发和生产进程并没有想象中顺利，到了第二年，上海第一百货公司没有兑现二期投资 5 000 万元的承诺。

2000 年 4 月，视美乐公司转而与青岛澳柯玛集团有限责任公司合作，共同组建了北京澳柯玛视美乐信息技术有限公司（以下简称澳视公司），注册资金为 3 000 万元，双方各占 50% 的股份。原视美乐公司的主要技术人员全部进入澳视公司。之后，澳柯玛集团不断要求增加股份，三位创始人的股份越来越少，最终只占了不到 30%，创始人演变成了小股东，创业名存实亡，当初的创业激情也不复存在，因此，王科三人都相继退出了公司管理层，企业也一落千丈。

视美乐的失败并非偶然，也非特例，即便有好的创意或前期资源，大学生创业失败的案例也比比皆是。一方面，大学生缺乏相关的工作经验和管理水平，所谓创业容易营业难，创办企业只是起点，经营好企业才是更大的挑战。另一方面，大学生对外部投资中存在的风险预估不足，尤其是像众筹、天使投资和风险投资等融资方式，里面涉及大量专业的金融财会和法律知识，如果掉以轻心,最后结果往往是"为他人做嫁衣",毕竟投资人不是慈善家,他们也想追求自身利益的最大化。

从视美乐的故事中不难看出,对于创业者而言钱不是越多越好,必须做好融资方案,重视融资过程的各个环节,尽量降低融资风险。

(资料来源:https://baike. baidu. com/item/％E8％A7％86％E7％BE％8E％E4％B9％90/1128652？fr＝aladdin)

第三节　财务管理

导读

全民创业的浪潮热度不减,我国新创企业数量在近几年大幅增长。但在数量增长可观的同时,新创企业财务管理方面存在财务管理目标过于片面、财务规章制度不健全、专业知识人员缺乏以及资金使用不合理等现象,这些问题给新创企业的生存和发展带来负面影响。企业在初创时期的经营模式与财务制度会直接影响企业的发展,因此要对目前出现的财务管理问题进行深层次分析,探讨相关的措施计划,帮助企业成功进入成熟期,实现长久健康发展。

优化财务管理,挖掘财务管理各功能,对于提高企业经济效益具有重要意义。

一、财务管理概述

(一)财务管理的内涵

财务管理是指基于一定的法律、法规,在一定整体目标的指导下,关于企业资产的购置(投资)、资本的融通(筹资)和经营中现金流量(营运资金)以及利润分配的管理。作为企业管理的核心,财务管理对于改善企业经营、提高企业经济效益具有十分重要的作用。实践表明:财务管理水平的高低对企业的经济效益的优劣具有重要影响。

(二)财务管理的内容

财务管理的内容极为丰富,从不同的角度来审视,其包含的内容是不同的。从组织企业财务活动的视角看,财务管理包括了资金的筹集、资金的投放与分配等内容。从处理财务关系的视角看,财务管理包括了诸多复杂的关系,涉及企业与债权人、债务人、投资人、受资人、政府之间的关系,还包括企业内部各单位之间的财务关系以及企业与职工之间的财务关系等。

(三)财务管理的功能

财务管理作为企业管理的重要组成部分,其作用的发挥是以其功能为基础的。具体而言,财务管理具有三大基本功能:资金管理功能、成本控制功能和管理监督功能。

（1）资金管理功能

资金对企业发展至关重要,如果将企业比喻为人体,资金就是身体中的血液。可以说资金是企业经营和发展的必不可少的条件。所有企业的生存与发展必须基于一定的资金,因此,企业财务管理具备了资金管理这一最为基本的功能。财务管理人员与企业管理人员基于对市场和企业发展的分析,综合各方面的信息数据来支配企业的资金,从而利用有限的资金投入带来最大的产出,促进企业经济效益的提升。这就是财务管理中的资金管理功能。

（2）成本控制功能

影响企业利润的因素有很多,例如原材料成本的变动、员工工资的变动、市场供需关系的变化等,但是成本因素则是影响企业利润的主要因素之一。财务管理人员运用科学的方法,在保障企业正常运转的前提下,严格控制企业中不合理的支出,包括对产品成本的控制、对期间费用的控制、对研发费用的控制以及对职工薪酬、福利、保险和劳动保护的管理等,从而降低企业生产成本,增加企业的利润,提高企业的经济效益。因此,财务管理具有成本控制功能。

（3）管理监督功能

企业的正常运转,需要一整套完善的管理监督体系。财务管理中的管理和监督体系促使企业在生产经营过程中步步为营,确保企业始终朝着正确的方向前行。在此基础上,在完善的监督体系下,企业还能有效利用各种资源,最大限度挖掘自身产能,优化企业的经营与管理,从而能够以较小的成本投入获得较大的经济效益。这就是财务管理中的管理监督功能。

二、大学生创业初期财务管理存在的问题

大学生创业初期,创业企业财务管理的基础和指导思想就是创业企业的财务管理理念。创业初期最佳财务管理理念是以市场为中心,科学合理地选择筹资渠道,降低企业成本,控制企业经营风险。大学生创业初期财务管理存在的具体问题如下:

（1）缺乏监督机制,忽视企业内部控制

创业初期,企业财务管理环节法律意识淡薄,集中精力以市场为中心,管理经营企业,对财务经理集权严重,企业经营内部控制不规范,职责不清晰,企业财产安全存在致命危机,企业财务报表的精确性和可靠性降低,欺诈、不及时、不准确财务信息存在,对于创业初期实力并不雄厚的创业型企业是灭顶之灾。

（2）缺乏适合的会计体系

由于创业企业经济业务的复杂性和多样化,经济业务有多种会计处理方法,存货计价、固定资产折旧等存在不止一种可供选择的财务管理处理方法。尤其是创业企业在进行某项经济业务时,缺乏适合的会计体系,所使用的会计原则和会计处理方法不适合创业企业财务管理的特点,令创业企业的会计报表影响相关决策者的决策,决策者不能随着经济的发展和会计环境的变化,及时发现新的途径利用财务管理为创业企业自身谋利。

（3）缺乏对创业企业财务管理环境的确定,未认识到创业企业的价值

忽视对创业企业财务管理环境的分析、判断、确定,创业企业成本核算效果不尽如人意,没有科学预测可控成本和不可控成本,成本执行力弱,资本运行效果较差,常规的生存、销售、利润的积累很快耗尽,企业规模很难在短时间内迅速扩大,无法引进投资,企业价值较低,企业项目无法兼容,无形资产的投入很难市场化,企业新的利润增长点消失。

（4）财务管理制度缺失

大部分创业型企业在创业初期，只有一本账本，缺乏对财务管理规模分阶段、科学系统地规划，难以达到管理的目的，无法满足企业成长的需求，财务管理制度和流程难以实施。由于没有财务管理制度，创业企业内部财务管理出现混乱局面，财务管理损失越来越大。会计计量历史成本、重置成本、可变现净值、现值计量准确性低，创业企业的财务管理工作急需探索与创业企业相匹配的财务管理模式。

三、大学生创业初期财务管理的对策

创业初期，加强创业企业主营业务和培养核心竞争力，做好企业内部控制，管理好营运资金，充分挖掘创业企业的潜力，必须针对大学生创业初期财务管理存在的问题构建相应对策，优化财务管理的资源。

（1）创新创业初期财务管理理念

创业初期，创业企业以市场为导向，了解市场，充分结合法律知识，制定与创业环境一致的、与可持续增长相匹配的财务管理制度，使用创业企业有限资源，达到企业价值最大化的目标，适度的增长率是监督机制建立的依据。企业财务管理者明确创业企业的主营业务、成长业务所需的财务支持，建立合理的财务资源匹配规划和财务战略，以增强企业价值为目标，培养财务管理负责人、中层管理干部等，构建创业财务管理会计准则，融入创业企业流程和风险管理实务，创造有创业财务管理准则的良好财务管理内部环境。

（2）健全配套财务管理制度

创业初期，创业企业根据企业的特点、具体经营情况，在符合会计准则体系的要求下，构建会计处理流程、财务信息系统，制定符合创业企业特点、经营特点的具体会计核算方法，通过培训增强财务会计的理解和操作，健全配套财务管理制度的同时，安装适合的会计核算软硬件资源，对创业企业的财务系统及时升级，对财务管理会计资源及时整合，使用统一软件，加强对财务管理中资金的统一管理，提高资金运作的规范化、透明度及管理水平。

（3）甄选综合素质高的财务管理人员

甄选在会计体系中财务报表列表、合并财务报表、资产核算等方面有职业判断能力的财务管理人员从事财务管理工作，要求其财务管理观念、理念新颖，熟悉创业财务管理的概念及框架，能参与企业决策，有较高的应变能力、风险防范意识，能够优化财务管理环境，积极实施财务管理日常业务管理体系。

（4）建立适合的创业企业内部控制体系

创业企业选择合适的、综合素质较高的财务管理人员，运用系统分析方法，建立科学、合理、有效的财务管理内部控制制度，通过建立完善的内部会计监督制度，严格贯彻相关法律法规，形成从财务管理初期就遏制造假行为的合理有效的会计核算体系，强化资金管理，增强企业内部各职能部门的财产物资管理内部控制，在物资采购、存货管理等方面建立规范的操作程序，维护财务管理安全。

拓展阅读

大学生在自主创业过程中遇到的财务管理问题

1. 缺少资金来源渠道

大学生在创业初期,因为在生活中没有固定资产、在银行里没有信用、在社会上没有社交圈子,所以其创业企业的启动资金,很多都是自己攒的打工钱、伸手向父母所要的钱或者是向亲戚朋友借的钱。他们的资金渠道来源简单,资金投入不大,这些创业的企业很多时候因为缺少资金来源,而在创业初期就夭折了。这些大学生自主创业的企业中,不乏有前景、有科技创新的企业,只是苦于没有资金来源渠道,而限制了企业的发展壮大。

2. 财务管理方面的专业知识储备欠缺

大学生普遍拥有较为活跃的思维方式、具有开拓创新的意识,同时还掌握了大量科学的文化知识,所以大学生自主创业的成功率相对较高。但是他们中有的人却因为缺少财务管理知识,在创业初期企业就面临资金方面的严重问题,甚至创业失败。大学生在面对创业的问题上,多数考虑的都是企业的运作、销路等问题,而很少有人关注财务管理在企业创业阶段的重要性。企业是否具有财务管理专门人才,是创业成功与否的一个重要因素。

3. 财务管理意识淡薄

在大学生创业的初期阶段,企业规模小,很多大学生都是自己管理、自己营销、自己开展业务。所以,在财务管理方面,大学生都是应用一种最原始、最简单的方法记账,财务管理意识淡薄,这样的企业会面临着很多财务风险,增加企业失败的概率。

4. 创业企业缺少完善的财务管理制度

大部分大学生自主创业的企业和公司都是由他们个人自筹经费建立的,虽然他们开始注重团队意识、拥有合作精神,但是他们的社会经验和阅历毕竟不足,很多企业又由于资金有限,在创业的初期,往往很少能够聘请专业的财务管理人员从事企业的财务管理工作,至于财务管理制度更是无从谈起。即使有部分大学生对财务管理很重视,也往往心有余而力不足,并无精力或者财力来谈及财务管理制度。在这种情况下,企业的财务管理工作,都是摸着石头过河,无形中增加了企业财务风险。

5. 缺乏可行性的市场调研

很多大学生在自主创业初期,都做过一定的市场了解和调研。但是由于缺乏对市场的系统性认知,往往其了解和调研具有很强的片面性、缺少操作的可行性。大部分大学生存在以下两方面的问题:(1)创业方案的可操作性不强,大学生在自主创业的时候,因为缺少可行性的市场调研,往往都会产生一定的思想误区,导致投资失败,企业倒闭。(2)大学生的投资风险意识不足,在瞬息万变的市场中,由于风险意识不足,不能很好地规避风险,使得他们在创业初期会遭遇很强的挫折,影响企业顺利发展。

(资料来源:https://www.zhazhi.com/lunwen/jy/zjcylw/123842.html)

参考文献:

1. 詹跃明,夏成宇. 大学生创新创业基础[M]. 重庆:重庆大学出版社,2018.

2. 廖益,赵三银.大学生创新创业入门教材[M].北京:北京理工大学出版社,2019.

3. 张铭钟.大学生创新创业基础[M].北京:中国矿业大学出版社,2018.

4. 王璐,赵士德,胡永政.财务管理案例教学之创新实践:基于大学生创业计划的思考[J].商业会计,2010,(016):78-80.

5. 詹跃明,夏成宇.大学生创新创业基础[M].重庆:重庆大学出版社,2018.

6. http://www.64365.com/zs/793843.aspx

第十章
新创企业的管理

学习目的

1. 掌握新创企业文化的创建方法；
2. 掌握新创企业团队的高效管理方式；
3. 正确防范新创企业的各种潜在风险。

本章主要阐述了新创企业管理的三个方面,即企业文化管理、企业团队管理和企业风险管理。在企业文化管理方面,重点论述了企业文化对企业核心竞争力的促进作用和新创企业文化创建的基本要点。在企业团队管理方面,重点论述了创业团队的功能、团队决策和新创团队的高效管理策略。在企业风险管理方面,重点论述了新创企业的风险构成、风险识别和风险防控方法。通过上述三个方面的学习,有利于大学生新创企业提高管理效率和改善经营之道。

第一节　企业文化管理

案例导入

天晟企业(集团)企业文化篇

　　人总是要有点精神的,一个企业也是如此。这种精神,不是公司的规章制度,也不是公司的营销策略,更不是公司的发展战略,却也都在这些物化的东西里有所反映,这就是公司的愿景、使命和核心价值观。正是这种精神,能够把员工的思想统一,能够指导员工的行为,能够产生巨大的凝聚力。

　　天晟要做中国传统文化的守望者和开拓者。中国传统文化中自强不息、忧国忧民、厚德载物、和谐持中的思想,都是我们天晟人做人、做企业始终坚守的信念。天晟企业信念:自强不息、忧国忧民、厚德载物、和谐持中。

1. 自强不息的奋斗精神

孔子曰:"三军可夺帅,也匹夫不可夺志也。"孟子道:"富贵不能淫,贫贱不能移,威武不能屈,此之谓大丈夫。"自强不息体现为一种自立和自尊的人格特征,形成中国人讲名分、重气节的民族精神。这种美德流传下来,成为人们为国家、为民族奋争的精神力量,并推动着社会的发展。

正是这种自强不息的奋斗精神支撑着天晟企业的发展,激励着天晟人在困境中崛起,在逆境中奋进,用不屈的创业精神和永不言败的信念,奋进不止,奋斗不息!

2. 忧国忧民的忧患意识

从范仲淹的"先天下之忧而忧,后天下之乐而乐",到顾炎武的"天下兴亡,匹夫有责",都打上了这种忧患意识的烙印。从岳飞的"笑谈渴饮匈奴血"到文天祥的"留取丹心照汗青",这种忧患意识就是一种爱国精神,体现了以天下为己任的高尚情怀。

天晟深知:一个伟大的企业,必然是使命与责任共生,站在成就与责任与日俱增的今天,天晟人始终坚守企业公民的责任,不遗余力地投身公益事业,取之于社会,回馈社会,一路前行,一路超越!

3. 厚德载物的宽广胸怀

中华民族传统文化的一大特色就是以宽厚之德包容万物,即厚德载物。《周易》曰:天行健,君子以自强不息;地势坤,君子以厚德载物。大地以宽广深厚承载万物,君子应像大地一样以宽广深厚的好品行来承载万物、包容万物。厚德载物展示了中华民族胸怀宽广、无私奉献的高尚品格。

4. 和谐持中的思想境界

中国传统文化的最高境界就是和谐,即认为每一个事物都应按照其自身的规律自然地发展。这其中包括人与人的和谐、个人自我身心的和谐及人与自然的和谐。人与人的和谐会促使社会稳定,家庭和睦;个人身心间的和谐能使人做到遇事宠辱不惊,进退有据;人与自然的和谐能互得其利,持续发展。持中即做事要适可而止、恰到好处,反对走极端。天晟人对和谐持中的理解:

(1)企业与自然环境的和谐;
(2)企业与社会环境的和谐;
(3)诚实守信,为企业发展之本。

[资料来源:陈丽萍.天晟公司:用文化力打造品牌[J].政工研究动态,2005(15):16.]

进入21世纪以来,随着全球化进程的加快,企业面临的压力越来越大,既有来自国内的竞争,也有来自国际上的竞争;既有同行之间的竞争,也有上下游企业的挤压;既有企业内部员工的离散心理造成的管理上的困难,也有顾客越来越挑剔造成的应对上的困难。如何在激烈的竞争中击败对手、求得生存,是企业普遍面临的难题。当前,很多企业和研究人员都认识到了企业核心竞争力的作用,并且意识到要想获得全胜、持续发展就要抢占该行业或站在该领域的制高点。这个制高点就是企业的核心竞争力。然而什么是核心竞争力的内涵?核心竞争力如何建设?核心竞争力与企业文化有什么关系?如何通过企业文化建设来提高竞争力?这一系列问题既是老生常谈的问题,也是非常现实的问题,同时更是一个理论性很强的问题。

新创公司靠什么才能走得更长远？为什么中国企业平均寿命只有3.9年,中小企业平均寿命甚至仅有2.5年？今天看到海斯总裁致全体员工的一封信,华为多年备胎芯片一夜之间全部转正,这是何等的居安思危,何等长远的考量。创业如同长征,道路之难、过程之复杂,非专注不能成功。有思想有价值的创业,才是方向清晰的创业。

一、企业文化认知

企业文化是企业的基本属性,是企业客观存在的文化现象,它是人类文化的一部分。它作为一种文化现象,是企业在社会实践过程中所创造的物质财富和精神财富的总和,是企业在经营管理过程中所形成的具有自身特点的思想意识、价值观念和行为方式,是企业以价值观为核心的内在素质及其外在表现。

企业文化由企业的物质文化层、企业的制度文化层、企业的精神文化层三个层次构成。企业文化的核心是价值观,体现在企业的规章制度、经营管理活动和员工的具体行为中。企业借助企业文化营造一个良好的组织氛围和环境,这种氛围和环境可以增强员工的工作积极性、主动性和创造性,可以激发员工的士气、斗志和创造力,以共同信仰的力量推动企业的生存、发展、壮大。企业文化具有以下四方面的作用:

(1)推动作用

企业可以通过属于自己文化领域的战略规划的制定、完善本企业的企业文化的内涵,而这种文化内涵反过来又可以推动企业的长期发展,维持在市场竞争中的优势,可以帮助企业克服危机,渡过难关,获得新生。

(2)协调作用

企业文化能够帮助协调企业和社会的关系,促使企业和社会和谐一致。企业可以通过文化建设,尽可能调整自己,以便适应公众的情绪,满足顾客不断变化着的需要,跟上社会整体的变化步伐,弥补企业和社会之间出现的裂痕。

(3)凝聚作用

良好的企业文化可以增强企业的凝聚力。企业文化具有同化作用、规范作用和融合作用,这三种作用的共同结果就是企业文化的凝聚作用。

(4)教育作用

企业将企业文化的各种精神内涵、价值观念传递给成员的过程,实际上是在实现一种教育作用。好的、积极向上的企业文化可以提升企业成员的精神修养和道德素质,改善成员的思维方式和行为方式。企业文化对企业员工的价值取向和行为方式有非常强的导向和支配作用。对于企业来说,如果有一个合适的企业文化,职工就会在潜移默化中接受共同的价值观念。

二、企业核心竞争力认知

核心能力,也称核心竞争力,由美国战略管理学家普拉哈拉德(Prahalad)和汉默尔·加利(Hamel Gary)最先提出。他们把"核心能力"理解为"组织中的积累性学识,是使公司给客户带来特别利益的一类独有的技能和技术的集合,特别是关于协调不同的生产技能和有机结合多种技术流派的学识"。强调企业的内部因素比企业的外部条件更有决定性的作用,企业内部有价值的、稀缺的、模仿成本高的资源,组织开发利用这些资源的能力,知识的积累与创新,是企业获得超额收益和保持持续性竞争优势的源泉和基础。

关于企业核心竞争力的构成目前还没有统一的或现成的认识。但它应该包括以下内容：

其一，它是一种精神，能够帮助企业渡过难关，求得生存、发展和壮大的精神支柱；

其二，它是一种物质，具有吸引顾客和打败竞争对手的能力；

其三，它是一种技术，一般不会被别人模仿；

其四，它应该是一种手段，不仅能把企业内部员工笼络在一起，而且能够将他们变为活力，激发出积极向前的冲动；

其五，它应该是精神与物质的统一，因为有时候它是凭借精神战胜对手的，比如依靠毅力、积极的态度，甚至是良好的心理素质；有时候它又是通过物质的力量，比如资金、技术、规模、加工能力等来战胜对手。因此，它的构成十分复杂。

企业核心竞争力的作用一般体现在如下几个方面：

（1）引领作用

一旦企业培育出核心竞争能力，它可以引领企业克服困难、战胜对手，在市场上立于不败之地。

（2）激励和激发作用

一旦企业有了核心竞争能力，企业就会产生一种机制，激励员工不断创新，激发潜在力量处于良性循环状态。

（3）保障和支撑作用

如果企业有了核心竞争能力，就会自动地寻找发展机会，调整自己的发展方向，与市场需要保持一致，保证企业不会被市场所淘汰。

企业核心竞争力是企业持续发展的重要前提和依靠。核心竞争力源自企业管理和技术，而企业的管理和技术靠的是企业文化。企业文化就是管理上升为文化的更高层次的管理手段。企业文化是企业的灵魂，是造就企业核心竞争力的动力之源。

三、企业文化与企业核心竞争力

从企业文化与核心竞争力的概念中，不难发现企业文化是一个非常宽泛的概念，其内涵、外延均十分丰富，其作用更是涉及其企业的方方面面。企业核心竞争力是一个非常抽象的概念，学术界至今还没有一个完美的定义。

（1）企业文化与核心竞争力的相同点

其一，企业文化和企业核心竞争力同属于企业内部特性，它依附企业的存在而存在，都属于企业自身的本质的组成部分。其二，二者有很多作用是相同的，或相互包容的。比如二者都对企业具有推动促进作用、协调作用、凝聚作用、教育作用、引领作用、激励和激发作用、保障和支撑作用，只不过这些作用发挥的程度有量上或者质上的区别。

（2）企业文化与核心竞争力的不同点

企业文化是单纯精神性的东西，而企业核心竞争力具有双面性。企业文化可以是中性文化，也就是说只要是企业就会有一定的文化，不论其价值观是否符合主流文化，总之它都会有自己的一种理解和见解。但是企业核心竞争力是精神与物质的统一，一般企业都没有。它是企业理念和技术、管理等的升华，只有生产、技术、管理等都达到一定水平才会出现，或者是经过企业专门的培养和建设才会出现，它具有物化能力。

（3）企业文化与核心竞争力的关系

企业核心竞争力是企业生存、发展的前提和保障，任何企业都在寻求、培育和建设核心竞争力，因此说核心竞争力是企业建设的目标。而建设核心竞争力必须通过组织学习和模仿，必须通过建章立制，必须通过调动和激发广大员工的积极性和创造性等，这些又都必须以企业文化进行建设，因此说企业文化是一种手段。

如同企业文化对于企业一样，企业核心竞争力也是一个非常难以定义的概念。因为核心竞争力，既不是纯粹的物质，也不是纯粹的精神；既不是纯粹的理念，也不是纯粹的技巧。这才导致了对其定义的模糊性。真正要把企业文化和企业核心竞争力分开也不容易，二者相互包容，你中有我、我中有你。也就是说所谓企业能战胜对手的能力，既不完全是物质，也不完全是精神，而是介于这二者之间。

四、从企业文化培养核心竞争力的两个要点

总的来说，企业文化与企业核心竞争力建设都存在阶段性。任何一种超越或滞后都会给企业造成损失。目前比较流行的双因子理论对于这种阶段性的认识就是一种进步。认识到这种阶段对于构建核心竞争力十分重要。从企业文化培养核心竞争力要掌握两个要点：

首先是准确定位。必须客观、准确、正确地做出自我判断，正确的自我判断是企业核心力培养的关键。这个判断包括企业文化建设中的企业自我定位，这种定位包括市场定位、产品定位和文化主题的定位。

其次是掌握节奏。一些企业急于把自己的观念推广给员工，因此操之过急，反而适得其反。核心竞争力是企业内部培养起来的，因此它是有极限的。企业核心竞争力的培养不可能一蹴而就。因此要注意掌握节奏，分阶段进行。首先要通过宣传、引导达到价值观的认同；其次在价值观认同的基础上引导和营造一个和谐环境，使员工产生一种归属感，形成同甘共苦的情节；最后在归属感的基础上通过制度和一定的措施，激励员工进行开拓、创新，形成核心竞争能力。

五、新创企业文化的构建内容

（一）建立完善的企业文化建设组织机构

要建立完善的企业文化建设组织机构，建议成立企业文化建设领导小组，企业"一把手"担任组长，成员由各部门经理组成；成立企业文化建设工作小组，组长由企业一名副总经理担任，秘书由企业专职文化人员担任，成员由各部门指定人员组成。建立了完善的企业文化建设组织机构以后，企业文化建设工作小组就要制定企业文化理念宣贯的规划和具体的实施计划。

（二）充分发挥企业领导和党工团的作用

企业领导在企业文化形成过程中起主导作用。同时，企业文化通常体现企业创办人及其后继者所提倡的文化和经营思想。因此，在企业文化理念宣贯落地过程，企业的领导首先要带头践行企业文化理念，为员工当好表率。其次，国有企业都有齐备的党的系统、工会系统和团的系统，党组织在企业文化的宣传、培训与教育中要起到带头作用。只有党工团齐抓共管，发

挥各自的优势,才能搞好企业文化理念的宣贯。

(三)将企业文化理念转化为制度,通过制度推进企业文化理念落地

制度是文化的一种表现形式,优秀文化必然是体现在企业的制度中。在推进企业文化理念宣贯落地过程中,企业要将企业文化理念形成相关的企业管理制度、政策和程序,这就是变无形为有形,变柔性为刚性,形成规范化、人性化的约束机制,为企业文化的持续推进提供有力的制度保证。因此,从某种意义上来讲,制度就是企业文化理念传播的载体之一,而且通过将企业文化理念制度化可以加快员工对企业文化的认同。

(四)创新企业文化理念传播载体,注重企业文化活动

在企业文化理念传播过程中,企业要充分利用当下流行的新媒体(微博、微信)平台、企业网站、内部刊物等载体,将已经形成的企业核心价值观等第一时间传达给广大干部员工,及时让员工了解,取得员工的支持。同时,企业可以经常性地组织广大员工开展形式多样、内容丰富、健康向上的文化主题活动,以通俗易懂的方式,将企业文化融入其中,让员工在活动中潜移默化地接受和认同企业文化,培养员工的团队精神,增强凝聚力和向心力。

(五)建立企业文化培训机制,定期对全员开展培训

要把企业文化培训摆上日程,实行全员学习,并通过制度固化,有效解决企业文化理念领导知道的多、员工知道的少的现象。要在完成日常企业文化培训计划外,根据企业文化宣贯实际需要,开发出企业文化宣贯系列培训项目。邀请外部企业文化方面的专家或公司主要领导通过深度分析,延伸讲解,让企业文化在全员中入脑入心。

(六)注重全员参与,扩大认同基础

企业文化理念宣贯是一项全局性工作,涉及每一位员工、每一个部门、每一个角落。企业文化理念宣贯需要全员参与,因为员工的积极性和参与程度,是关系到企业文化理念宣贯和落地效果的重要方面。为调动员工参与的积极性,建议在企业文化活动中能够给员工一些利益,如发些小礼品,这些细节可以让员工在实际工作中感受到文化的力量。

(七)以文化故事促进企业文化理念宣贯

征集和挖掘企业内部具有鲜明文化特征的典型故事,通过一个个生动鲜活的故事,把抽象的企业文化理念具象化为员工身边真实的人和事,可以帮助大家充分认识、深刻理解企业的文化理念,进而促进企业文化理念在员工心里真正生根发芽。

拓展阅读

阿里巴巴企业文化启示

1. 企业的价值观(表 10-1)

表 10-1　阿里巴巴的价值观

阿里巴巴的价值观	
客户第一	关注客户的关注点,为客户提供建议和资讯,帮助客户成长
团队合作	共享共担,以小我完成大我
拥抱变化	突破自我,迎接变化
诚信	诚实正直,信守承诺
激情	永不言弃,乐观向上
敬业	以专业的态度和平常的心态做非凡的事情

2. 阿里巴巴的文化建设

(1)使命一定是员工能时刻感受到的。

阿里巴巴的使命是什么? 让天下没有难做的生意。在管理上常讲使命是企业存在于社会的根本目的,在阿里巴巴倒不如更直观地理解为是公司和员工的梦想。阿里巴巴所开展的任何一项业务,阿里巴巴员工所做的任何一件事情,都是冲着"让天下没有难做的生意"这一梦想去的。最关键的是,员工能时刻感受到公司客户第一的文化,时刻感受到自己所做的每一件事情同公司使命的联系。

(2)目标一定是大家真心相信的。

阿里巴巴具有三个目标:做一家 102 年的公司;进入世界十大网站;只要是商人一定用阿里巴巴。马云曾经说过一段话,大意是阿里巴巴所说的不一定全对,但一定是自己真心相信的,而许多人说的全对,但可能连自己都不相信。阿里巴巴的三个目标大不大,不可谓不大;狂不狂,不可谓不狂,但是阿里巴巴自己相信,不敢说所有人都相信,但起码高管层和中坚力量是相信的,特别是马云自己肯定是相信的。所以,大没关系,狂也没关系,外人不信还没关系,关键是自己信不信。

(3)价值观一定是需要坚决捍卫的。

价值观是锻造出来的而不是打造出来的,不经历在异常艰难的两难选择中对企业家和员工心智的洗礼和考验,怎么可能形成内化于心的价值观!

[资料来源:丁洋.浅议企业文化对企业发展的作用——以"阿里巴巴"文化体系为例[J].经济研究导刊,2017(26):25-26.]

第二节　企业团队管理

案例导入

复星科技集团的创业团队

1989年,郭广昌从复旦大学毕业后留校任教。3年后他利用从4个同学那借来的3.8万元创业,如今已经坐拥200多亿资产,复星集团也成为我国民营企业三甲,并在医药、房地产、钢铁等领域都有出色表现。

"复星"的成功源于5人的创业团队。他们5人就像5根手指,哪根也少不得。5根手指攥紧,就是一只拳头。当年创办广信科技(源于郭广昌和梁信军的名字,1993年更名为复星科技)时,郭广昌是复量大学团委干部,梁信军是校团委调研部部长,汪群斌是生命学院团总支书记,范伟是学校影印社的经理,谈剑还在读书。他们几个人除了在学校就已经建立了良好的关系,还有许多共同之处:比如有共同的理想,共同的人生哲学。在企业理念上,郭广昌提倡将修身、齐家、立业、助天下的"九字"思想作为"复星"创业的共同追求。

复星集团创业时的几个人都是团干部出身,都希望做一些个人能力不能企及的事业,都不太在乎物质方面的享受,家庭成员也支持他们的理念,而且他们有团队合作的精神,他们都同意他们创造的事业终将归社会。

在"复星"多元化的产业链条中,郭广昌是整个企业集团的灵魂。郭广昌是个拥有极大魄力的领导者,他情商高,能很好地整合与协调团队;梁信军曾是副董事长兼总裁,是"复星"投资和信息产业的领军人物,其口才好、反应快、精力充沛、善于沟通交流,这些几乎是"复星"创业团队公认的,曾为集团的党委书记和新闻发言人;汪群斌现为复星国际执行董事兼首席执行官,专攻生物医药;范伟掌管房地产;谈剑负责体育及文化产业,作为5人中唯一的女性,谈剑的特殊优势体现在政府公关等事务上。

[资料来源:武勇.优秀的创业团队是创业成功的法宝[J].改革与战略,2006(7):100-101.]

一、创业团队认知

(一)创业团队的内涵

1.创业团队的概念

目前,国内外许多专家学者都对创业团队的内涵进行了界定。Cooney等人认为,"创业团队是指一群积极参与企业发展且与企业之间有重大利益关系的人"。陈飞等人认为,"创业团队是指在新创企业建立前后参与企业创建过程的人"。张亮认为,"创业团队由两个或两个以上的人组成,共同对企业的发展负责,并拥有共同的财务或其他方面的义务"。丁雨佳认为,"创业团队是指在创业过程中,一些才能互补并负有共同责任、有共同的价值观、愿为统一创业目标而奉献的少数人员的集合"。综上所述,创业团队是指在企业创立过程中发挥重要作用的一群人,他们具有共同的价值观和创业目标,并一起为最终的目标实现而不断努力。

2. 创业团队的四要素

一个完整的创业团队应具有四个要素,包括人、目标、职能分配以及计划(图 10-1)。

图 10-1 创业团队四要素

(1)人

人是创业团队中最核心的部分。目标是由人来实现的,因此创业团队中人员的选择要非常慎重。一般来说,创业团队都是由一群志同道合且拥有共同的创业理念和创业目标的人建立而成的,则团队成员具有共同点是至关重要的。其共同点主要体现在创业观相同、价值观相同、金钱观相同。然而对一个创业团队而言,成员之间仅仅有共同点是不够的,还需要有互补点。

(2)目标

明确的目标是创业团队成立的基础。创业团队的建立必须有一个相对明确的目标,为团队成员指明前进和奋斗的方向。创业团队具有明确的目标后,才清楚创业方向,以及实现此目标所要付出的行动和努力。也只有这样,创业团队才明确需要什么样的机会才能准确把握商机。除此之外,明确的目标能使创业团队明晰组织需要哪方面的人才和技能,在寻找合作伙伴或是雇佣员工时都能有清晰的认识,从而按照创业团队的目标选择最合适的人才,提高团队的战斗力和综合实力。

(3)职能分配

合理的职能分配是创业团队成功的必备条件。创业团队的成员必须要有职能上的分配,即规定每个成员在创业过程中所担负的责任和拥有的权力。首先要根据每个成员的专业特长和优势确定其职责,从而保证每个成员都能最大限度地发挥自己的作用。

(4)计划

准确详细的计划是创业团队成功的前提,也是实现创业目标的保障。创业团队的成员在制订计划时要充分考虑创业企业内外部环境、企业自身优劣势等因素,其不仅要服务于创业团队短期目标,还要有利于创业企业长期战略目标的实现。另外,计划一定要具有可行性和可预见性,否则就只能是纸上谈兵,对创业团队没有任何帮助。计划不仅要确保组织目标的实现,而且要从众多的方案中选择最优方案,从而使得创业团队资源得到最合理、最有效的应用。

(二)创业团队的重要作用(图10-2)

"众人拾柴火焰高""三个臭皮匠赛过诸葛亮",这些古话都说明了团队的重要性。尤其在大学生创业中,优秀的创业团队是创业取得成功的法宝。

图 10-2 创业团队的重要作用

1. 创业初期

在创业初期,企业由于发展不成熟、成员不稳定以及根基不稳等众多原因,而存在譬如资金周转不灵、人员管理不当、关键信息缺乏等诸多风险,这势必会给企业的发展造成巨大的影响。若是处理不当,会给企业带来巨大的损失,甚至有可能会导致企业创业失败,这些都会让创业者产生巨大的压力。创业团队是由一群具有共同奋斗目标的人所组成的,他们可以共同分担创业风险和创业压力,将压力和风险不断分解,大事化小、小事化了,从而使创业项目得以落地和实施。

2. 创业成长期

在创业成长期,企业已经打好了根基且具有了一定发展规模。此时,企业需要不断提高自身竞争力来获取更深层次的发展。从本质上来说,人是具有主观能动性的,是实现企业发展的最活跃因素。其实,创业团队中的成员同企业的发展具有重大的利益关系,他们的存在及其所做的贡献能够有效推动企业的发展。因而,创业团队人员可以合理分工、互相合作,优势互补、各展所长,使创业企业能够迅速进入发展轨道,从而逐步壮大起来。

3. 创业发展期

经过了创业初期和创业成长期之后,企业就开始进入创业发展期。此时,企业各方面发展已经日趋成熟,它需要找到一个蓝海来保持自身持续稳定的发展。创业团队可以通过群策群力来不断实现自我突破,挖掘全新的市场,为企业获取长期稳定的发展和利益奠定基础。同时,创业团队也可以通过相互促进、相互制约,来保证企业健康飞速地发展。

二、创业团队组建原则

李嘉诚曾说过:"创业合作必须有三大前提:一是双方必须有可以合作的利益;二是双方必须有可以合作的意愿;三是双方必须有共享共荣的打算。"创业团队的成员通常包括战略决策者、市场开拓者、技术研发者和管理协调者,每个人所扮演的角色和发挥的作用存在差异,因而创业团队的组建需要依据一定的原则(图10-3)。

图 10-3　创业团队组建原则

（1）目标明确合理原则

创业团队是由一群志同道合的人所组成的。在相互信任、相互了解的基础上,组建具有共同理念和价值观的团队,并会据此形成创业目标。为了使得团队成员清楚知道整个企业的奋斗目标,创业目标需要明确具体,以避免大家奋斗的过程中存在歧义,或者出现盲目努力的现象。与此同时,创业目标也需要科学合理,这旨在保证创业目标的可行性和具体可操作性,从而保证目标实现的可能性。

（2）互补原则

现如今是需要相互协作的社会,单枪匹马的战斗已经很难适应社会的发展。创业者之所以会寻找队友来组成创业团队,其所主要考虑的原因就在于创业团队成员之间的互补。德国哲学家莱布尼茨曾说过,"世界上没有两片完全相同的树叶"。每个人都是一个独立的个体,具有自身所独有的特征和所长。创业团队中的成员可以在知识、能力以及资源等方面形成互补,不断实现"1+1>2"的化学效应。

（3）精简高效原则

创业团队需要吸纳和引进众多人才,但不是团队成员越多就越好。一方面,团队成员多,随之带来的花销就会增加。然而,企业在创立初期所能够支配的资金本来就有限,需要实现这些资金的最大化利用。另一方面,若创业团队中成员过多,那么在管理上会很困难。创业团队的组建除了依据精简的原则外,也需要考虑整个企业所运作的效率。若现有的创业团队已经能够保证企业的高效运作,则就不需要再吸纳人才。否则,仍然需要扩大创业团队的规模。

（4）动态开放原则

创业过程是一个充满未知性和不确定性的过程。在创业过程中,团队中的成员会因理念不符、价值观不一致以及企业发展前景等多方面原因,而选择放弃或者离开创业团队。创业团队成员的离开或者加入,会改变创业团队的人员组成结构。因而,在组建创业团队的时候,创业者应要保证整个团队的动态性和开放性。尽量吸纳那些优秀人士加入创业团队,以不断完善整个创业团队的体系结构,提升整个团队的竞争力。

三、创业团队决策

团队是人类活动普遍存在的形式,其已经被普遍地运用于人类的生活和工作之中。当今世界的大多数组织(比如政府机构、商业企业和研究机构等),在做出重大决策的时候常常都需要依赖于团队决策。团队决策是指需要充分发挥集体智慧,通过群策群力来制定决策的过程。

我们可以将团队决策的优缺点归纳如下,详情请见图 10-4。

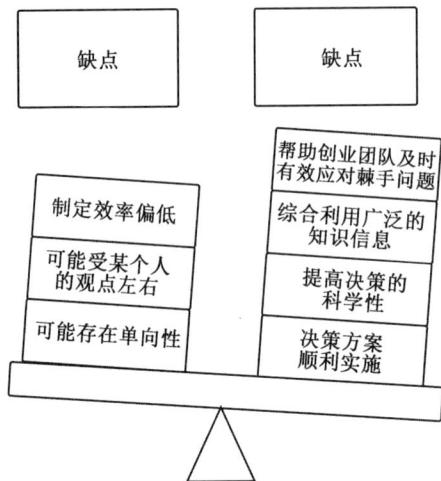

图 10-4　团队决策的优缺点

(1)团队决策的优点

第一,团队决策有利于充分发挥不同领域专家的聪明才智和相关经验,对决策问题提出建设性意见,这能够帮助创业团队及时有效应对棘手问题。通过领域专家的参与,及时发现决策方案中所存在的不足,从而有针对性地提出解决对策。

第二,团队决策有利于综合利用广泛知识信息。由于团队中的成员具有不同的背景,能够形成知识信息上的互补。他们可以通过信息共享,来获取到更多有用信息,形成更多的解决方案,不断丰富团队中的信息策略库。

第三,团队决策有利于提高决策的科学性。这主要是因为团队中的成员众多,大家可以采用集体研讨的形式,对某个问题及其解决方案展开深入讨论。通过充分发挥大家在思维方式上的差异性,来不断丰富问题解决方案,提高决策的科学性和合理性。

第四,团队决策有利于决策方案的顺利实施。由于团队中的成员具有多样性和代表性,他们会在综合考虑各方意见基础上形成某个策略方案,这是得到团队中其他成员的一致认可的。因而,在实际的实施过程中,团队决策能够容易得到各个部门的认可和支持,这有利于极大提高策略方案的实施效率。

(2)团队决策的缺点

团队决策虽然具有上述明显的优点,但也有一些不足。如果不加以妥善处理和规避,则会影响团队决策的质量。

第一,团队决策制定效率偏低。团队决策鼓励各方成员(领域专家、管理层、企业员工、客户等)积极参与其中并发表意见,力求能够得出令各方都满意的结果。但是,此过程有可能会因大家观点不一致,而导致讨论陷入无休止的争论之中,这会极大地降低团队决策的效率。

第二,团队决策可能受到某个人观点左右。在理想的状态之下,团队决策中每位成员都是处于同等地位的,大家积极发表意见并展开深入研讨。但是,在现实条件中,团队决策往往会因为某个人的观点(比如权威专家、公司老总、团队领导者等)而出现片面性。

第三,团队决策可能会存在单向性。在团队决策的过程中,管理者一般会对于自己部门相关的问题比较敏感,对于其他部门的问题则不是很关心,这样会导致其所制定的决策出现单一性。若是处理不当,则会发生决策偏离整个组织目标。

四、新创创业团队管理策略

(一)创业团队管理原则

创业团队是由一群具有共同创业愿景和创业目标的人所组成的。每个人都是一个独立的个体,具有不同的成长背景和生活经历,这会使得大家在思维模式、问题解决方法、人脉资源和行为举止等方面有所不同。在团队进行沟通的过程中,团队成员难免会因为这些差异而产生冲突。因而,我们需要依据一定的原则来有效管理团队成员。在综合考虑创业团队发展过程的基础上,密切结合在管理中可能会存在的问题,我们将创业团队的管理原则主要归纳为以下四个方面,分别为目标一致原则、责权明确原则、互相信任原则以及民主规范原则,详情请见图10-5。

1.目标一致原则

创业团队的组建本来就是基于共同的创业目标或者愿景所组成的,它是指引团队不断前进的方向灯。为了增加目标实现的可能性,需要将整个创业目标进行划分,据此形成一套完整的目标体系。在该目标体系中,针对团队的具体成长阶段,会有相应的团队发展阶段目标。尽管每个阶段的发展目标会存在差异,但是它们的目的都旨在于实现最终目标。此外,每个人对于目标的理解和认知也会存在偏差,这样其实是不利于创业团队的管理的。因而,需要通过企业文化培训或者素质拓展等活动,来规范化企业员工的目标。

图10-5　创业团队管理原则

2. 责权明确原则

创业团队在发展初期,一般会由创始者身边的亲朋好友所组成。这尽管有利于团队成员之间的沟通,但也会容易导致企业责权不明晰,阻碍企业的健康发展。而且,在团队发展初期,由于人力资源的限制会出现一人身兼多职的情况,导致没有清晰的组织体系。明晰组织体系的缺乏,容易导致团队管理紊乱的现象。权责明确有利于划清业务界限,使得大家能够各司其职。这样不仅能够加强团队成员的归属感,也能够提高团队的工作效能。

3. 互相信任原则

互相信任的原则要求团队管理者能够创造一种友好的工作氛围,不断加强团队成员之间的沟通和相互了解,促进彼此之间的相互信任。这样有助于整个团队成员能够团结一致,通过相互之间的配合来实现团队成员之间的高效合作。如果团队中的所有成员互相猜忌,则该团队就会难以进行有效合作,这会直接削弱整个团队的凝聚力和战斗力。

4. 民主规范原则

民主规范原则要求,在团队管理中能够创造一种民主、开明的氛围,并且做事情需要有相应的规章制度进行制约规范。民主、开明的企业文化,有助于鼓励团队成员展开讨论,活跃团队的工作氛围,寻求更优的问题解决方案。而且,民主、开明的文化氛围,能够鼓励团队成员主动为实现团队目标献计献策,使得大家对工作充满激情,齐心协力、共同奋进。对于规章制度来说,需要明确规定该做之事和不该做之事,这可以成为团队成员行动的底线,有利于规避不必要的团队冲突和管理上的问题。

(二)创业团队高效策略

依据高效创业团队的特征,可以将其管理策略归纳如下:

(1)设立共同的团队愿景和目标

创业团队的形成必须要有共同的愿景和发展目标,这样对于指引团队成员有积极作用。一旦创业团队具有共同的目标,那么他们的奋斗方向会更加明确,不会在奋斗的途中迷失方向。具有共同的团队愿景,能够增强团队成员的向心力和凝聚力,对于整个创业目标的最终实现是非常重要的。

(2)鼓励团队成员积极献策

正所谓:"三个臭皮匠抵过一个诸葛亮!"鼓励团队成员畅所欲言,共同为建设好创业团队来出谋划策,有利于群体智能的形成,也有利于谋求更好的解决方案。而且,这能够给团队成员提供发表言论的机会,增加他们的主人翁意识,这对于团队成员积极主动性的调动是非常重要的。

(3)让合适的人做合适的事情

让合适的人做合适的事情,这是科学用人的原则。这主要是因为不同的人所具有的优劣势是存在差异的,管理者需要充分了解团队中每位成员的特征,充分发挥他们的优势,不断提高整个团队的竞争力。

(4)引导团队成员沟通协作

团队成员的合作,对于整个企业的成功与否具有决定性的作用。团队成员之间的有效沟通和协作,对于打造高效团队是非常重要的。正所谓:"三人行,必有我师焉!"作为团队管理者,需要积极引导团队成员互相学习、经验共享,避免团队成员之间的矛盾和冲突。

（5）主动倾听团队成员意见

主动倾听团队成员意见,不仅要求团队管理者能够主动了解团队成员的想法和建议,也要求团队中各成员能够相互倾听对方建议。对于大家所存在的意见冲突,可以通过相互沟通、相互讨论,来形成一个大家相互认同的观点。

（6）需要具备一定的规范制度

规范制度的制定,可以引导团队成员的行为变现。与此同时,规范制度的制定有利于企业来客观评估企业员工的工作。其中,规范制度需要具有层次性和明确性,包括人事类制度、法律类制度、行政类制度、财务类制度、业务运营类制度。

拓展阅读

最好的创业导师是你的大学老师

大三学生刘恒走到了聚光灯的中心。他是 2016 年大学生创业英雄十强选手,也是武汉研途有家科技有限公司董事长。在创新创业的浪潮中,刘恒的成功案例代表了时代赋予的更多可能性。

如何从一个资源和经验匮乏的学生转型成为"创业英雄"？在福建三明举行的 2017 年全国大学生创业实训营上,哈尔滨奥松机器人科技股份有限公司董事长于欣龙、深度工匠创始人陈镜荣、国妆产融控股公司董事长穆振兴等数位"创业英雄"与现场学生坦诚交流。

"我的大学一定也要过得不一样"

大一第一次开班会时,刘恒就语出惊人,"大三的时候我要开 3 家公司"。话音刚落,全班同学都笑了。但是今天,刘恒已经实现了自己的目标。其中,"研途有家"项目已经估值过亿元,该项目为消费水平较高的大学生量身定制考研主题公寓,并且将相应的服务延伸到考研培训、考研自习室、考研金融、研后旅游等环节。

刘恒在大一时曾去知名校友的展厅里参观。他发现那些校友里有两个年轻人:一位在大三时创办 3 家公司,整体估值超过 8 000 万元；另一位在刚毕业时,就被一家上市公司聘请做执行副总裁。这两位校友"刺激"了刘恒。他当时就在想:"我的大学一定也要过得不一样。"

最初,刘恒也不知道如何才能实现这种"不一样"。他发传单,做商场推销员、快递分拣员,早出晚归了整整一年,积累了人脉和经验。而后刘恒成立了武汉市恒创时代文化传媒有限公司并任董事长,主营广告设计、制作、发布、代理。随后,刘恒敏锐发现了考研领域的"痛点",瞄准了武汉高校周围二手房市场。2017 年 5 月,源于自己送修手机时被骗被坑的经历,刘恒又创办了武汉银杏时代科技有限公司,主打电子产品的"共享维修"。

刘恒总结自己的创业经验时说,创业的好点子一定来源于市场的痛点。刘恒曾接触到一个防雾霾人工智能婴儿车的项目。当时刘恒选择了不投资。在他看来,雾霾天气严重时,父母更倾向于开着新风系统将孩子放在家里,而不是推着防雾霾婴儿车外出活动。他以此为例说明,市场痛点一定是"刚需",而不是伪需求。

[资料来源:胡宁.最好的创业导师是你的大学老师[N].中国青年报,2018(1).]

第三节　企业风险管理

案例导入

史玉柱的两次创业

1.史玉柱与巨人集团

史玉柱,安徽人。1989年研究生毕业后"下海",在深圳研究开发M6401桌面中文电脑软件,获得成功。1992年,史玉柱率100多名员工,落户珠海。珠海给了史玉柱的巨人集团很多照顾:高科技企业税收全免;破例审批出国;户口一时转不过来,给新办一个珠海户口。

巨人一下子发展了起来,资产规模很快接近2亿~3亿。史玉柱开始不满于只做巨人汉卡,他开始做巨人电脑,巨人电脑挣钱,但管理不行,坏账一两千万。巨人电脑还没做扎实,史玉柱又看上了财务软件、酒店管理系统。史玉柱去美国考察,问投资银行未来哪些行业发展速度最快,投资银行说是IT和生物工程。史玉柱回国立即上马了生物工程项目。其他涉足的行业还有服装和化妆品。摊子一下铺到了六七个事业部。

1993年,巨人中仅中文手写电脑和软件的当年销售额即达到3.6亿元,位居四通之后,成为中国第二大民营高科技企业。史玉柱成为珠海第二批重奖的知识分子。

当时中国人才外流现象比较严重,为了吸引外流人才回国效力,时任珠海市委书记、市长的梁广大选中了史玉柱作为"中国大学生留在本土创业"的典型。作为支持,珠海市政府曾经批给巨人一块地,巨人准备盖18层的办公楼。在大厦图纸都设计好之后,梁广大找史玉柱谈了谈,希望史玉柱为珠海争光,将巨人大厦建为中国第一高楼。巨人只有建成了中国第一高楼,史玉柱才配做全国典型。为了支持巨人建中国第一高楼,市政府批给了巨人3万多平方米土地。125元/平方米的价格等于白送。

1993年,中国经济过热发展,只要有房子就能卖掉,甚至连"楼花"都能卖掉。盖72层的巨人大厦需要12亿,此时,史玉柱手中只有1亿现金。史玉柱将赌注压在了卖"楼花"上。1993年,珠海西区别墅在香港卖出十多亿"楼花"。可等到1994年史玉柱卖"楼花"的时候,中国宏观调控已经开始,对卖"楼花"开始限制,必须投资到一个数额才能拿到预售许可证,后来越来越规范,限制越来越多。史玉柱使出浑身的宣传本事,也只卖掉了1亿多"楼花"。

盖高楼,地下部分花费最多。地下20米之后都是岩层。巨人大厦一共打了68根桩,最短的桩打了68米,最长的桩打了82米,仅打桩就花了史玉柱一亿多。

1995年,巨人推出12种保健品,投放广告1个亿。史玉柱被《福布斯》列为大陆富豪第8位。脑黄金取代巨人汉卡成为巨人新的摇钱树。1995年,仍然认为形势一片大好的史玉柱往巨人大厦地下三层又砸了一亿多元。

1996年巨人大厦资金告急,史玉柱贷不到款,决定将保健品方面的全部资金调往巨人大厦。此时,脑黄金每年已经能为巨人贡献1个多亿利润。"我可以用脑黄金的利润先将巨人大厦盖到20层,先装修20层。卖掉这20层,再盖上面的。"没曾想,保健品业务因资金"抽血"过量,再加上管理不善,迅速盛极而衰。脑黄金卖不动了。

1997年初巨人大厦未按期完工,国内购"楼花"者天天上门要求退款。媒体"地毯式"报道巨人财务危机。得知巨人现金流断了之后,"巨人三个多亿的应收款收不回,全部烂在了外面"。不久,只建至地面三层的巨人大厦停工。巨人集团名存实亡。史玉柱成为"全国最穷的人"。

2. 史玉柱与征途网络

脑白金于1998年5月份问世,由于巨人的倒下,一文不名的史玉柱个人向朋友借了50万元,带领着十几名忠实的追随者转战江浙、东北,开始再度创业的历程。

史玉柱试探性地先花了10万元广告费在江阴打市场,很快产生了热烈的市场效应,影响到了无锡。于是,他们用赚到的钱接着在无锡打市场,然后无锡也有了很好的市场反应。史玉柱开始重新树立起信心。接着他们的市场开到了南京,带动整个江苏,同时在吉林启动,很快,常熟、宁波、杭州都做开了市场。

就这样,在1999年3月,史玉柱终于在上海注册成立了一家新的公司——上海健特生物制品有限责任公司。当年,新公司的主营产品"脑白金"销售额就达2.3亿元。

对于史玉柱和他的团队来说,"巨人危机"或许是他们最大的财富,因为史玉柱从中得到的教训和对于自身的深刻认知,让他们在以后的创业中受益无穷。

2004年11月,上海征途网络科技有限公司正式成立。三四年前史玉柱就曾想过投资做网游。在进入网游之前,史玉柱曾经找来专家咨询,也曾专门拜会一些行业的主管领导。结论是,至少在8年或者更长的时间里,网络游戏的增长速度会保持在30%以上。而在史玉柱看来,国人对娱乐的需要日益增长,中国游戏玩家的比例相对也较低,增长潜力巨大。因此,史玉柱断言:现在的网游市场肯定是一个朝阳产业。

史玉柱始终认为,网络游戏的成功靠的就是:钱和人。史玉柱不缺钱,多年保健品业务积累和投资收益给史玉柱带来了巨大的资金积累。在几年前,史玉柱就曾经对网络游戏动心过,但是那时他没有游戏团队,新浪的汪延曾经告诉他,新浪之所以没做成网游也是因为缺人。

2004年,放弃大型网络游戏研发的上海盛大的一个团队准备离开盛大并希望找一个合适的投资伙伴,并在同一个台湾的投资方接触。史玉柱听说此事之后,立刻找到这个团队见面,会谈之后,史玉柱投资IT的热情再度被点燃起来,决定投资。

在正式确定后史玉柱自问:如果失败,其原因有可能来自什么方面? 一是产品,二是人员流失等。在一问一答当中,史玉柱罗列出来了十几个项目要点,也一一找到解决的方法。

初做网游的史玉柱,无法全面同对手竞争,因此制定了一个"聚焦聚焦再聚焦"的策略。征途网络只做一款产品,只选择MMORPG类中的2D领域,史玉柱声称要做"2D游戏的关门之作"。从现在的结果来看,史玉柱的聚焦策略取得了一定程度上的成功,《征途》的在线人数已经领先于直接竞争对手。

为了网络游戏的项目,史玉柱预先估计到最高可能会亏损两个亿,因此就在账上准备了两亿元人民币。但是,前期4 000万人民币投下去之后,很快《征途》就已经进入良性发展,在公测阶段便已经开始盈利。由此,史玉柱也就正式进入改变网游格局的征途。

有游戏同行直截了当地说史玉柱太另类、不按常理发牌,但同时也认为将公司广告做到央视,将脑白金的地面推广经验运用到网游渠道,也确实有创意。

史玉柱自称曾到农村去、到商店去,和买脑白金、买其他保健品的消费者聊天,了解他们的习惯、喜好。要想了解网游玩家的心理,史玉柱则省去了不少的麻烦,一方面他本人就是玩家,另一方面,他也可以非常方便地同玩家在网上交流。史玉柱玩网络游戏时,面对枯燥的打怪升级,非常不满,开发团队采纳了史玉柱的意见,增加了升级的方式。

虽然被盛大多次抢先,但是《征途》全面免费以及给玩家发工资的策略也在市场上取得了不错的成效。现在,《征途》的所有用户当中,83%的用户都是免费的,真正收费的用户只有17%。史玉柱认为,免费用户很重要,可以为自己带来人气,而收费用户在代练以及装备交易方面的市场潜力远大于普通的点卡计时收费市场。

史玉柱自称对市场调查有着更深的理解,曾经直接进到网吧里和玩家聊天。调查之后,史玉柱发现,网游和保健品一样,真正的最大市场是在下面,不是在上面。中国市场是金字塔形的,塔尖部分是北京、上海、广州这些城市,中间是南京、武汉、无锡等较大城市,真正最大的网游市场就在农村,农村玩网游的人数比县城以上加起来要多得多。

外界普遍认为史玉柱保健品成功的关键是广告,而史玉柱自称最关键的一环其实是地面推广。现在,史玉柱将在保健品上的营销经验应用到了网络游戏当中。据征途网络副总经理汤敏介绍,目前征途网络的地面办事处已经近百家,计划发展到上千家。

[资料来源:百度百科(baike. baidu. com),有删改]

一、创业风险概述

(一)创业风险的概念

一提起风险,很多人马上和失败、亏损联系在一起。其实,这是不全面甚至是错误的看法。对于风险的理解,一般有两个角度,一个角度强调了风险表现为结果的不确定性,另一个角度则强调为损失的不确定性。前者属于广义上的风险,说明未来利润多寡的不确定性,可能是获利(正利润)、损失(负利润)或者无损失也无获利(零利润);后者属于狭义上的风险,只能表现为损失,没有获利的可能性。

"风险"一词相传起源于远古的渔民,渔民出海前都要祈求神灵保佑自己出海时能够风平浪静、满载而归。现代意义上的"风险"一词,已经大大超越了"遇到危险"的狭窄含义。无论如何定义风险一词的由来,其基本的核心含义是"未来结果的不确定性或损失"。如果采取适当的措施使破坏或损失的概率不会出现,或者说智慧的认知/理性的判断,继而采取及时而有效的防范措施,那么风险可能带来机会,由此进一步延伸的意义,不仅仅是规避了风险,可能还会带来比例不等的收益,有时风险越大,回报越高、机会越大。因此,如何判断风险、选择风险、规避风险继而运用风险,在风险中寻求机会创造收益,意义更加深远而重大。

创业风险是指企业在创业过程中存在的各种风险。由于创业环境的不确定性,创业机会与创业企业的复杂性,创业者、创业团队与创业投资者的能力和实力的有限性而导致创业活动结果的不确定性,就是创业风险。

创业风险种类繁多,贯穿并交织于整个创业过程,但是这些风险具有一些共同的特征:

(1)客观性。创业本身就是一个识别风险和应付风险的过程,风险的出现是不以人的意志为转移的,所以创业风险的存在是客观的。

(2)不确定性。由于创业所依赖和影响的因素具有不确定性,这些因素是不断变化、不断发展的,甚至是难以预料的,因此造成了创业风险的不确定性。

（3）双重性。创业有着成功或失败的两种可能性,创业风险具有盈利或亏损的双重性。

（4）可变性。随着影响创业因素的变化,创业风险的大小、性质和程度也会发生变化。

（5）可识别性。根据创业风险的特征和性质,创业风险是可以被识别和划分的。

（6）相关性。创业风险与创业者的行为紧密相连。同一风险,采取不同的对策,将会出现不同的结果。

（二）创业风险的来源

从创业风险的定义中我们可以知道,创业环境的不确定性,创业机会与创业企业的复杂性,创业者、创业团队与创业投资者的能力与实力的有限性,是创业风险的根本来源。

具体来说,外部经济市场与技术环境的不确定性变化,如宏观经济的波动或产业的巨变等都是创业风险的可能来源之一。然而,更深入的研究表明,由于创业的过程往往是将某一构想或技术转化为具体的产品或服务的过程,在这一过程中存在几个基本的、相互联系的缺口,它们是上述定义中不确定性的来源之一,以及复杂性和有限性的主要来源。也就是说,创业风险在给定的宏观条件下往往就直接来源于这些缺口。

1. 融资缺口

融资缺口存在于学术支持和商业支持之间,是研究基金和投资基金之间存在的断层。其中,研究基金通常来自个人资产、政府机构或公司研究机构,它既支持概念的创建,又支持概念可行性的最初证实;投资基金则将概念转化为有市场的产品原型(这种产品原型有令人满意的性能,对生产成本有足够的了解,并且能够识别是否有足够的市场)。即创业者可以证明其构想的可行,但往往没有足够的资金将其实现商品化,从而给创业带来了一定的风险。通常,只有极少数基金愿意鼓励创业者跨越这个缺口,包括富有的个人(通常在建立公司和/或开发新产品方面有非常惊人的经验)、专门投资于早期项目的风险投资公司,以及政府资助计划等。

2. 研究缺口

研究缺口主要存在于仅凭个人兴趣所做的研究判断和基于市场潜力的商业判断之间。当一个创业者最初证明一个特定的科学突破或技术突破可以成为商业产品基础时,他仅仅停留在自己满意的论证程度上。然而,这种程度的论证后来不可行了,在将预想的产品真正转化为商业化产品(大量生产的产品)的过程中,即具备有效的性能、低廉的成本和高质量的产品,能从市场竞争中生存下来的过程中,需要面对大量困难且可能耗资巨大的研究工作(有时需要几年时间),进而形成创业风险。

3. 信息和信任缺口

信息和信任缺口存在于技术人员和管理者/投资者之间。也就是说,在创业中存在两种不同类型的人:一是技术专家,一是管理者/投资者。这两种人对创业有不同的预期、信息来源和表达方式。技术专家比较了解哪些内容在科学上是有趣的,哪些内容在技术层面上是可行的,哪些内容根本就是天方夜谭,无法实现。在失败的案例中,技术人员要承担的风险一般是在学术上声誉受到影响,以及没有金钱上的回报。管理者/投资者通常比较了解将新产品引进市场的程序,但当涉及具体项目的技术部分时,他们不得不相信技术人员。可以说管理者/投资者是在拿别人的钱冒险。如果技术人员和管理者/投资者不能充分信任对方,或者不能进行有效的交流,那么这一缺口将会变得更大,带来的风险也更大。

4.资源缺口

资源与创业者之间的关系就如同颜料和画笔与艺术家的关系。没有颜料和画笔,艺术家的构思则无从实现。创业也是如此,没有所需的资源,创业者将一筹莫展,创业也就无从谈起。在大多数情况下,创业者不一定也不可能拥有所需的全部资源,这就形成了资源缺口。如果创业者没有能力弥补相应的资源缺口,要么创业无法起步,要么在创业中受制于人。

5.管理缺口

管理缺口是指创业者并不一定是出色的企业家,不一定具备出色的管理才能。进行创业活动主要有两种,一是创业者利用某一新技术进行创业,他可能是技术方面的专业人才,但却不一定具备专业的管理才能,从而形成管理缺口;二是创业者往往有某一"奇思妙想",可能是新的商业点子,但在战略规划上不具备出色的才能,或也不擅长管理具体的实务,从而形成管理缺口。

三、新创企业的风险识别

创业企业的风险管理与一般成熟企业的风险管理在很多方面有所不同。如保险公司对创业企业的关注往往不够。在一般企业中风险防范管理的责任常常指定一个专门的管理人员。相比之下,创业企业的管理者通常就是风险预防的管理者。这使创业企业通常很难把注意力集中于风险预防管理上。由于风险不能立即得到关注,所以往往造成损失的发生。在风险防范管理的实践中,创业企业的管理者需要识别其面临的不同种类的风险,并找到处理它们的办法。

从创业者准备开始创业,风险就一直如影随形地伴随着创业企业,只有能够及时发现引发风险的各种隐患,识别创业风险,才能采取有效措施对风险进行防范管理。以下从企业家、商机、资源等三方面对创业企业各阶段可能存在的风险隐患逐一分析,创业者可对照这些问题对企业的风险状况有比较客观的认识。

1.企业家

领导层。最高领导的地位是否已经得到认可,还是创始人仍在争夺决策权或是坚持在所有决定上的平等地位?

目标。企业创始人是否共同拥有一致的目标和工作作风,或者一旦企业在起步阶段受到的压力增加时是否会发生冲突和分歧?

管理。企业创始人是否已预备对决策和控制权进行由企业行为向管理活动和权力放开方面的转变?该转变是按时期制定企业规划的必要条件。

2.商机

经济因素。对顾客的经济利益和回报是否按时兑现?

战略。公司是否仅有单一产品,并且不希望有所发展?

竞争。市场上是否有原先未知的竞争对手和替代品出现?

经销。按计划及时获得经销渠道是否存在意外和困难?

3. 资源

现金。企业是否由于没有制定企业规划(以及财务计划)而过早地面临现金危机? 就是说,是否因为没有人考虑在什么时候会缺少现金\企业所有者的资金是否已耗尽之类的问题而使公司面临危机?

时间表。企业规划的预算和时间估计数是否与实际有着显著的偏差? 企业是否有能力根据计划按时配置资源?

四、新创企业的风险防范

当需要用综合的办法来管理风险的时候,很多处于创业阶段的企业所采用的仅依靠通过购买商业保险来分散风险的方法,对一个希望健康成长的创业企业来说是远远不够的,因为它们所面临的风险远远不止这些可保风险。所以,创业企业的管理者必须了解风险的来源,并在此基础上建立一整套风险管理的程序,在需要的时候可以分别或综合地加以使用。这些程序是:

1. 预防风险

创业企业所面临的各种风险,可以用众所用知的方法使其减小,预防办法是消除可能产生风险的条件。例如,一个小企业可以采用多种方式来预防火灾,使用更安全的建筑结构,如使用防火的建筑材料、能够承受最大的使用载荷的电线;在需要的地方使用报警设施和安全门;安装一套自动喷淋系统。对其他风险也可从风险产生的环境入手进行分析,找到相应的减小甚至消除风险的办法。

2. 自我保险

明智的财务计划总是未雨绸缪,这一理念与创业企业的风险管理也是相适应的。这种风险管理方式常被称为自我保险,尽管在实际的商业运作中很难实施,因为这需要付出一定的成本。

自我保险可以采用一般方式或特殊方式。在一般方式中,企业每年必须从营业利润中拿出一笔钱作为未来可能发生损失的基金,无论风险的来源如何,其带来的损失都可从这笔基金中得到补偿。在特殊方式中,自我保险的程序是指定基金的专门用途,用于某些特定的风险损失,如财产、医疗或对职工的补偿。有些公司对风险的管理在很大程度上依赖于自我保险。自我保险的执行需要进行认真监管,以保证其利益的实现。在我国,常见的自我保险计划的领域是职工的医疗保险或其他补充保险。创业企业可以此为参照进行风险管理。

很明显,自我保险计划并不是每个创业企业都可以提供的,因为创业企业的资金状况往往并不很宽裕。据美国学者对创业小企业风险管理的研究,一个小公司必须具有至少25万美元的净值,并至少有25个人时,才有可能从事这方面的工作。当然,这并不是一个绝对的条件。当面临较大的责任风险时,企业就应该创造条件进行自我保险,除非这些创业企业在可能的损失领域都进行了商业保险,使其免于遭受较大的损失。

3. 风险分担

随着科学技术的发展、市场竞争程度的加剧,产品的生产周期越来越短,市场对产品的要求不断提高,这样企业不仅要有高水平的各类研究开发人员,还要具有优良的研究设施和成熟稳定的销售渠道。但是,创业企业的规模、企业科研实力和财力总是有限的,技术创新的能力和市场营销的能力也是有限的,要求一个创业企业在一切领域有高水平的各类人才和设备,对创业企业来说不太现实,因此,在创业过程中的许多方面寻求协作和联合是必不可少的。另外,由于创新具有较大的风险,为了加强创业企业的薄弱环节和分散创新风险,与其他企业和科研单位共同研究开发的情况也屡见不鲜。因为这样既可以极大地减少投资风险,也可以弥补大多技术型创业者管理能力的相对欠缺。市场开拓能力是决定创业企业成败的关键因素,因此,联合开发、共同营销策略不失为减少创业风险的有效途径。

无论企业性质的差异有多大,风险管理对企业来说都是一个严肃的课题,对创业企业来说更重要。过去,创业企业的失败率很高,最主要的原因是由于它们没有足够的风险管理技术,或者是其主要的管理行为对风险管理没能给予足够的重视。这种情况经过主观努力是完全可以改变的,创业企业的管理者必须在对其公司进行风险管理的过程中起到积极作用。

拓展阅读

大学生创业的风险种类

1. 管理风险

创业失败者基本上都是管理方面出了问题,其中包括决策随意、信息不通、理念不清、患得患失、用人不当、忽视创新、急功近利、盲目跟风、意志薄弱等。特别是大学生知识单一、经验不足、资金实力和心理素质明显不足,更会增加在管理上的风险。

2. 资金风险

资金风险在创业初期会一直伴随在创业者的左右。是否有足够的资金创办企业是创业者遇到的第一个问题。企业创办起来后,就必须考虑是否有足够的资金支持企业的日常运作。对于初创企业来说,如果连续几个月入不敷出或者因其他原因导致企业的现金流中断,都会给企业带来极大的威胁。相当多的企业会在创办初期因资金紧缺而严重影响业务的拓展,甚至错失商机而不得不关门。

3. 竞争风险

寻找蓝海是创业的良好开端,但并非所有的创业企业都能找到蓝海。更何况,蓝海也只是暂时的,所以,竞争是必然的。如何面对竞争是每个企业都要随时考虑的事,而对创业企业更是如此。如果创业者选择的行业是一个竞争非常激烈的领域,那么创业之初极有可能受到同行的强烈排挤。一些大企业为了把小企业吞并或挤垮,常会采用低价销售的手段。对大企业来说,由于规模效益或实力雄厚,短时间的降价并不会对它造成致命的伤害,反之对初创企业则可能意味着彻底毁灭的危险。因此,考虑好如何应对来自同行的残酷竞争是创业企业生存的必要准备。

4. 团队分歧的风险

现代企业越来越重视团队的力量。创业企业在诞生或成长过程中最主要的力量来源一般都是创业团队,一个优秀的创业团队能使创业企业迅速发展起来。但与此同时,风险也就蕴涵在其中。团队的力量越大,产生的风险也就越大。一旦创业团队的核心成员在某些问题上产生分歧不能达到统一时,极有可能会对企业造成强烈的冲击。事实上,做好团队的协作并非易事。特别是出现与股权、利益相关联问题时,很多初创时合作良好的伙伴都会闹得不欢而散。

5. 核心竞争力缺乏的风险

对于具有长远发展目标的创业者来说,他们的目标是不断地发展壮大企业,因此,企业是否具有自己的核心竞争力就是最主要的风险。一个依赖别人的产品或市场来打天下的企业是永远不会成长为优秀企业的。核心竞争力在创业之初可能不是最重要的问题,但要谋求长远的发展,就成为最不可忽视的问题了。没有核心竞争力的企业终究会被淘汰出局。

6. 人力资源流失的风险

一些研发、生产或经营性企业需要面向市场,大量高素质专业人才或业务队伍是这类企业成长的重要基础。防止专业人才及业务骨干流失应当是创业者时刻注意的问题,在那些依靠某种技术或专利创业的企业中,拥有或掌握这一关键技术的业务骨干的流失是创业失败最主要的风险源。

7. 意识上的风险

意识上的风险是创业团队最内在的风险。这种风险来自无形,却有强大的毁灭力。风险性较大的意识有投机的心态、侥幸心理、试试看的心态、过分依赖他人的心理、回避的心理等。

(资料来源:廖益,赵三银. 大学生创新创业入门教材[M].北京:北京理工大学出版社,2019.)

参考文献:

1. 廖益,赵三银. 大学生创新创业入门教材[M].北京:北京理工大学出版社,2019,
2. 詹跃明,夏成宇. 大学生创新创业基础[M].重庆:重庆大学出版社,2018.

第十一章
交通运输业案例分析

[概念界定]

交通运输业:使用运输工具将货物或旅客送达目的地,使其空间位置得到转移的业务活动。主要包括陆路运输服务、水路运输服务、航空运输服务和管道运输服务①。

[行业特点]

交通运输业的特点:运输劳动并不产生有形产品,运输过程是生产过程和消费过程同时进行的,运输劳动对自然条件的依赖性大②,具有资本密集型和网络经济型等特征。

案例 1

实施"集中战略"的创新创业之路
——以"裕民(厦门)国际船舶管理有限公司"为例

[案例概况]

裕民(厦门)国际船舶管理有限公司,成立于 2011 年 9 月。公司运营实施"集中战略",将企业的力量集中于国际航运市场拓展,创新创业主要突出企业的工务管理、海技管理和跨文化管理三个方面。裕民(厦门)国际船舶管理有限公司,以下简称为:"裕民(厦门)"公司。

裕民(厦门)公司系由裕民航运股份有限公司转投资的全资子公司。裕民航运股份有限公司为远东集团八大上市公司之一,拥有船舶总数为 47 艘,其中自有船舶 36 艘,与香港船东合资营运海岬型船舶 2 艘,以及对外管理船舶 2 艘;此外,还与其他公司合资,共同营运 30.2 万吨级超大型油轮(VLCC)3 艘及 LR1 油轮 1 艘。2018 年,裕民航运公司与巴西淡水河谷公司签订铁矿石长期运送合约,并为此合约特别订造 2 艘 32.5 万吨超大型矿砂船,将于 2020 年交船。裕民航运营运船队总载重达 659 万吨,并将持续扩充船队,维持船队船龄年轻化与市场

---

① https://baike.baidu.com/item/%E4%BA%A4%E9%80%9A%E8%BF%90%E8%BE%93%E4%B8%9A/4979250? fr=aladdin.

② http://politics.people.com.cn/n1/2016/1230/c1001-28987792.html.

优势占有率。

2009年5月,裕民航运公司因业务开展的需要,在厦门成立代表处,协助处理在大陆的船员管理业务和船舶靠泊大陆港口的相关事务,并以此为基础实施集中战略创新,抢占大陆市场。

2011年9月,由裕民厦门代表处,更名注册为厦门裕民船舶服务有限公司,开展与船舶相关的咨询服务业务。2014年11月,公司获得交通运输部批准"从事国际船舶管理业务"的经营资质,成为国内首家获得国际船舶管理资质的外资企业,公司更名为裕民(厦门)国际船舶管理有限公司,经营范围扩大,集中战略瞄准国际船舶管理业务和船舶服务信息咨询服务。

裕民(厦门)公司实施集中战略,创新拓展国内外船舶管理市场,依托裕民航运自有船队的管理经验,在工务管理、海技管理和跨文化管理三个方面进行品质提升,促使公司在国内外同行业竞争中,处于相对优势地位。

工务管理:拥有一支专业、实干的管理团队;工务工程师和船长都是公司自有培养;重视船员在船的健康保护,能为船队船员提供24小时远程医疗诊断及用药指导;建立各项船舶管理规章制度,保障船舶航行安全和营运顺利。

海技管理:利用数字化平台,运用智能安全船舶管理系统FSM,保证船队管理在最高的安全标准;使用Fleet DSS系统实时监控,确保船舶航行安全;节能减排优于业界的平均值;熟悉掌握国际、国内强制性公约法规,建立标准化、文件化、程序化的安全管理体系。

跨文化管理:招聘国内外船员,包括院校毕业生和社会船员,实行混派的船员管理制度,各船都保持一定比例的外籍船员,建立跨国语言交流的平台,能够促进实习生和甲级船员提高英文能力和熟悉跨国文化。

[案例剖析]

裕民(厦门)公司实施集中战略,创新拓展国内外船舶管理市场,是公司团队不断开拓创新的结果。在工务管理、海技管理和跨文化管理三个方面的具体做法如下。

工务管理:现有船舶管理团队中,共有甲类一等资深船长4名,甲类一等资深轮机长8名。公司注重人才培养,重点从实习生培养成长至资深船长、轮机长,且实行海、陆轮调,确保熟悉本公司船队实际操作,能精准协助船上关注各种安全措施的执行和机械设备潜在的隐患。借助投资方远东集团自有亚太医院的优势,通过电话、邮件、视讯等方式,能为船队船员提供24小时远程医疗诊断及用药指导,船上发生的各类疾病或人员受伤事件,都能及时得到专业的主任医师正确指导和及时的用药,保障了船员的身心健康,避免不必要的遣返。

建立PSC、Right hip、FSC等检查缺失检讨制度,避免类似的缺失项目重复发生;建立周报制度,针对所管理的船队,每周向公司报告船上工作安排和船舶保养进度,岸上及时给予指导、督促和支持。建立完善的交接班反馈制度,为确保接班人员快速了解船上状况,要求离船船员提前提交交接班报告,接班船员在上船前做到心中有数,上船之后对需要跟踪的项目持续跟踪。执行TOP2上船一个月回报制度,是交接班制度的进一步补充,能真实反映上一合约TOP2管理的情况和设备状况。建立完善的物料配件管理系统和设备维修保养系统,能确保船上设备的维修保养按照计划进行,合理地补给备件和物料。

同时建立了安全管理体系(SMS),并经美国船级社(ABS)认证,取得新加坡籍和香港籍船舶管理的符合证书(DOC);并实际接手管理投资方委托的13艘船舶,包括2艘载重吨为20.6万吨、8艘载重吨为18.8万吨、2艘载重吨为8.2万吨和1艘载重吨为7.7万吨的散货船。2019年4月,裕民(厦门)公司获得国家海事部门授予的"海洋船舶船员服务机构资质证书",又成为国内首家能够向全世界船东派遣船员的外资企业,为裕民(厦门)公司未来向国内外船东提供船舶管理业务奠定基础。2019年5月,为进一步规范公司的管理,提高服务品质,按照ISO9001:2015的标准,并融合DNV船员管理规则,建立了安全质量管理体系;经DNV.GL审核,取得2张DNV的认证证书,这些成绩的取得,是体现公司实施集中战略创新的很好说明。

海技管理:利用数字化平台,运用智能安全船舶管理系统FSM,收集船舶位置、全球天气状况、海盗海域、锚泊状况、机器性能及设备状况等,公司端同步显示船上主要警报,实现实时监控船舶航行,保证船队管理在最高的安全标准;与全球著名气导公司Stormgeo合作的Fleet DSS系统,实时监控全球气象、船队速度及油耗情况,更重要的是对船队计划航线上的台风、坏天气和洋流等进行分析和预报,选择最佳航线,保证船舶航行安全,以减少船舶营运造成的海洋生态系统的冲击,尤其是降低温室气体排放量及燃油消耗量,以竭尽所能地致力于环境永续性的贡献;新型船舶通过加装节能装置,有效节省30%油耗,远超过IMO发布之2025年船舶效能设计指数(EEDI)标准。

同时公司成立船队应急指挥中心,做好风险管控和应急预案,发生海事和人员受伤、设备故障时,迅速召集各部门,按事故流程进行处理;船舶内稽安排资深船长和轮机长共同执行,系统化对船舶进行全面的自检,发现的缺失,除单船矫正之外,分享给船队进行全面排查,防止船队存在类似的缺失;重点关注的船舶将安排随船稽核,协助发现存在的安全隐患,及时纠正,避免检查缺失,保证船舶安全营运。利用现代化网络技术,监控船上应急演习的有效性和真实性;必要时,在岸端视讯观看船上演习,发现演习不足之处,及时给予指导,不断提升船队演习、演练的质量。为了提升船舶管理水平,确保新造船的质量,保证主管工程师熟悉船舶的构造和性能,在新船建造初期,安排工程师前往船厂参与监造,提前3个月安排轮机长前往船厂协助监造,提前2个月安排其他管理级船员参与监造和重要设备的调试,提前1个月安排必要的船员参加试航;船队安装先进的卫星网络系统,每天限时免费提供给船员使用,实现船员和家庭的方便联系,也让船员跟公司的联系更加紧密。

公司创新团队熟悉掌握国际、国内强制性公约法规,主管机关、船级社和行业组织所建议的适用规则指南和标准,依照ISM的精神,建立标准化、文件化、程序化的安全管理体系,为公司员工提供安全的工作环境,为员工提供高标准的成长平台。船队按照公司PSC预检检查表进行到港前自查,回报自查结果,公司给予技术和资源的支持,及时纠正不符合项目,通过船岸的密切配合,使公司船队每年的PSC、Rightship和第三方检查结果,都远远优于行业平均水平,具备条件与国际知名矿商BHP、RIO TINTO、FMG、VALE等直接建立良好的合作关系,确保公司货源稳定,永续经营,这也是体现公司实施集中战略的成效。

跨文化管理:裕民(厦门)公司高度重视不同语言船员的专业能力和综合素质的培养和提升,运用双语定期安排专业训练以提升船员的综合素质。针对每年度从国内、国外(菲律宾、马来西亚等)各航海院校招募的驾驶、轮机毕业生,集中安排在厦门进行为期三周的派船前培训,内容涵盖两周的英文强化培训,并邀请新加坡高级海员工会资深船长进行全英文授课;另外安排一周的公司管理制度和文化、安全观念和知识、船上工作规范和要求、上船前注意事项等训练,由公司资深管理人员进行授课。每年度定期安排两期的高级船员训练(每年6月和12月)和一期的乙级船员训练(每年6月),组织船员以集中双语培训的方式,进行船舶和个人安全、新公约法规讲解、防污染、各项检查和船舶意外事件检讨、船员身心健康指导、保险条款、商务知识、客户内/外稽总结等方面的培训。

图 11-1 裕民(厦门)公司跨文化双语培训现场

通过聘请业界专家和公司高级管理人员亲自授课,全面提升不同语言结构船员的专业技能及综合素质。针对即将提升船长、轮机长的船员,安排前往裕民台北总公司进行为期一周的提升强化培训;对于即将提升船长的大副,也特别安排前往新加坡高级海员工会进行模拟器的实操培训,以进一步提升船长的国际航运专业能力。2019 年 4 月,公司申请并获得了国家海事局颁发的第一张外企能够向全球船东派遣船员的资质证书。

同时体现公司发展的集中战略安排,创新推进船员的全程闭环跨文化管理,公司实行混派船员管理制度,各船都保持一定比例的外籍船员,建立跨国语言交流的平台,能够促进实习生和甲级船员提高英文能力和熟悉跨国文化,提高其航运业务能力,提升不同语言船员的企业认同感和归属感,如图 11-1 所示;公司建立客观公平的船员薪资制度,加上跨文化的人文关怀和规范的船上管理,吸引并稳定船员队伍,船员回流率高达 90%以上。

[案例启示]

裕民(厦门)公司的创业创新成功,与其实施的集中战略管理举措是分不开的。所谓集中战略,是指企业将市场目标集中在某一特定的顾客群或产品系列的一个细分区域或某一特定的区域市场,在行业中很小的竞争范围内建立独特的竞争优势的一种战略①。裕民(厦门)公司创业创新,弘扬"以人为本、和谐发展"的企业文化,建立"专业、实干、和谐、进取"的管理团队。通过工务管理、海技管理和跨文化管理三个方面的集中实施,可以说是较为成功的。

---

① 袁蔚.现代企业经营管理概论.2 版[M].上海:复旦大学出版社,2015.

通过工务管理的航运高端人才培养、完善的检查制度和程序化安全体系的运行,使公司的力量集中于一点,以赢得在同行竞争中的优势。通过航技管理的提升,如:智能安全船舶管理系统 FSM、新型船舶加装节能装置、船岸检查密切配合等,使公司在较广阔领城内超过竞争对手,提高公司的收入水平和盈利水平。实施跨文化管理策略,有利于公司为不同语言船员特定细分市场,培养综合素质较高的船员队伍,增强了船员对公司的归属感和认同感,使公司具有较强的吸引力,能在同行竞争中迅速赢得品牌优势。

[案例思考]

裕民(厦门)公司作为交通运输业典型的具有船东资质的航运企业,在新船员招聘过程中,公司自己招聘新入职人员,也委托其他航运管理企业招聘。比如:2021 年计划招 100 人,公司自己直招,一般最多招 20 人,余下的 80 人,全部委托其他航运管理企业招聘。请问:裕民(厦门)公司为什么这么做呢?

案例 2

实施"纵向一体化扩张战略"的创新创业之路
——以"韦立国际集团青岛韦立国际船舶管理有限公司"为例

[案例概况]

韦立国际集团 2002 年创立,一直致力于打造一家世界一流的航运企业,是一家集船东业务、航运运营、海上转运、船舶管理、矿业开发和铁路建设于一体的综合性集团公司。集团总部设在新加坡,并通过中国北京、青岛,以及几内亚和印度尼西亚等地的分支机构为世界各地的客户提供铝土矿、氧化铝、镍矿石、铁矿石以及件杂货的陆上物流、海上物流和远洋运输服务,目前韦立国际集团也是世界最大的铝土矿海运商。旗下青岛韦立国际船舶管理有限公司于 2009 年成立,以下简称为"青岛韦立"。青岛韦立公司运营秉承集团的"开拓、创新、合作、共赢"的发展理念,开启纵向一体化扩张战略的创新创业之路,主要从提升配套服务和优化业务管控两个方面推进。

提升配套服务:2009 年成立之初,在服务韦立国际集团航运业务过程中,伴随韦立国际集团的经营范围扩张,采用纵向一体化的战略,配套服务经营自有船队,同时拓展海上物流板块船舶管理相关业务。这些船舶货物运输能力的配套支撑,为韦立国际集团在几内亚铝土矿生产运输得到保证。

优化业务管控:青岛韦立公司船队的快速发展,对岸基管理队伍的业务技能进行专业化训练,建立高业务技能的岸基队伍,更好地对船员的招聘、培训和职务晋升等环节的管控,这些举措是韦立国际集团和青岛韦立公司实施纵向一体化战略的基础。

[案例剖析]

提升配套服务:青岛韦立公司服务于韦立集团航运业务扩张,对自有船队的高质量配套服务,是韦立国际集团和公司实施纵向一体化战略的基础保障。在做好自有船舶管理的基础上,同时还拓展海上物流板块的船舶管理相关业务,使得公司拥有的船舶数量快速增加;2020 年青岛韦立公司控制和运营船只超过 100 艘,并拥有一支由 37 艘散货船组成的自有船队,其中包括 2 艘大灵便型散货船、1 艘巴拿马极限型散货船、34 艘好望角型散货船,总载重吨位达到 648.2 万吨。青岛韦立公司船队总运力目前位居全球第 17 名。青岛韦立公司的物流过驳船队拥有 8 座大型海上浮吊平台、2 座海上过驳平台,以及近 100 艘由驳船、海上拖船、港口辅助拖船、加油船和浮船坞组成的海上转运过驳系统。这些船舶货物运输能力的配套支撑,使韦立国际集团在几内亚的铝土矿生产运输得到保证。目前青岛韦立公司承担韦立国际集团在几内亚的铝土矿运输,总量超过 1.3 亿吨,供应了中国铝土矿进口量的一半以上。

优化业务管控:青岛韦立公司船员培养主要分三个阶段,即在校期间系统教育、在船期间培养和下船期间培养,同时还与高校合作进行订单培养,设立韦立奖学金等吸引航运人才。目前有签约船员 400 余人,自派船员 1 800 余人次。对庞大的船员群体进行的高效管控,优化管控业务流程,岸基管理队伍超前的储备,公司前瞻性地考察岸基管理队伍的知识结构和综合能力,对于其业务管控进行针对性培训和提升,突出其业务操作的规范性、及时性、准确性和经济性等四个环节的优化。同时青岛韦立公司坚持"关爱、担当、共享、发展"的文化理念,制定了一系列人性化管理的措施,为广大船员提供优质的人性化管理及服务;通过岸基队伍有效的业务管控,吸引了高素质和高技能的航运人才到公司工作,保证韦立国际集团的几内亚铝土矿、巴西澳洲铁矿石、东南亚煤炭等物资安全顺利营运,稳固了青岛韦立公司实施纵向一体化战略举措。

[案例启示]

青岛韦立公司的创业创新成功,与其配套韦立国际集团实施的纵向一体化扩张战略管理举措是分不开的。所谓纵向一体化战略,是指企业向原生产活动的上游和下游生产阶段扩张。该类扩张使企业通过内部的组织和交易方式将不同生产阶段联结起来,以实现交易内部化①。这是企业管理中提升自己的综合实力的一项重要决策,涉及企业内部生产经营的各个方面。在目前日益激烈的商业竞争下,多数大型企业均有一定程度的纵向一体化。青岛韦立公司坚持"关爱、担当、共享、发展"的文化理念,主要从提升配套服务和优化业务管控两个方面来进行战略扩张。

青岛韦立公司纵向一体化扩张依托韦立国际集团,并牢牢抓住服务集团的业务,主要是承担航运业务。因韦立国际集团在几内亚的铝土矿业务开采、运输等活动,其既扮演一体化战略的前一体化(生产商)角色,又扮演一体化战略的后一体化(销售商)角色,属于"自产自销"的垄断性经营,而对铝土矿这个产品的运输保障就尤为重要;这就需要青岛韦立公司的运输业务发展立足于创新,其创新的关键就是提升配套服务和优化业务管控。提升配套服务是如何保证船舶数量调配,通俗说就是管好船;优化业务管控是如何保证船舶运输货物的安全,通俗说就是管好人,以及管好人这个管理层的团队建设;这个团队也是负责统筹和管理扩张后企业内部各部门、人员之间的协调;在依托青岛韦立公司企业文化建设和韦立国际集团品牌建设过程中,逐步积累提升这一创新创业团队的管控水平。

---

① 司佳.纵向一体化战略对企业经营绩效影响的实证分析[D]。北京:北京对外贸易大学,2015.

[案例思考]

青岛韦立公司隶属于的韦立国际集团,在几内亚召集工人开采铝土矿,为当地带来了10 000个就业岗位。为了确保这里铝土矿能畅通抵达港口,被青岛韦立公司的船队顺利运输出去,韦立国际集团在铝土矿山和港口之间,帮助当地修建了126千米的铁路。请问这一行动,是否与其创业的纵向扩张性战略的实施相关?

第十二章
先进制造业案例分析

[概念界定]

先进制造业:是相对于传统制造业而言,指制造业不断吸收电子信息、计算机、机械、材料以及现代管理技术等方面的高新技术成果,并将这些先进制造技术综合应用于制造业产品的研发设计、生产制造、在线检测、营销服务和管理的全过程,实现优质、高效、低耗、清洁、灵活生产,即实现信息化、自动化、智能化、柔性化、生态化生产,取得良好经济收益和市场效果的制造业总称[①]。

[行业特点]

先进制造业的特点:主要有广泛应用先进制造技术和采用先进制造模式两大特点。表现为信息技术与其他先进制造技术相融合,制造过程的系统化、集成化和信息化;实现数字化设计、自动化制造、信息化管理、网络化经营等[②]。

案例1

实施"差异化、低成本和品牌领先战略"的创新创业之路
——以"江苏鑫海高导新材料有限公司"为例

[案例概况]

江苏鑫海高导新材料有限公司,以下简称"鑫海高导",成立于1987年,为江苏省高新技术企业、镇江市重点规模企业、镇江市企业技术中心,是一家从事铜导体材料的集研发、设计、制造、销售于一体的专业生产厂家,是目前国内产业链较为完整的综合铜导体产品加工、销售企业之一。公司位于江苏省丹阳市,占地面积为70亩,建筑面积约34 500平方米,员工有400多人,公司注册资本为1.1亿元人民币,总资产约5亿元人民币,现有国际先进、国内一流设备300多套。公司主要生产:无氧铜杆、光亮铜杆、铜线丝材、合金复合铜线丝、束线、绞线、超细

---

① https://baike.baidu.com/item/%E5%85%88%E8%BF%9B%E5%88%B6%E9%80%A0%E4%B8%9A/1366031

② http://www.amdaily.com/

电子铜丝材、新能源汽车线、光伏、电线电缆用高性能导体材料,涵盖了深加工全流程,形成了一体化的产销模式;产品广泛应用于新能源汽车、先进轨道交通、电力装备、新一代信息技术、国防军工、国家智能电网、太阳能光伏发电等行业。截至 2019 年,鑫海高导持续交易全国客户有 729 家,新增销售达 9 632 万元,平均每增加一家客户就增加 1 200 万元销售额。鑫海高导占领市场主要实施差异化战略、低成本战略和品牌领先战略。

差异化战略:主要体现在产品差异化和服务差异化两个方面。鑫海高导当前在铜导体市场中占有率并不高,并非行业领先企业,在市场竞争中面临着产品同质化现象严重的问题,进一步产生了价格竞争激烈的问题,影响了鑫海高导整体的发展。产品差异化是区别鑫海高导生产的铜导体产品与其他竞争对手产品的方式之一。鑫海高导当前客户集中程度进一步增加,这对于鑫海高导而言是一把双刃剑。一方面,鑫海高导客户规模不断扩大,提升了鑫海高导的销售收入;另一方面,客户集中增加了鑫海高导经营的风险。其次是服务的差异化,主要包括送货、安装、顾客培训、咨询服务等因素。

低成本战略:主要体现在规模化生产和企业信息化管理两个方面。根据鑫海高导近几年成本的变化趋势来看,劳动力成本、电力能源成本、水资源成本等因素仍在继续推高公司的成本曲线;要提高公司的竞争力,就要适当地降低企业的生产成本,减少资源的浪费。铜导体生产作为工业生产,规模化生产的程度越高,越有利于降低企业的生产成本,提升生产效率。鑫海高导注重互联网信息技术的建设,推动企业信息化管理,也提升了鑫海高导内部的沟通运营效率。

品牌领先战略:主要体现在明确的品牌定位和加强品牌推广两个方面。在鑫海高导主营的铜导体市场中,鑫海高导面临着国内外激烈的市场竞争。鑫海高导能够在激烈的市场竞争中取得成功,首要战略举措在品牌形象的树立方面,花费大量的资源,品牌形象的树立对于鑫海高导而言有着十分重要的作用。鑫海高导在树立品牌形象的过程中,开辟与客户和消费者的沟通平台,以此来获取最新的市场信息。

[案例剖析]

鑫海高导的发展定位是成为江苏、长江三角州地区乃至全国的铜产品生产龙头企业。鑫海高导依托长江三角洲地区的有利条件,建立企业铜导体研发中心,购置相关仪器设备,围绕铜导体产业相关的共性技术、科学合理的工艺设计,在国内精选生产设备,避开国内现有生产厂家生产的大众产品,通过技术改造与创新,包括熔炼技术创新、铸造技术创新、退火工艺技术等进行攻关。努力将公司产品做到高精度、高科技含量,将市场拓展到海外,力争将公司发展为铜导体生产加工企业的十强之一。鑫海高导创业创新的成功,在发展战略上,重点突出差异化战略、低成本战略和品牌领先战略。

差异化战略:对鑫海高导而言,要实施差异化战略,需要从产品角度和客户角度实施差异化。鑫海高导正视产品同质化这一严重现实问题,通过引进国外先进生产技术、自主研发等方式,生产高导体材料,提高铜导体的深加工和细加工,通过生产质量更好的铜导体产品,与市场上其他竞争对手的产品形成差距,以质量取胜。图 12-1 显示鑫海高导当前主要的铜导体线材产品,是当前鑫海高导销售的最主要的产品类型[①]。在发展过程中,鑫海高导加大推动产品差异化策略的实施,并以现有产品为核心,即无氧铜杆、无氧光伏铜杆等为主要方向,进一步细分

---

① 鑫海高导官网,http://www.js-xinhai.com

产品,拓宽服务领域,实现在大方向稳定基础上的多元化。通过增加新的产品类型,满足客户更加个性化的需求。此外,鑫海高导通过自主研发等方式,开发新的铜导体产品,不断发展企业的相关产品类型,从而更好地提高公司的市场竞争力。客户集中程度较高,使得客户在鑫海高导销售收入所占比重进一步上升,客户对于鑫海高导的讨价还价能力增强,鑫海高导在价格定价方面面临着较大的压力。如果出现大客户流失的情况,不利于鑫海高导的稳定、持续经营。在服务好当前客户、增加当前客户销售收入的前提下,也要积极地开拓新的客户,实现客户差异化发展,降低因为客户过于集中而造成的经营风险。

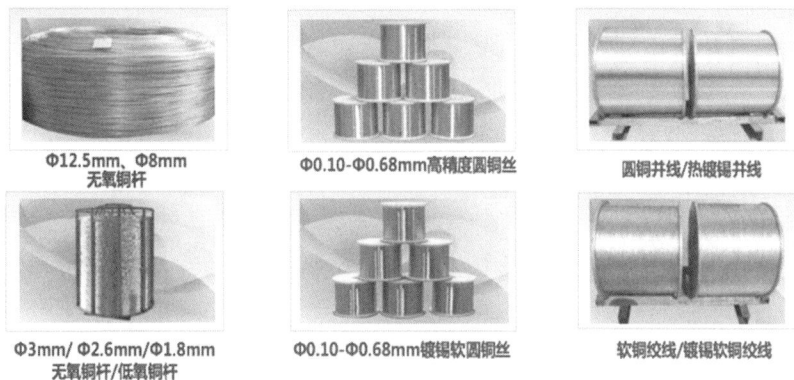

图 12-1　鑫海高导现有主要产品展示图

低成本战略:主要体现在规模化生产和企业信息化管理两个方面。鑫海高导在发展的过程中,加强生产管理释放先进产能,充分发挥生产线的生产能力,实现规模效益。鑫海高导近年来,先后引进上引法连铸机组(国际先进芬兰技术)、国际领先的德国尼霍夫多头拉丝设备组等配套设备 300 套,这些生产设备能够大大提高公司铜导体的生产效率,更好地实施规模化生产,降低生产成本,提高鑫海高导的竞争力。信息化管理的具体措施是建立企业营销型网站,客户可查看公司的情况以及产品的详细信息,同时可以在线沟通,加快客户与公司的沟通效率。建设内部网站,在网站中将现有的产品生产流水现场(如图 12-2 所示),同步传送到与客户对接的平台中去,使得客户能够及时便捷地了解产品质量的相关信息。

图 12-2　鑫海高导无氧铜材自动化拉丝作业车间

品牌领先战略:主要体现在明确的品牌定位和加强品牌推广两个方面。鑫海高导在进行市场竞争的过程中,早在项目建设初期,在总结国内金属加工经验的基础上,就把战略目标确立为创建国内卓越金属加工企业。鑫海高导在发展的过程中,通过实施加工生产规模化、技术装备现代化、队伍专业化和管理手段信息化,提升了鑫海高导的品牌价值。通过设计《鑫海高导企业形象手册》和制定《鑫海高导员工行为守则》来整合和规范鑫海高导的行为形象。通过广告媒体等方式,例如电视广告、互联网广告、户外广告、宣传手册等方式,推广和宣传鑫海高导的企业品牌。

[案例启示]

鑫海高导公司的创业创新成功,主要突出了其发展战略定位和产品创新研发,以及品牌创建的创意方面。发展战略定位重点突出差异化战略、低成本战略和品牌领先战略的实施。鑫海高导通过市场选择、市场细分、市场定位等方式,明确鑫海高导公司当前的目标市场,并且针对目标市场合理选择客户,科学制定差异化的客户服务策略;通过创新研发新产品,改进生产加工工艺和流程,规模化、集成化、节约化的生产,包括新能源汽车、电力电缆、光伏等辅助产品配套材料,有效地降低了生产加工成本,为公司赢得了价格上的相对优势[①];充分利用互联网信息技术来发展企业,创意生产线平台的网络在线观摩,让客户放心,同时也对公司品牌做了很好的宣传和推介。通过这些措施,能够更好地确保鑫海高导市场竞争力的不断提升。

[案例思考]

鑫海高导正在建设物流仓储厂房、创新扩建分厂,同时收购其他电线电缆工厂等,这些举措与公司发展实施的哪些战略相关?

案例2

<h3 align="center">实施"横向一体化扩张战略"的创新创业之路</h3>
<h3 align="center">——以"大连奥晟隆新材料有限公司"为例</h3>

[案例概况]

大连奥晟隆新材料有限公司成立于2017年7月24日,以下简称"奥晟隆",是辽宁信德化工有限公司的全资子公司。公司位于辽宁省大连长兴岛经济区西部化工产业园。注册资本为5 000万人民币。公司主营锂电池负极包覆材料、碳纤维材料、碳纤维、碳纤维复合材料等产品的研发、生产和销售。母公司辽宁信德化工有限公司成立于2000年,是辽宁省高新技术企业,在锂电池负极材料生产方面拥有自主技术,其产品在2014年被授予"辽宁省精新特产品奖"。

近年来,为了应对全球性日益严重的环境气候问题,各国纷纷提倡并开发节能环保的新能源、新材料。锂电池作为新能源汽车主要部件,在我国政府大力支持和引导下蓬勃发展。锂电池相关产业也迅速扩张。奥晟隆公司主营锂电池负极材料的包覆材料,包覆材料属于锂电池负极材料的主要材料,对负极材料进行包覆后可提高锂电池的导电性、电池容量、充放电次数等性能。目前,奥晟隆公司产品供不应求,市场前景广阔。为了增加市场供给、扩大产能,2017年公司选择在大连长兴岛筹建大连奥晟隆新材料有限公司。奥晟隆公司成立后,采用横向一体化扩张的发展战略,在不足三年的时间内,迅速发展壮大。主要表现在:生产销售扩张、技术

---

① 张小芳.鑫海高导发展战略研究.南京大学 EMBA 学位论文,2019,11

创新扩展和客户类别扩展三个方面。

生产销售扩张:奥晟隆公司抓住新能源汽车的发展政策,果断决策建设新厂,并快速投产,在生产和销售上进行扩张,目前锂电池负极包覆材料年产增加到 2 万吨,销售产值提升到 4.5 亿元;并在产品的上游和下游进行生产和销售扩张,其中上游产品包括中间相沥青、中温沥青、古马隆树脂三个类别,下游产品包括沥青基碳纤维的四期阶段性项目。

技术创新扩展:奥晟隆公司在发展过程中,积极进行技术创新,不仅生产原有新能源汽车配套的锂电池负极包覆材料,还依靠技术生产上游产品:中间相沥青、中温沥青、古马隆树脂,以及下游产品:碳纤维复合材料、活性炭纤维及其制品、石墨材料及碳材料;并进行炭纤维新产品研发、制造、技术转让、技术服务等。

客户类别扩展:奥晟隆公司的锂电池负极包覆材料,前期的客户群体主要是国内的汽车制造企业;通过技术创新和拓展,碳纤维复合材料、活性炭纤维及其制品、石墨材料及碳材料等,有一部分出口到国外的需求商,包括技术转让等,客户群体的类别扩展较为迅速。

[案例剖析]

奥晟隆公司创业之初,主导生产新能源汽车锂电池负极包覆材料,在发展的过程中,注重产品技术研发和创新,发展战略是采用横向一体化扩张的模式,增加生产和销售,让产品和技术走向海内外。具体如下:

生产销售扩张:奥晟隆公司抓住阶段宏观环境和行业微观环境较好的有利时机,国家推进新能源汽车的发展政策,对于自身企业有较为客观的认识,并能准确评估市场的风险和收益,果断决策建设新厂,并快速投产,在生产和销售上进行扩张。公司项目计划分四期进行。一期为《年产 2 万吨锂电池负极包覆材料》,项目于 2017 年 9 月开始动工筹建,占地面积为 72 亩,总投资约为 1.5 亿元人民币。锂电池负极包覆材料产量为 2 万吨,并扩充技术员工人数 200人左右。公司现有负极包覆材料生产技术已申请专利,产品性能优异,市场份额不断扩大,产品销售份额达到负极包覆材料国内行业的 70%。向上游原材料行业扩张筹建《中间相沥青、中温沥青、古马隆树脂》二期项目,占地面积为 72 亩,总投资 1.3 亿元人民币。项目于 2020 年建成,积极向下游扩张。计划三期《沥青基碳纤维项目一期》、四期《沥青基碳纤维项目二期》项目,三期和四期项目占地面积为 144 亩,总投资分别为 1.6 亿元和 1.9 亿元人民币。公司四期项目预计于 2021 年全部完成,届时可取得良好的社会效益和经济效益。

技术创新扩展:奥晟隆公司在发展过程中,积极进行技术创新,新能源汽车配套的锂电池负极包覆材料,性能优异,可完全替代同类进口产品,得到了下游客户的好评和认可。公司围绕技术创新展开推进,涵盖了锂电池负极包覆材料的生产上下游产品,如:中间相沥青、中温沥青、古马隆树脂,如活性炭纤维及其制品、石墨等材料;典型的活性炭纤维产品广泛应用于空气净化、污水处理、医疗防护等方面(如图 12-3 所示)。奥晟隆公司对碳纤维的研发、制造等,面向市场进行一定范围的有偿技术转让和相关技术服务等。

客户类别扩展:奥晟隆公司十分重视产品质量,坚持"信立业,德为本,提供顾客满意产品;求发展,谋改进,打造一流信德品牌"的方针,严把产品质量关。在生产经营过程中,公司处处体现以顾客为关注焦点,以良好的信誉、过硬的质量和优质的服务建立了与客户的良好合作关系,为公司实施横向一体化战略、顺利扩展客户类别奠定了基础。在技术和服务上,为解决客户在使用产品中出现的各种问题,成立专门的技术组,对客户反应的问题及时处置并回复,获得广大客户的一致认可和好评,并在同行业中以先进技术持有者、规模产量、产品质量稳定等优势,保持了客户数量的稳定增长,并延伸至国外。

图12-3　大连奥晟隆新材料有限公司碳纤维展示

[案例启示]

奥晟隆公司的创业扩张过程,是与其准确把握市场动向分不开的,其横向一体化发展,紧紧抓住了国家宏观层面推广的新能源汽车市场,并积极创新技术革新,为期生产配套的锂电池负极包覆材料。同时,为了规避产品单一化的市场经营风险,公司不断地完善组织构架、制度流程及配备高端管理人员,不断地提高公司治理水平,注重技术研发的创新和技术输出服务;并在公司扩张发展过程中,用地和资金方面得到了当地政府的支持,形成了多产品的综合能力,产出规模提升,产品质量的市场竞争占有技术先进性优势,同步扩展了客户类别[1]。汇天下同行,创百年传承,奥晟隆公司致力于做大做强,成为一流的信德品牌,依靠的就是不断向新领域、新市场开拓的创业创新精神,依靠的就是用专业的产品和优良的服务,满足不同顾客群体日益增长和不断变化的需求,最终形成了优异的绩效回报顾客、吸引顾客,以优厚的待遇回报员工,吸纳高技术高层次研发创新人才,稳步推进公司横向一体化扩张进程。

[案例思考]

大连奥晟隆新材料有限公司在其企业组织框架中,质量品控和研发两个部门列在较为核心的位置;同时公司花重金购置先进的产品检测仪器,并在面向市场高薪招聘研发技术人才。请思考:公司这一举动会给企业发展带来哪些后续影响?

---

① 韦丽红.论横向一体化的动因:条件及实施路径[J].大众科技,2011(12)。

第十三章
新兴旅游业案例分析

[概念界定]

新兴旅游业是相对于传统旅游业而言的,是以设置不同主题或概念元素体验终端吸引游客消费的服务组织集合体。这类集合体服务主要突出游客自主选择和个性彰显的参与方式。按赋予的主题、概念元素或功能划分,企业组织类型主要包括文化品质、生态观光、休闲度假等。

[行业特点]

新兴旅游业具有综合性、依托性、敏感性、服务性和劳动密集型的特点①。这类能吸引游客消费的服务组织集合体,所提供的(旅游资源、旅游设施和旅游服务)产品,具有典型的价值化、品牌化、生态化、服务化的商品属性。

案例 1

实施"区域协同战略"的创意创新发展之路

——以"南京秦淮风光旅游股份有限公司"为例

[案例概况]

南京秦淮风光带水上游览有限公司成立于 2006 年,位于 AAAAA 级旅游风景区——南京夫子庙秦淮风光带的核心位置,游览线路集古迹、园林、市街、楼阁和民俗于一体,享有"中国第一历史文化名河"的美誉。

2017 年 9 月,公司正式完成股份制改造,更名为南京秦淮风光旅游股份有限公司,并于 2017 年 12 月 29 日在新三板挂牌上市。这是南京市秦淮区第一家上市的国有企业,也是上市企业中第一家从事旅游的国有企业,具有里程碑意义,以下简称"南京秦淮"。

公司自成立以来,着眼秦淮河水上游览这一旅游产业,刻苦深耕,年接待游客 120 万人次,年营业收入近 1 亿元,在行业内取得了骄人的业绩,"夫子庙游船"也因此成为南京市旅游行业的一张名片。公司秉承"以人为本""规范经营"的管理体系,组织机构健全,规章制度完善,

---

① 何丽芳,陈芳等.旅游概论.1 版.湖南:湖南大学出版社,2014。

曾先后被评为"国家青年文明号""江苏省价格诚信单位""南京市三信三优企业""中华旅游名牌企业""旅游市场宣传促销十佳单位""南京市工人先锋号""南京旅游业协会导游分会"等荣誉称号。

随着公司规模的扩大及业务的不断拓展,公司寻求多元化发展路径,致力于丰富和延伸秦淮文化特色和品位,做大做强夫子庙地区文化旅游产业,时刻为登陆主板市场做好充分的准备。公司主要采用区域协同的发展战略,具体表现在票务营销、文创制作和品牌整合三个方面。

票务营销:公司除传统售票点外,还与网络电商平台合作,通过其代理销售公司船票;与大报恩寺、中山陵、总统府等旅游管理部门票务合作,设置一定的优惠;与户外平面媒介合作,优化户外平面广告牌设置等。

文创制作:公司在文创产品制作、景点包装、美化亮化方面与市容建设部门合作;与秦淮礼物以及茶艺等机构合作,打造推出具有匠心的"古秦淮"产品,吸引顾客登船观光消费。

品牌整合:公司立足于夫子庙景区,与夫子庙旅游集团合作,进行区域品牌一体化整合包装,将游客的观光、购物、美食、休闲等活动,赋予南京秦淮品牌的内涵和特色。

[案例剖析]

南京秦淮公司由传统的旅游公司,通过转变观念、服务模式实现"等客来—引客来"的扭转,通过企业管理革新,优化发展战略,成功实现传统旅游业向新兴旅游业转型,与其敏锐采用区域协同的发展战略是分不开的,主要在票务营销、文创制作和品牌整合三个方面实现跨越式协同转型。

票务营销:公司在保留传统售票点服务的基础上,不再"等客来"登船,而是投入资金,瞄准网络电商平台,利用"互联网+"代理销售船票,实现"引客来"登船消费;在合作方式上,采用较为灵活多样、为游客提供便捷的购票登船服务。与大报恩寺、中山陵、总统府等旅游管理部门票务合作,但不停留于浅表的优惠票务,而是安排无缝化的对接服务,安排专线车辆接送游客往返于景区之间。与户外平面媒介合作,对户外平面广告牌进行特色设计,安放与更新等都进行优化处理,展示位置经常性调整,展示自助购票路径的图案,引导游客自助登船游玩等。

文创制作:公司在文创产品制作方面,为了避免市场的同质化现象,可谓费尽了心思,从敞篷普通画舫升级到豪华秦淮画舫多种船型的整体包装,船载 WiFi 配备的温馨提示等,都带有浓郁的南京秦淮特色;在夜泊秦淮、古桃叶渡、秦淮水亭、萃苑长廊等景点进行别致包装;同时与市容建设部门合作,将文源、平江、镇淮、朱雀、武定、二水、浣花、玩月等桥梁进行文创设计亮化;将特色水上舞台、七彩水街等进行包装美化;将李白、李香君、徐辉祖等人物雕像和诗词碑廊等建筑进行复古修复;整治疏通河道,开通西五华里航线,实现十里秦淮全面贯通;突出泮池照壁经典景观(如图 13-1 所示)。与秦淮礼物公司合作,打造推出具有匠心的"古秦淮"产品,并为游客定制个性化的伴手礼品,根据游客的需求,邀请茶艺公司登船,以及酝酿美食公司登船等,吸引顾客登船观光消费等。

图 13-1　南京秦淮泮池照壁展示图

品牌整合：公司立足于夫子庙景区，与夫子庙旅游集团合作，进行区域品牌一体化整合包装，提升江南贡院、大报恩寺、中华门城堡等建筑的品质内涵；整治夫子庙景区的旅游市场商家，规范其经营管理，推出秦淮品牌的内涵和特色主题的观光、购物、美食、休闲等活动，如深度发展秦淮灯会，逐步改变展会的单一季节性展出，形成主题灯会与游船观赏之间的互动与反哺。并与会展组织单位合作，推进商务深度游；尝试与婚庆公司合作，邀请新娘新郎登船，推出创意创新水上游览的衍生项目。公司积极主动干预，并科学实施秦淮特色品牌整合的举措，强化南京秦淮公司自身的造血机能，提升游客观光游览消费的满意度，培养回头客①，增加营收项目，提升公司抵御市场单一化经营风险的能力。

[案例启示]

纵观全国水域旅游项目，主要营收项目均来自出售门票，这类旅游企业依托当地自然资源对游客的吸引，一旦吸引热度下降，将会对经营模式单一的公司带来风险。南京秦淮公司在发展过程中通过不断创新，成功转型为新兴旅游型企业，与采用区域协同的战略是密不可分的。公司经营的水上游船观光游览业务，受季节性因素的影响较为明显；一般而言，天气晴朗、气温适中的春秋两季是游船观光的旺季；春节、五一小长假、十一黄金周等法定节假日，以及寒暑假等是游客出行的高峰期；但阴雨天气、寒冷的冬季会显著影响公司游船观光业务游客数量；受上述诸多因素的影响，公司的经营业绩都存在波动的风险。

公司在票务营销不再"等客来"登船，而是主动与网络电商平台合作，利用"互联网+"推手销售，实现"引客来"；采用较为灵活多样的票务合作方式，与非同质化竞争的旅游管理部门对接，招揽中山陵、总统府等景区的游客，为其提供无缝化的对接服务；同时注重户外平面广告展示的创意创新设计，做到实时更新；针对散客、旅游团体、本地游客进行差异化营销。

积极探索文创产品制作，从豪华秦淮画舫多种船型的匠心设计，到整体别致包装夜泊秦淮、泊秦淮、秦淮水亭等景点；与市容建设部门合作，亮化景区文源、平江、镇淮等桥梁的文创设

---

① 顾芳芳.基于游客满意度的夫子庙秦淮风光带旅游发展研究.南京师范大学硕士学位论文,2012,05。

计;复古修复古建筑群,整治疏通河道,十里秦淮全面贯通,名副其实;与秦淮礼物公司合作,为游客定制个性化的伴手礼品,针对游客多样化消费偏好,对接茶艺公司登船,下一步酝酿美食公司登船等,满足游客在船消费需求。

品牌整合走出去与夫子庙旅游集团合作,进行区域品牌一体化整合包装,提升景点的品质内涵;整治景区商家,规范其经营管理,推出秦淮品牌的内涵和特色主题的观光、购物、美食、休闲等活动;多样发展秦淮主题灯会、推进商务深度游,推出具有秦淮特色的水上游览衍生项目等举措,提升了企业自身的造血机能,提高了游客观光游览消费的满意度。

[案例思考]

2018年3月,国内首艘"绿色动力"游船"永熙号"在南京下水试航,被南京市交通局列为服务民生十大重点项目,成为国内首家将锂电池运用到小型游船的试点单位;同年10月的世界名河论坛上,与法国巴黎Beecie游船公司现场签约,推动了世界名河间的交流合作。请思考:该公司推出这两项活动,给后期的票务营销能带来促进作用吗?

案例2

实施"品牌营销战略"的创意创新发展之路

——以"江苏瘦西湖文化旅游股份有限公司"为例

[案例概况]

江苏瘦西湖文化旅游股份有限公司,以下简称"江苏瘦西湖"成立于2006年8月,是扬州市蜀冈-瘦西湖风景名胜区管理委员会下属企业,2016年4月20日完成公司股份制改造,2017年5月9日正式挂牌新三板。

江苏瘦西湖公司目前共有各类性质职工近200人,豪华游艇、豪华画舫、生态画舫、电瓶船、摇橹船、自驾船等各类大小船只260艘。公司自成立以来,先后获得"全国三八红旗集体""全国巾帼文明岗""全国工人先锋号""全国职工教育培训示范点""江苏省优质旅游服务品牌""创先争优·争创群众满意的先进基层党组织""江苏省先进基层党组织"等众多荣誉称号。

江苏瘦西湖公司通过品牌营销战略的实施,转型升级为新兴旅游企业,其做法是注重品牌价值的提升,具体表现为:开发旅游产品、打造特色品牌和提升团队素质三个方面。

[案例剖析]

江苏瘦西湖公司在转型过程中,坚持强化"以游客为中心"的经营和服务理念,满足中外游客对"扬州水上旅游"的向往。实施品牌营销战略的突破口就是创意展示"瘦西湖船娘"形象,经过创新实施,目前已成为在全省乃至全国都叫得响的特色旅游服务品牌,被誉为"流动在瘦西湖上的扬州名片";2019年船娘班共接待游客40余万人次,服务收入2 000余万元,实现了经济效益、社会效益、品牌效益的多丰收。以下就开发旅游产品、打造特色品牌和提升团队素质三个方面的做法进行剖析。

开发旅游产品:古运河作为一条与扬州城同生共长的河,见证了扬州的繁荣与历史沧桑,两岸历史建筑和人文景观众多,江苏瘦西湖公司抓住这一自然资源和历史文化资源进行创新,先后开发出瘦西湖乾隆水上游览线、古运河水上游览线、绿杨城郭水上游览线、瘦西湖—宋夹城水上游览线、京杭之心—高邮湖大运河水上游览线等水上旅游产品;通过古运河画舫船这几年的经营,古运河风光带焕发了勃勃生机,成为扬州旅游的一大亮点,乘船游览古运河,方式多样,既可以散客购票游,也可以商务包船游。

经过不断的创新经营,江苏瘦西湖公司已经形成了包括休闲观光、租赁自驾、水上巴士、特色船宴、水上婚礼、商务会议等一整套旅游产品体系;同时,随着现代人对于旅游更加多样性、个性化的需求,也在不断开发打造新的水上旅游产品;下一阶段,江苏瘦西湖公司将不断优化配套服务设施、开发新型旅游产品、优化旅游服务、打造特色品牌、延伸旅游产业链、丰富经营业态,不断推动公司高质量发展,由"内河"走向"运河",由"运河"走向"长江",推动公司各项经营管理服务工作再上新台阶。按照以创造性探索推动高质量发展,把人们心目中的扬州建设好,满足世界人民对扬州的向往的要求,将重点围绕运河文化带扬州段的旅游开发和利用,谋划开通东关古渡—三湾公园—瓜州古渡运河水上巴士线路;设计、开发和销售"运河文化"主题文创产品;常态化举办古运河花船巡游活动等。这些产品多样化的呈现,提升了水上旅游服务品质,满足了游客的不同层次的需求,也提升了公司的品牌价值。

打造特色品牌:多年来,江苏瘦西湖公司坚持创先争优,战略定位的重点是聚焦打造"瘦西湖船娘"特色旅游服务品牌,"外树形象、内强素质",开展形式多样的教育培训和软实力提升行动,努力把"瘦西湖船娘"打造成为优化发展环境、服务人民群众、展示扬州旅游形象的示范窗口,为公司吸引更好的游客,提高经济效益。具体做法如下:

塑造新思想的船娘,创大学生就业新风之先。1994年,景区重新组建船娘班。2009年,景区首聘"大学生船娘",党支部以"把优秀的船娘培养成大学生,把大学生培养成优秀的船娘"为目标,广泛开展学习培训、岗位练兵、技能竞赛等活动,船娘队伍整体素质得到了进一步提高。

塑造新素质的船娘,争旅游业窗口服务之优。从普通话的培训到扬州历史文化的学习,从扬州小调、清曲到扬州评话、琵琶演奏,做到能进行外语讲解,甚至连化妆和游泳也是船娘们的必修课;并定期开展船娘业务技能大比武活动,提升了船娘队伍的业务水平和操作技能。

塑造新追求的船娘,树新时期岗位建功之范。2012年年初,扬州瘦西湖船娘党支部正式获批成立。党支部进一步深化创先争优,提出了以"百舸争流——做新时代的船娘"为主题,努力把瘦西湖船娘党支部建成优化发展环境、服务人民群众、展示扬州旅游形象的示范窗口。船娘党员们主动带头,设立党员先锋岗、党员示范窗口,党员团员结成对子,掀起"比学赶帮超"的热潮;开展"工作争一流、服务争一流、业绩争一流"的岗位争先活动;广泛开展各类志愿服务活动,将"瘦西湖船娘"形象成功打造成全国知名的特色旅游服务品牌,被誉为"流动在瘦西湖上的扬州名片"。

提升团队素质:能力素质对于任何个人、任何企业、任何行业的发展都是至关重要的,江苏瘦西湖公司团队职工的能力素质提升,不是一劳永逸的,更不是一蹴而就的,随着游客需求更加多元化,必须持续提升、不断扩容。江苏瘦西湖公司充分利用"全国职工教育培训示范点"平台,持续深化职工学习教育培训工作,努力提升团队服务水平,给游客带来更好的游览体验。具体做法如下:

继续对接好扬州市职业大学、扬州广电等单位,定制个性化培训教育课程,组织开展接待礼仪、常用英语、游客心理学等培训,提升职工自身素质和为游客服务水平;结合现阶段游客游览过程中的新需求,创新开展琵琶弹奏、瑜伽塑形、经典诵读等特色培训课程,引导和鼓励职工将琵琶弹奏、茶道表演、诗词诵读等小型演艺项目充分运用到实际工作中,创新团队服务形式与内容,给予游客更加丰富多样的游览体验。

组织团队中层干部、班组负责人及骨干职工赴外地同行学习，实地观摩他们的服务过程，深入交流关于队伍建设、安全管理、绩效薪酬等方面的经验和做法；并与扬州地方海事局、扬州技师学院等做好对接，组织职工参加船舶驾驶技能培训班，实现了驾驶技能等级提升的职工累计近1 500人次；并强化安全管理，每次行船前导游必须对游客进行游览过程中的安全提醒，通过多种途径深化安全落实，以团队文明素质带动游客旅游意识提升等。

随着公司业务不断发展，对于高技能的专业船舶驾驶员的需求也在不断提升。现阶段，公司高技能船舶驾驶员以航运公司退休职工为主，他们驾驶技能过硬、航行经验丰富，但也存在个人综合素质较低、年龄结构普遍较大等问题，为保障公司可持续、高质量发展，江苏瘦西湖公司加大专业技术人才的引进和培养力度。与江苏海事职业技术学院等专业对口的高等院校对接联系，大力推进校企合作模式，开展船舶驾驶专业毕业生定向招聘工作，为公司引进年轻的船舶驾驶专业技能人才；加大公司内部青年骨干培训培养力度，与地方海事局、技师学院等进行深度合作，开设专题培训班，不断提升青年骨干的专业技能等级；落实好新老职工"传、帮、带"，由航运公司的老职工与年轻骨干职工结成师徒对子，将实际工作的技巧、经验持续传承下去。这些举措提升了整个团队的服务素质，为向游客展示良好公司品牌奠定了坚实的基础。

[案例启示]

扬州市政府出台政策，将旅游业作为扬州永久性基本产业，树立"城市即旅游"的发展理念，紧紧围绕"生态、人文、精致、宜居"的城市特色，提出"中国最美的城市"作为扬州城市旅游形象。江苏瘦西湖公司抓住政府这一主导性政策，以更好地满足旅游者的需求为出发点，创新思路、主动转型，在品牌营销战略实施过程中，坚持强化"以游客为中心"的经营和服务理念，满足游客对"扬州水上旅游"的向往。突破口就是创意建设并成功展示"瘦西湖船娘"的品牌形象，取得了较好的效果，使"瘦西湖船娘"品牌被誉为"流动在瘦西湖上的扬州名片"。

品牌营销战略对目的地形象塑造和传播至关重要，它对目的地的旅游市场的影响非常大[①]。江苏瘦西湖公司在实施品牌营销战略过程中，将开发旅游产品作为先导性策略执行，先后创新开发出：瘦西湖乾隆、古运河、绿杨城郭、瘦西湖—宋夹城、京杭之心—高邮湖大运河等水上旅游产品；并建成了：休闲观光、租赁自驾、水上巴士、特色船宴、水上婚礼、商务会议等一整套旅游产品体系；谋划设计、开发和销售"运河文化"主题文创产品等，作为"瘦西湖船娘"特色旅游服务品牌支撑；创新成立扬州瘦西湖船娘党支部，塑造新思想的船娘，定期开展船娘业务技能大比武活动，提升了船娘队伍的业务水平和操作技能。

为了展示"瘦西湖船娘"特色旅游服务品牌，针对加强团队素质的提升，通过培训和学习，有效提高了团队的服务能力；坚持"能力优先、业绩优先、服务优先、绩效同步"的原则，建立并实施具有较强引导性、针对性、实效性的差别化目标绩效考核机制，发挥各经营班组的积极性、主动性和创造性，充分挖掘和释放团队潜力，提升了团队的服务水平；针对队伍老化，积极与地方海事局、相关高校合作，培训人才、引进人才等，收效明显，保证了公司较好的运营业绩。

[案例思考]

组建优秀的团队，人才是关键，加快人才培养是当前的重中之重。在当今社会，企业竞争其实质是人才的竞争，一个可持续发展的企业一定重视人才，加大对人才储备。江苏瘦西湖公司引进人才较为前置，特别是旅游管理、营销专业的人才；加强与扬州大学、扬州技师学院等在

---

① 王石群.扬州瘦西湖风景区旅游营销战略研究.扬州大学硕士学位论文,2015.05

扬州的各类旅游院校合作,共建校企实习基地;请思考一下:校企共建实习基地,能为学校和企业各解决什么方面的问题?

案例 3

<h2 style="text-align:center">实施"一站式旅游服务"战略的创意创新发展之路</h2>
——以"江苏天目湖旅游股份有限公司"为例

[案例概况]

江苏天目湖旅游股份有限公司,以下简称"江苏天目湖",位于江苏省溧阳市天目湖旅游度假区,主要从事旅游景区的开发管理和经营,所涉经营项目主要包括景区经营、水世界主题公园、温泉、酒店、旅行社等相关旅游业务。江苏天目湖公司拥有复合型的旅游产品及专业的景区开发管理能力和旅游服务能力,是长三角地区具有较强的竞争优势和品牌影响力的旅游企业之一,在长三角乃至华东地区旅游市场占据重要的市场地位。江苏天目湖公司拥有总资产 9.76 亿元,2017 年 1 月至 6 月实现营业收入 2.14 亿元。公司从 1992 年的 2 艘 6 人座快艇起步,通过投资建设零散的景点和将其整合,于 2001 年推出第一个湖泊型的精品景区型产品——国家首批 4A 级的山水园景区,江苏天目湖公司的客流和收入开始明显提升。

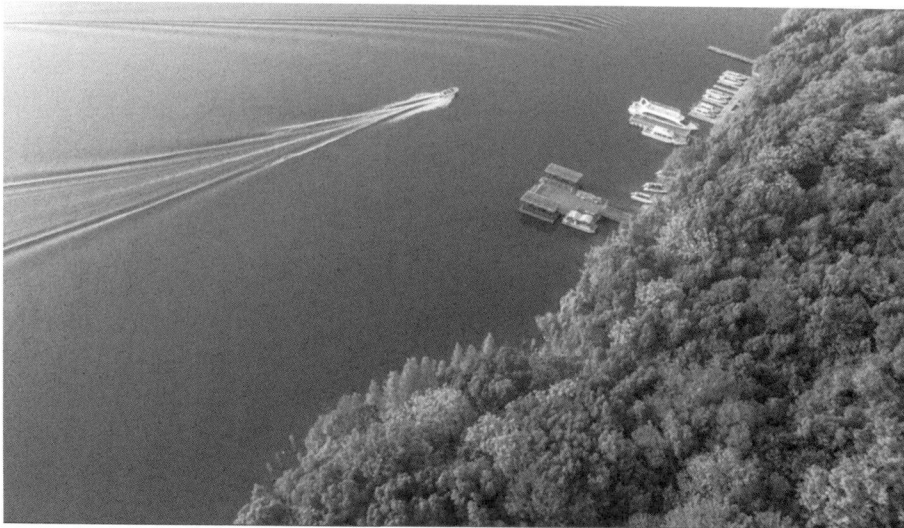

图 13-3　江苏天目湖山水园景区展示图

2003 年江苏天目湖公司改制后开始控股开发南山竹海生态型景区,2006 年该景区被评为国家 4A 级旅游区并推向市场,公司开始步入规模化发展轨道。2009 年江苏天目湖公司推出温泉休闲度假产品,实现了三个主要旅游产品的淡旺季互补和相互支撑,收入利润得到进一步提升。2010 年度假酒店开始运营后,实现的营业收入稳步上升。2013 年天目湖山水园(如图 13-3 所示)、南山竹海(如图 13-4 所示)和御水温泉三个景区,被全国旅游景区质量等级评定委员会评定为 5A 级旅游景区,同时被国家旅游局和国家环境保护部评定为国家生态旅游示范区。2014 年南山小寨和水世界主题公园的投入运营,使公司进一步向多元化发展的旅游企业发展。江苏天目湖公司连续被常州市人民政府评为明星企业。2015 年被国家旅游局评定为"国家级旅游度假区",是国内仅有的两家同时具备上述三个资质认证的旅游景区之一。

2017 年 9 月 27 日,江苏天目湖公司上市。

图 13-4　天目湖南山竹海景区展示图

江苏天目湖公司长期以来致力于实践一站式旅游目的地发展模式,通过对自身资源的整合和对天目湖区域餐饮、酒店、购物等外部资源的配套整合,以复合型产品、多元化市场和系统化服务形成旅游集聚区效应,巩固了作为天目湖区域旅游开发的主体地位,大力拉动了地方旅游经济。

[案例剖析]

江苏天目湖公司自设立以来,一直从事旅游景区的综合性开发管理服务,依托天目湖景区良好的生态资源优势,致力于发展"一站式旅游目的地"模式,围绕客户体验开发完善的产品链。目前公司主营业务主要包括景区旅游业务、水世界主题公园业务、温泉业务、酒店业务及旅行社业务等,业务范围包括景区开发经营、索道滑道特种设备、温泉、酒店、水上乐园和旅行社等服务,初步形成了较为完善、功能较为齐全的旅游产业链;主要包括景区旅游业务、水世界、御水温泉、酒店业务、旅行社业务共五个板块的经营与管理。

板块一:景区旅游业务

公司下辖山水园和南山竹海两大风景区。山水园是长三角地区较为稀缺的兼具山川秀美的大型淡水湖泊之一,南山竹海是长三角地区最大的天然竹海之一。多样化的景区生态条件可以满足不同游客的休闲度假需求。山水园景区是国家 5A 级旅游景区,是天目湖度假区的核心景区,四面群山枕水、碧波荡漾、湖中岛屿散落、湖岸曲折通幽,以山绕水、水映山而取胜。景区植被覆盖率达 85% 以上,拥有植物 200 多种,接触自然,领略自然风光,体验乡土气息,天目湖山水园已成为华东地区美丽的后花园。

山水园景区:主要包括湖里山历史文化区、中心动感区、龙兴岛生态自然区和中国茶岛区,共四大游览区域,以水上精品游览线路为主,重点突出自然山水与文化的结合。除门票外,山水园内还设有游船(含快艇、包船)、高空飞降、状元阁、奇石馆、海洋世界、天下白茶馆、茶文化苑、蝴蝶馆和松鼠园等二次消费项目。

南山竹海景区:距离山水园景区约 18 千米,拥有万亩毛竹资源,是华东地区最大的竹资源风景区之一,也是国家 5A 级旅游景区、天目湖度假区内的核心景区之一。该景区以毛竹景观为主体,在其优越自然生态环境的基础上,以中国源远流长的竹文化和寿文化为底蕴,并结合古官道、吴越古兵营、黄金沟等人文资源,目前已形成颇具规模的五大功能游览区:静湖娱乐区、休闲娱乐区、历史文化区、长寿文化区和登山游览区。除门票外,南山竹海景区内还设有索道、地轨缆车、观光车、竹筏、竹博馆、小鸟天堂、竹文化馆、熊猫馆、鸡鸣村等二次消费项目。

板块二:水世界

天目湖水世界紧邻山水园景区,依山傍水,采用全球先进的水循环处理系统,并拥有严苛的水质监测体系,水上游乐设备由全球顶级设备供应商加拿大白水公司出品。天目湖水世界拥有巨蟒、超级台风、玛雅漂流、家庭大滑板、加勒比海水城等多个项目。盛夏时节,水世界开放夜公园,配合乐队表演等一系列节目,丰富了天目湖旅游夜间活动。

板块三:御水温泉

御水温泉是国家 5A 级旅游景区、天目湖度假区的核心产品之一,地处南山竹海,系坐落于竹海森林中的独特温泉,修建于有着 800 多年历史的石岩里古村落之上,地处南京—溧阳这一区域性大断裂层上,从地质学上隶属于扬子地层下地层分区,在侏罗纪时代晚期,曾是一处较为活跃的火山地区,近代亦有较为活跃的地质活动,该地区拥有长三角地区较为稀缺的地热资源。御水温泉占地 176 亩,室内外共有 56 个泡池,井深为 1 600 米,井底水温为 43 ℃,井口为 39 ℃,最大水量为 1 500 立方米/天,成分 pH 酸碱度为 7.99,呈弱碱性,矿化度为370 mg/L,主要成分有钙离子、镁离子、碳酸氢根离子、硫酸根离子等元素和化合物,以及人体健康所必需的微量元素:铁、锰、氟;以及医疗矿泉的特殊化学成分:氡、硅等类型碳酸氢钙型温泉。御水温泉除门票外,温泉园区内还设有鱼疗、矿疗、理疗、餐饮等二次消费项目。

板块四:酒店业务

御水温泉度假酒店:距离南山竹海景区 1 千米,毗邻御水温泉并与之相融一体,是具有江南特色的一家挂牌五星级度假酒店。酒店置身于万亩竹海与温泉簇拥中,拥有各类竹景客房与豪华套房共计 240 间,打开窗帘,即可饱览修竹万亩;移步之间,便可尊享御水温泉。总建筑面积 24 500 平方米。

御水温泉客栈:距离南山竹海景区 1 千米处,与御水温泉毗邻,系御水温泉度假酒店的副楼。客栈拥有 41 间客房,房间装修简约、精致,住宿环境温馨、舒适,古色古香的装修装饰,原始、轻松、当代的客房风格,加上南山竹海独特的竹文化,更能显现其韵味。客栈不仅将传统的古老院落得以保留,还将现代的生活理念注入传统文化中,提升了御水温泉客栈入住的舒适度和品质。

乡菜馆:距离南山竹海景区 1 千米,毗邻御水温泉客栈,菜品汇聚各类特色菜肴,以当地农家小菜、特色家乡菜为主。

南山竹海客栈:是携程网主要推荐金牌酒店之一,毗邻南山竹海景区,与南山竹海古街相融一体。客栈拥有各类竹景客房与豪华套房共计 179 间,房间装修古色古香、精致富有主题特色,客房内的陈设布置取材天然,如竹木、绢丝、桑麻等,客房简约、清新、雅致,是南山竹海地区最具风俗特点的主题酒店。

板块五:旅行社业务

旅行社公司作为一家以地接业务为主的景区旅行社,主要是为公司旅游产品提供市场服务,衔接各类游客,以及其他旅行社等旅游服务机构,曾连续多年被国家旅游局评为全国百强旅行社。

除上述主要旅游产品和服务外,公司还拥有其他旅游配套设施及商业服务。公司作为天目湖旅游度假区内核心景区经营企业,一直致力于把旗下的旅游产品组合打造成以自然生态为依托,融合当地历史文化主题的集景区观光旅游、休闲旅游、会议商务旅游等众多功能于一体的一站式旅游目的地。

[案例启示]

江苏天目湖公司通过导入卓越绩效体系,以获评"常州市市长质量奖"为契机,同步提升服务质量和服务概念;集团旗下商超创新营销模式,效果斐然;采用推行划小核算机制,激发团队从事旅游服务的主人翁责任感等,具体如下:

导入卓越绩效体系争评"常州市市长质量奖":《卓越绩效评价准则》是诊断式的评价,目的在于发现组织最需要改进的地方,是一份完整的、全科体检表。公司2013年开始导入卓越绩效体系,对公司的经营管理起到了明显推动与提升作用,2017—2018年公司连续两年申报"常州市市长质量奖",通过《卓越绩效评价准则》对公司进行全面的体检,通过团队深入学习,并在工作中运用发现自身的不足并不断地持续改进,鼓励组织更好的"学习",鼓励方法的创新和多元化,2017年获评常州市质量管理先进单位。2018年公司带领团队不断持续改进,获评"常州市市长质量奖"。

"常州市市长质量奖"的评定工作程序烦琐而严格,需要通过提交申报、受理推荐、资格审查、资料评审、现场评审、问询答辩、综合评价、审议公示等8个考核环节。2018年6月,质量管理部成立"常州市市长质量奖"创评工作小组,在质量管理部的牵头下,制订各个创评阶段的创评计划及人员分工。公司全面导入卓越绩效体系,为公司高质量、高标准的管理开启了新的篇章。公司全体管理人员努力学习卓越绩效体系,在组织内部建立卓越绩效管理的理念,推动公司质量管理工作,为公司的精益发展奠定了坚实的基础。

"常州市市长质量奖"创评成功,对公司的价值不仅仅是企业的荣誉,更大的价值在于公司管理人员对卓越绩效理论的践行;公司不仅仅是限于产品与服务的质量,而是强调大质量概念,帮助公司不断改进,走向成熟①。

集团旗下商超创新营销模式:2019年以白茶店为试点实行合伙人制度,通过公司管理层及门店全员入股形式,将相关人员与门店经营进行捆绑,让员工能够当家做主,时刻关注门店成本,帮助门店提升销售量;同时充分调动门店员工服务积极性,培养公司管理人才,为2020年寿星店个体工商户模式提供了基础经验。

在合伙人制度下,白茶店增加现场茶叶蛋销售,为茶叶销售氛围提供了消费转化,并取得较好的效果。自茶叶蛋销售以来,共实现收入1.46万元,为下一步天目湖网红茶叶蛋的打造奠定了基础。

白茶店在2018年经营的基础上,2019年不断尝试,通过挖掘陶吧经营,提升销售量,尝试创意团扇绘画互动,提升主题氛围;在茶之旅期间,通过现场炒茶人员的积极性调动,利用制茶现场进行手工碧螺春销售,取得较好的效果,一方面对于宣传人员综合利用,有效控制人力成本,另一方面通过炒茶人员朴实的形象和现场氛围带动销售,制茶人员现场销售绿茶收入

---

① 孙力.江苏天目湖旅游公司发展战略研究.吉林大学工商管理硕士学位论文,2019,06.

2.41万元,占碧螺春销售的49.1%。

　　白茶店在2019年工作中不论主动性还是积极性,都优于其他门店,门店人员能够通过现场排面优化调整,提升门店销售氛围,从而拉动销售。在现场经营的同时,门店能够主动关注商品成本,通过对商品成本关注,当年白茶店商品成本采购率较2018年下降2个百分点。新茶上市期间,为了扩大新茶宣传力度,针对白茶店以往大单客户、重点客户进行回访,主动寄送新茶品鉴包进行产品宣传。在推广"千采旬"新茶品牌的同时,也为公司树立了良好的口碑,通过回访直接带动茶叶销售6.43万元,其中老客户产生销售额2.95万元,周会成员产生3.48万元。

　　2020年研学课程将延用现场手绘教学模式,以及白茶与乌米系列研学,打造一站式研学游基地,为下一步茶之旅活动的丰富,以及研学课程的开发奠定了良好的基础。

　　推行划小核算机制:为促使公司全员参与经营、共同关注经营,充分发挥其自身工作的主观能动性,调动员工工作积极性,激发工作潜力;同时使得员工在经营目标达成后有个人荣誉感与成就感,实现工作价值,形成良好的工作氛围,故而推行划小核算相关工作。

　　公司自2015年起推行划小核算,学习方式多样。研读阿米巴培训资料,请老师到公司内部实施团队培训,并安排团队外出交流学习,如:澳洋顺昌、九蜂堂、马克华菲等企业,公司上下对阿米巴及划小核算不断学习提升。

　　自从公司推行划小核算以来,从股份公司层面到分子公司层面,均全面铺开予以实践;并通过总裁室参与、绩效考核小组跟踪评估,以及年底的优胜单位评选,整个公司团队对阿米巴及划小核算的重视程度非常高,公司全员通过学习和实践,取得了较好的成就。

　　划小核算实施后,经营成果明显。通过划小核算,部分经营性岗位的员工考核收益明显提高;公司整体营收有所增长;员工平均薪酬逐年增长。同时,划小核算实施后,在成本方面,节约成果明显;团队各单位成本节约明显,各被考核单位的成本使用率降低。例如:在保证景区品质及服务标准的前提下,对于开关灯时间、泡池开放时间、日用品价格谈判等方面的控制,对成本的节约起到关键作用;公司整体成本节约效果明显,整体利润提高。通过划小核算,员工整体工作积极性提高,主动性加强,员工的主人翁意识强化,整个公司内部动力加强。

[案例思考]

　　江苏天目湖公司企业的品牌建设是营销工作的核心内容。经过公司多年的宣传推广,"天目湖"品牌已经具备了成为全国知名品牌的价值基础。其开发出了多款以"天目湖"品牌冠名的产品,比较知名的有天目湖砂锅鱼头、天目湖啤酒、天目湖系列农产品等。其中以茶文化体验、特色产品展销的商超创新营销办得有声有色。请思考:商超游客这种零距离体验活动,在一站式服务战略实施中,对公司品牌的社会知名度提升有哪些方面影响? 能否创新将其他服务流程的产品纳入?

第十四章
航运管理业案例分析

[概念界定]

航运管理业是航空运输管理和航海运输管理的企业统称(本案特指航海运输企业,不包括航空运输管理企业)。其通常是指采用统一的安全管理体系,从事船舶和船员管理业务活动的企业。主要包括对船东提供船舶管理服务,以及为集装箱船、油船、化学品船、LPG 船、客滚船等各种类型船舶配备船员的企业。

[行业特点]

航运管理业的特点:管理分工较为精细,市场透明度高;企业间关于船舶和船员资源竞争较为激烈;管理呈集约化和程序化特征。

案例1

实施"五位一体"战略的创新创业之路
——以"厦门泛海国际船舶管理有限公司"为例

[案例概况]

厦门泛海国际船舶管理有限公司成立于 2009 年 1 月。虽然当时遭遇了 2008 年金融危机,航运形势从百年不遇的繁荣期急转直下,波罗的海指数如高台跳水般暴跌 95%,但一群志同道合、愿意帮助船员圆梦的热心人,看到海员外派行业在解决就业、争创外汇、帮助船员家庭脱贫致富上的巨大潜力,为了提高中国外派海员在全球市场上的占有率,8 位员工毅然决然选择离开原国企,秉承"给客户多一个选择,给船员多一条出路"的初心,组成团队共同创立了厦门泛海国际船舶管理有限公司,以下简称为"厦门泛海"。

厦门泛海公司成立后,虽然国际航运业持续低迷,但凭借公司创业团队的良好信誉,泛海国际突破各种困难,实现了逆势、快速发展。2009 年 3 月,公司取得厦门港口管理局颁发的《国际船舶管理资质》,同时开始承接海员外派业务,经过一年的努力,2009 年全年即派出外派海员 300 余名,初步在业内站稳脚跟!年外派人数、在船船员数量分别迅速增长到 2019 年的 2 600 余人和 1 800 余人,年平均外派人数增长率超过 25%,成为十年来中国海员外派行业发展最快、最稳健的机构之一,跻身全国同行前列。

外派员船舶数量快速增长到 2019 年的 170 余艘,包含散货船、集装箱、超级油船、成品油船、油化船、液货船、豪华邮轮等各类型船舶,船舶种类齐全,其中全套配员 73 艘,能为船员提供套派、混派的不同派遣方式、不同船舶类型和不同航线的选择。新船多,船况良好,设备先进,2020 年后还将陆续有多艘新船承接任务。

厦门泛海公司实施五位一体战略,主要包括:突出品牌优先打造、注重船员跟踪服务、规范管理体系建设、强化船员业务培训、加强团队意识培养,十年发展突飞猛进,大致创新创业做法如下:

突出品牌优先打造:公司先后与欧美、新加坡、中国香港、中国台湾等近二十家实力雄厚、管理规范的知名船东建立了合作关系,泛海品牌在航运界初步树立,越来越多的客户选择与泛海合作。

注重船员跟踪服务:公司从成立至今,始终坚持"信誉至上、用心服务"的原则来服务船员、关爱船员,也吸引了许多船员加盟泛海大家庭,经过多年积累,现已初步建立一支语言过关、技术过硬、吃苦耐劳、服从性好、稳定性强的船员队伍,公司现有较为稳定的船员近 3 000名,其中历年来直接从航海院校招募的航海、轮机、船电专业毕业生 900 余名。

规范管理体系建设:公司始终坚持高标准严格规范管理,成立伊始便按照 ISO9001 安全质量管理标准和 DNV 船员管理标准,建立了安全质量管理体系,并于 2009 年 9 月取得挪威船级社的 ISO 质量体系认证证书。同年,为提高公司办事效率,公司投资开发了"泛海国际船员管理系统",经过不断升级,现已基本实现智能化办公。

强化船员业务培训:美丽的厦门

公司的发展也得到了政府部门的大力支持,2011 年 6 月名列中华人民共和国海事局审批的全国第一批甲级海船船员服务机构;2012 年 1 月经中华人民共和国海事局批准,获得海员外派机构资质,也是福建省首家取得"海员外派机构资质"的公司,并成为福建省船员服务行业协会理事单位。2014 年 2 月,公司经厦门商务局批准,取得对外劳务合作经营资质,同时继续保持交通部门批准的国际船舶管理资质。

加强团队意识培养:公司办公场所面积从最初的 300 平方米增加到现在的 1 100 平方米,配备并不断完善先进的软、硬件设施和培训设施。管理人员队伍从最初的 8 人增加到现有的近 50 人,其中 40% 具有海上资历,十余位具有船长、轮机长职称,公司拥有一支爱岗敬业、能打硬仗、关爱船员的创新管理团队。

[案例剖析]

厦门泛海公司从 2009 年开始组建 8 人的创业团队,历时 10 年,坚持五位一体的创新发展战略,进行创业行动,其运营绩效较为显著,操作具体环节如下。

突出品牌优先打造:坚持与信誉卓著、管理规范的国际知名船东开展合作,与中国台湾航运界的著名企业建立深度合作。公司成立伊始,即确定走国际化路线,致力于提升中国外派海员在国际市场的占有率。为此,公司先后开拓了欧美、新加坡客户,同时紧紧抓住地处海西、面向中国台湾的地缘优势,积极开拓中国台湾海员劳务市场。中国台湾船东作为国际航运市场的生力军,以其历史悠久、经营稳健、管理规范闻名于航运界。公司现有长期合作的中国台湾客户 9 家,包括台塑海运、万海航运、裕民航运、台湾航业、信友实业等台湾大型航运公司,年对台外派人数近 1 700 人次,在台湾市场具有较高的份额和知名度。

注重船员跟踪服务:公司特别注重船员的跟踪管理,经常利用上船走访及时帮助船员和船东解决问题;面对航运持续低迷的市场形势,为减少船舶事故给船东造成损失,公司加强对船舶特别是套派船舶的跟踪服务,经常有针对性地从航行安全、货物管理、应对检查、维护保养等各个方面给予船舶主管提醒和提示,主动提供增值服务,减轻船员工作压力,帮助船东提升船舶管理水平,得到了广大船东的充分肯定。

规范管理体系建设:为了规范公司的管理,提高公司服务质量,满足公约法规要求,公司按照 ISO9001 安全质量管理标准和 DNV 船员管理标准,建立了安全质量管理体系,并取得挪威船级社的 ISO 质量体系认证证书和 NK 船级社颁发的"2006 海事劳工公约符合声明"。公司按照国际公约和国家法律法规,结合企业实际,建立并不断完善公司管理制度。为及时有效处理船员外派期间的突发事件,公司建立了"应急处理程序",制定了"应急处理预案",成立了"应急小组",留存处理突发事件所需的资金保障,确保突发事件得以妥善处理,规避公司风险。当船员在船上发生工伤或急病时,公司及时启动应急程序,动员全球各种救援力量,多次采用包括船舶弯航、拖船送岸、直升机救助等方式帮助船员脱离险情,平安离船回家,得到船员兄弟的好评。

强化船员业务培训:加强船员培训是提高船员素质,维护人员、船舶和海洋环境安全的有效途径!为此,公司办公场所设置三个培训教室,能同时容纳 100 名船员在公司培训,购置国外先进训练软件用以船员业务测评;坚持按照公约要求安排船员参加各项专业培训;自行编制培训教材,对实习生和新进船员进行职前教育;编制各职级船员训练提纲,结合所派船舶、航线特点,对船员进行公约法规、管理制度、安全操作等有效的上船前适应性培训;经常开展休假船员技能培训,并重点加强对拟晋职船员的评估、培训;经常邀请船东到公司对船员进行训练,或选派船员到境内外培训中心接受培训,增进船东与船员的互动。每年坚持举办实习生岗前训练班、岸休船副管轮集中轮训班和管理级船员研讨会,既有理论教学又有拓展活动,既严肃又活泼,让船员及时掌握最新行业动态公约法规要求的同时,也加强了船岸沟通,凝聚了共识,取得了良好的效果,得到了广大船员和船东的点赞,已成为泛海的一大特色!

加强团队意识培养:泛海致力于成为一家有"温情"的企业,以"船东满意、船员放心"为服务宗旨,秉承"以人为本,和谐发展"的精神,视船员为手足兄弟,以真诚的服务留住船员,共建"泛海大家庭",成为所有船员和家属的坚强后盾!如果船员有任何委屈和困难,均可直接向管理层投诉反映!公司每年坚持举办船员和家属代表联谊会。每年坚持利用春节、中秋等传统节假日上门慰问船员和家属;为了加强与船东、船员和社会各界的互动,并通过网站、微信公众号、抖音公众号等媒介推送,弘扬企业文化,密切船岸联系。当船员或其家庭遭遇不幸时,公司经常举办募捐活动,以"一方有难、八方支援"的方式帮助船员解决实际困难。许多船员兄弟都说"泛海是个有人情味的公司"!在"第十届船员最信赖的船员服务企业"评选中,泛海以总票数第六的成绩光荣上榜,并被邀请参加 2019 年"郑和航海风云榜-2018 最受欢迎的船员服务机构"评选活动。

[案例启示]

厦门泛海公司在实施五位一体的发展战略上取得成功,其主要创新创业经验是:确立共同愿景,全员贯彻执行公司目标方针;团结一致,始终保持创业的激情;以人为本,高度重视实习生的培养。具体经验分享如下:

确立共同愿景,全员贯彻执行公司目标方针。公司从成立伊始就树立了经营目标:以海员外派为主业,积极拓展船舶辅助业,通过提高船员综合素质和公司服务品质,实现为船东提供优秀的船员,努力为船员提供满意的岗位,为扩大就业尽责任,为社会和谐做贡献;建立一支语言过关、技术过硬、吃苦耐劳、服从性好的船员队伍,并在境内外航商中树立良好信誉。这一目标得到了全体员工的共同认同,以此总目标制定每年的经营目标、质量目标,下达公司各部门的部门目标、各人员的个人目标,形成公司目标体系。

公司从成立伊始就明确公司的安全质量方针是:安全、诚信、团队、敬业。并在全体员工中得到宣贯。公司视安全为企业的第一责任,以维护"人安、船安、货安、保护海洋环境不受污染"为企业使命,在全体员工和船员中宣贯安全理念,培育安全文化,增强安全意识;加强船员培训,提高船员素质,保障船舶安全和船员生命安全。

公司遵循"谁派出、谁负责"的原则,妥善处理客户和船员投诉,主动跟踪船员在船服务;积极支持船员履行外派合同;全面妥善处理突发事件;公司树立"诚信"为本的理念,要求全体员工以"真诚"服务顾客,以"守信"履行承诺,主张求真务实,反对弄虚作假,维护船东利益,保障船员权益,遵守商业道德,履行社会责任,树立良好信誉。

公司通过树立共同的价值观和目标,构建"专业、和谐、进取、实干"的管理团队,建设"团队、协作、服从、朴实"的船员队伍,弘扬"以人为本、和谐发展"的企业文化,以"合作共赢"的理念与船东、供方建立长期、稳定的合作关系。

面对日趋激烈的市场竞争,公司要求全体员工和船员始终坚持"爱岗、敬业"的精神,以"船东满意、船员放心"为服务宗旨;以"积极的态度、前瞻的眼光、稳健的步伐",通过规范运作,适应市场变化;创新管理模式,充实公司资源,持续改进体系,提高管理水平,争创行业一流,树立公司品牌,为客户和船员提供优质服务。

团结一致,始终保持创业的激情。公司主要创业团队十余年来保持稳定,大家分工不分家,团结一致,有大事要事共同协商,科学决策,全体员工始终保持饱满的创业激情;通过公司决策层的科学引导和政策激励,团队成员有主人翁感、有使命意识、有责任意识,并能积极主动为船东、船员竭尽全力提供最优质的服务。虽然经常加班加点,但公司也为全体员工做好后勤保障服务,让大家安心工作,与公司一起发展,建立了一支专业、敬业的强有力的泛海管理团队。

以人为本,高度重视实习生的培养。公司始终把实习生的培养放在企业人才培养的第一位,特别是针对近年来航海类专业学生上船意愿不高、考证通过率低等问题,积极与各航海院校开展校企合作,通过设立"泛海国际奖学金"、开展订单式培养、开办船长轮机长学长讲座、赞助学校文体活动等方式,关爱学生成长,鼓励学生从事航海事业。同时,针对愿意加盟泛海的实习生,给予以下承诺。

派船迅速:公司没有冗员的困扰,如果考过大证,公司将在一个月内派船;如果大证未过想先上船,公司也可以安排,通过在船实践弥补理论不足,回来继续考证。

晋升及时:"传、帮、带"是历任泛海船员的优良传统;泛海的许多师兄仅用四个海龄年就做到大副大管轮。套派船舶第一合同基本能升任水手机工(如未提职,公司给予额外补助),换出大证后表现优秀者经船东同意可派任三副三管轮、表现正常者经水手机工驾助轮助短期过渡后可在船晋升三副三管轮。

补贴多多:如果实习生签约泛海,泛海将给予签约补助;如果顺利通过大证,公司将给予发放无限航区三副/三管轮/电子电气员和值班水手/机工证书考证补贴、大证一次性通过奖、大学英语四六级奖等多种奖励。一句话,只要你是人才,就会得到公司的重视重奖!

福利完善：如果实习生签约泛海，泛海将给予提供外派高薪待遇；如果有落户厦门经济特区的意愿，公司将给予满足；公司也将按照政府规定缴纳社会保险、支付待派工资；同时公司和船东配有医疗顾问和完善的应急机制，让船员在船健康工作，保船员平安回家！

培训系统：每年坚持举办"考证辅导班"，帮助毕业生攻坚克难，至今已帮助一批学子顺利通过大证考试。毕业生入职前有实习生职前训练；上船前有派出前训练；混派船有英语强化训练；特种船有特殊培训；上船后有船舶主管"传帮带"；岸休期有业务强化培训；船东常办高级研讨班；晋升前有晋职辅导训练，使毕业生放心上船、安心发展。（注意：上述培训均免费！）

人文关怀：公司希望毕业生在培训期间，享受专业知识的充实和劳逸结合的快乐；在船工作期间，体验大海航行的伟大和环球旅行的快乐；在遇到困难时，得到公司及时的帮助和"泛海大家庭"的温暖！在合同结束时，收获职业生涯的成长和笑傲江湖的本事！

[案例思考]

厦门泛海公司在坚持依法经营、规范管理的同时，也积极参与政府部门和业界组织的各项活动，履行社会责任。主动参与两岸航运交流和船员合作，多次协助交通部海事局、福建海事局等分别在台湾和厦门召开"两岸船员劳务合作与培训座谈会"。请思考：公司主动参与两岸航运交流，此举能为航运管理业务的提升带来哪些方面的积极作用？

案例2

实施"双线模块化经营战略"的创新创业之路
——以"青岛华洋海事服务有限公司"为例

[案例概况]

青岛华洋海事服务有限公司，以下简称"青岛华洋"，成立于2002年，是中国交通部（水科院）直属华洋海事中心有限公司在山东投资设立的分支机构，是一个以客户需求为宗旨，重视船舶安全、船员培训、讲究科学管理、追求工作效率的船舶管理及船员外派劳务服务机构。

青岛华洋公司以市场为主导，实行双线规模化经营、专业化分工、科学化管理，积极参与国内外市场竞争。近二十年来，青岛华洋公司依靠人才、管理、品牌优势，不断创新、积极拓展，逐步形成并日趋完善了集船舶管理、船员外派劳务、公务船船员派遣、船员培训、船员证书更换以及船舶船旗国检查、船舶技术和安全操作指导等其他综合支援型服务和业务于一体的多元化国家海事技术综合服务企业。公司以良好的商业信誉、完善的团队服务及雄厚的技术力量，在同行中处于领先地位。特别是在公务船/科考船的管理和派员上，青岛华洋公司是目前国内最大的派遣和管理公司。

公司拥有甲级海船船员服务机构资质、海员外派机构资质、国际海运辅助业经营资质、水路运输服务许可资质、国内劳务派遣和船舶管理资质。2010年为加强公司管理质量，制定了ISO9001质量管理体系，并于该年11月顺利通过挪威DNV船级社的质量认证并获得证书，成为山东省内除青岛远洋运输公司之外，唯一一家持有此类资质证书的船员管理公司。2016年11月升级为ISO-9001:2015版。2013年，公司为满足MLC 2006公约要求，积极配合船东及管理公司的全面履约，将质量安全管理体系进行全面修改，并申请资质机构审核，获得SRPS证书。2016年，公司为满足船舶管理需要，建立了船舶安全管理体系，并顺利获得中华人民共和国海事局签发的《国内船舶管理公司符合证明》（NSM DOC）。2018年，成功获取国内船舶管理企业的第一张CCS认证的《国际船舶管理公司符合证明》（ISM DOC）。

青岛华洋公司在"华洋海事中心"经营理念的基础上,开拓发展、自主创新,依据品牌效应、自身优势、优越的地理位置和良好的信誉,通过近二十年的努力,由最初成立的 4 名管理人员和船员散派的单一业务,逐渐发展成为拥有 44 名管理人员(其中包含 8 名船长、7 名轮机长),自有合约船员 1 000 余人,年劳务外派 2 200 余人,在船船员 1 700 余人,形成了集船舶管理、公务船船员派遣、商船船员派遣、船员招聘、船员培训、船员证书更换、海事咨询服务等多元化发展的海事服务企业。

自 2008 年以来,公司共为 12 大政府系统 20 余家政府单位提供船舶管理和船员派遣服务,开辟了国内政府类船舶船员派遣和船舶管理的先河,是目前全国范围内规模最大的政府船舶第三方船员派遣及船舶管理公司。同时,公司与国内外 10 余家船公司建立了稳定的业务合作关系,长期为 30 余艘内外贸商船船舶配备全套船员,在船员外派劳务及第三方船舶安全管理领域取得了较高的声誉。

青岛华洋公司采用双线模块化经营战略,主营承接政府单位船舶的托管服务,兼营普通商船船员配备服务,服务按模块化执行,取得了较好的收益。

承接政府类机构船舶托管服务线:公司本着"稳固基础,拓宽发展"的经营思路,青岛华洋在做好船员劳务外派的同时,在 2008 年又迈出决策性的一步,为政府类船舶提供船舶管理及船员劳务派遣业务。经过历时半年多的精心准备和努力,2008 年 4 月受青岛港引航站委托,华洋海事中心监造的"安和""安谐"号两艘高速引航艇及"诚至一号"高速执法巡逻艇三条国家公务船纳入我司管理船队,三条船舶的机务管理、海务管理、船员派遣都由我司全部负责,青岛华洋从此开始步入公务船/科考船的船员管理和船舶管理的新领域。青岛华洋的公务船/科考船管理和船员派遣也从此载入了史册,为此后的发展壮大奠定了坚实的基础。

兼营普通商船船员配备服务线:船员劳务派遣是青岛华洋的主营业务。在近 20 年的时间里,青岛华洋先后与中国台湾慧洋、中国台湾万海、日本 K-Line、日本神户海运、中国香港维新、中国香港安顺、青岛隆和、青岛韦立、新加坡 Stella Ship Management、青岛港集团等大型国内外航运公司建立合作关系,长期为 33 条全球、沿海航线船舶配备整套船员,得到了广大船员及国内外船东的认可,也为公司业务的多元化发展奠定了坚实的基础。

[案例剖析]

青岛华洋公司实施双线模块化经营战略取得成功,主要通过搭建创新核心团队、重视船员人才储备、注重船员技能培养、完善管理保障体系四个方面实践来创新创业,具体展示如下:

承接政府类机构船舶托管服务的业绩:公司凭借船员派遣与船舶管理的良好服务与口碑,2015 年应客户需求,青岛华洋成立船舶管理部,将船舶管理从组织结构上提升了一个档次;为承接政府类机构船舶托管服务提供了管理业务支撑,经过 10 余年的船舶管理业务发展,截至目前(2019 年年底),青岛华洋目前管理各类公务船/科考船 15 艘、协管船舶 19 艘;派遣公务船船员 1 700 余人,公务船/科考船种类涵盖海洋调查船、海上试验船、深潜器母船、科学考察船、特种工程船、维权执法船、引航艇、监管艇、政府运输补给船等诸多船型,形成全面的专业人才队伍。服务对象包含自然资源部系统、生态环境部系统、交通部海事系统、武警海警系统、中科院系统、港航系统、海关系统、高校系统、国家文物系统、边防系统、中船重工系统等 12 大系统,为合计 58 条船舶提供船员派遣服务(如表 14-1 所示),为 15 条船舶提供船舶管理服务。具体单位如下:

· 自然资源部北海海洋工程勘察研究院

- 国家深海基地管理中心
- 自然资源部第一海洋研究所
- 国家海洋环境监测中心
- 中国科学院海洋研究所
- 中国科学院烟台海岸带研究所
- 中国科学院三亚深海科学与工程研究所
- 中国科学院声学研究所南海研究站
- 中华人民共和国山东海事局
- 中华人民共和国青岛海事局
- 中华人民共和国烟台海事局
- 中华人民共和国青岛海关
- 中华人民共和国日照海关
- 中国海洋大学
- 青岛港引航站
- 港航执法大队
- 中华人民共和国武装警察部队海警总队第六支队
- 中华人民共和国天津出入境边防检查站
- 中船重工第七一五研究所
- 中国水产科学研究院黄海水产研究所
- 海口鑫海纳港航技术有限公司
- 三沙市船务管理局

表 14-1　青岛华洋公司承接政府类机构船舶托管服务模块情况一览表

序号	模块	船东	船名	性质
1	自然资源部系统	自然资源部北海海洋工程勘察研究院	向阳红 06	船员管理
2			向阳红 07	船员管理
3			向阳红 08	船员管理
4			向阳红 09	船员管理
5			大洋一号	船员管理
6			向阳红 51	船员管理
7			向阳红 52	船员管理
8			向阳红 58	船员管理
9		国家深海基地管理中心	中国海监 101	船员管理
10			中国海监 102	船员管理
11			中国海监 106	船员管理
12		自然资源部第一海洋研究所	向阳红 81	船员管理
13			深海一号	船员管理
14			向阳红 01	船员管理
15			向阳红 18	船员管理

续表

序号	模块	船东	船名	性质
16	生态环境部系统	国家海洋环境监测中心	中国海监 108	船员管理
17	中科院系统	中国科学院海洋研究所	科学号	船员管理
18			科学三号	船员管理
19			创新二号	船员管理
20		中国科学院烟台海岸带研究所	创新一号	船舶管理+船员派遣
21		中国科学院三亚深海科学与工程研究所	探索一号	船员管理
22			探索二号	船员管理
23		中国科学院声学研究所南海研究站	琼陵声科	船舶管理+船员派遣
24	海事系统	中华人民共和国山东海事局	海巡 11	船员管理
25			海巡 0512	船员管理
26		中华人民共和国青岛海事局	海巡 0511	船员管理
27			海巡 05101	船舶管理+船员派遣
28			海巡 05710	船舶管理+船员派遣
29		中华人民共和国烟台海事局	海巡 0522	船员管理
30			海巡 0523	船员管理
31			海巡 0526	船员管理
32		海口鑫海纳港航技术有限公司	海巡船	船员管理
33	海关系统	中华人民共和国青岛海关	中国海关 752	船舶管理+船员派遣
34		中华人民共和国日照海关	中国海关 502	船舶管理+船员派遣
35	高校系统	中国海洋大学	东方红 2 号	船员管理
36			东方红 3 号	船员管理
37			海大号	船员管理
38	文物系统	自然资源部北海海洋工程勘察研究院	中国考古 01	船员管理
39	港航系统	青岛港引航站	安和	船员管理
40			安谐	船员管理
41			安迅	船员管理
42			安捷	船员管理
43			安泰	船员管理
44			诚至一号	船员管理
45		港航执法大队	港航执法 1 号	船舶管理+船员派遣
46			港航执法 2 号	船舶管理+船员派遣
47	海警系统	中华人民共和国武装警察部队海警总队第六支队	海警船	船员管理
48			海警船	船员管理
49	边防系统	中华人民共和国天津出入境边防检查站	中国边检 1253	船员管理
50	中船重工系统	中船重工第七一五研究所	瑞利 10 号	船员管理
51	水产所系统	中国水产科学研究院黄海水产研究所	蓝海 101	船员管理
52		三沙市船务管理局	金银岛	船舶管理+船员派遣

（其中部分系统船舶未包含。）

在为上述单位托管服务的船舶中，有多艘国家级重点科考船，其中具有代表性的船舶有："深海一号"船（"蛟龙号"新母船）、"探索一号"船（"深海勇士"母船）、"大洋一号"船（全球级综合科考船）、"中国考古 01"船（国内首艘专业级水下考古船）、"向阳红 01"船（国内先进远洋综合科考船)等。

兼营普通商船船员配备服务的业绩:青岛华洋公司在主营政府机构船舶托管服务的同时,还兼营普通商船船员配备服务,船东主要有日本神户、中国台湾慧洋、大连枫叶海运有限公司、宁波达羽船务有限公司、天津渤海华洋海事技术服务有限公司、大连华洋、安顺海事、青岛港通宝航运有限公司、青岛港国际股份有限公司轮驳分公司等9家,涉及船舶34艘(如见表14-2所示)。主要从事船员派遣服务,船员素质和操作技能优良,收到船东的一致好评。

表14-2 青岛华洋公司兼营普通商船船员配备服务一览表

序号	船东	船名	船型	总吨
1	日本神户	NYK CONSTELLATION	CONTAINER	55 534
2		FRONTIER ZONE	BULK CARRIER	92 380
3		ASHIYA STAR	BULK CARRIER	29 753
4		OCEAN COURTESY	BULK CARRIER	91 407
5	中国台湾慧洋	RUKAI BENEFIT	HANDY	9 992
6		SAKIZAYA WISDOM	PANAMA MAX	40 034
7		LIGULAO	RO-RO	10 464
8		TAIKLI	HANDY	9 990
9		AMIS CHAMPION	SUPPER HANDY	33 937
10		SAKIZAYA DIAMOND	PANAMA MAX	43 400
11		POAVOSA BRAVE	HANDY	17 018
12		AMIS FORTUNE	SUPPER HANDY	31 700
13		SAKIZAYA FUTURE	PANAMA MAX	43 400
14		SAKIZAYA HERO	PANAMA MAX	43 500
15		AMIS ACE	SUPPER HANDY	33 937
16		SAKIZAYA KALON	PANAMA MAX	44 400
17		AMIS JUSTICE	HANDYMAX	36 400
18		AMIS POWER	PANAMAX	36 600
19		AMIS MIRACLE	PANAMA MAX	35 500
20	大连枫叶海运有限公司	鑫昂	BULK CARRIER	40 230
21		越达2号轮	BULK CARRIER	44 547

续表

序号	船东	船名	船型	总吨
22	宁波达羽船务有限公司	宏桥达羽 1 号	BULK CARRIER	6 298
23		宏桥达羽 2 号	BULK CARRIER	6 298
24		宏桥达羽号	BULK CARRIER	6 298
25		宏桥达羽 5 号	BULK CARRIER	6 298
26		宏桥达羽 6 号	BULK CARRIER	6 298
27		GLADIATORSHIP	BULK CARRIER	32 957
28	天津渤海华洋海事技术服务有限公司	DAISY OCEAN	BULK CARRIER	32 987
29	大连华洋	PACIFIC WEST	CAPE	91 971
30	安顺海事	BBG BRIGHT	PANAMA MAX	44 373
31		GREAT OCEAN	PANAMA MAX	44 543
32	青岛港通宝航运有限公司	通宝 1	CONTAINER	4 401
33	青岛港国际股份有限公司轮驳分公司	亚洲十五号	拖船	
34		亚洲十六号	拖船	

以上业绩的取得,与其实施四项措施,即搭建创新核心团队、重视船员人才储备、注重船员技能培养、完善管理保障体系是分不开的。

搭建创新核心团队:公司总经理、常务副总经理及核心管理团队的成员,先后在国内外知名航运公司担任高级管理职务 10 年以上。执行层主要人员及各部门经理从事航运相关工作 10 年以上。管理队伍中的 8 名资深船长和 7 名资深轮机长,都是毕业于大连海事大学、上海海事大学等知名航海专业院校的精英,拥有丰富的航海经验和多年从事船舶管理工作的经验,现分别任职培训部和船管部的重要岗位。公司主要业务部门如下:劳务一部 5 人,分管 11 艘远洋船舶和 5 艘内贸船舶的船员配备与跟踪管理工作;劳务二部 4 人,分管 15 艘远洋船舶的船员配备与跟踪管理工作;公务船船员部 9 人,负责所有公务船船员的配备与跟踪管理工作;船管部 8 人,负责船舶的安全管理工作;培训部 4 人(其中船管部兼职 2 名),负责公司全体船员的面试与培训工作;烟台办事处 1 人,全面负责当地的所有业务;海口办事处 4 人,全面负责当地的所有业务。公司组织结构如图 14-4 所示。

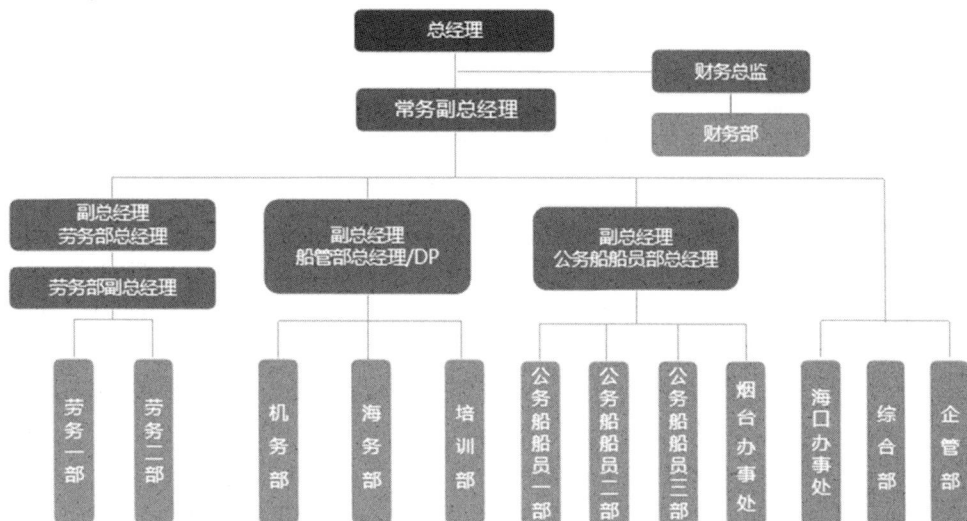

图 14-4 青岛华洋公司组织结构示意图

重视船员人才储备:青岛华洋拥有丰富的船员人力资源储备。为了在海事服务领域中保持高效、持续、健康、稳定的发展,在公司成立早期,青岛华洋就已经着手于对船员人力资源的培养及储备,使得企业在激烈的市场竞争和船员短缺的市场大环境下,始终立于不败之地。自2003 年开始,青岛华洋在全国各大航海院校选聘、招收航海专业优秀毕业生,并坚持"以人为本"的管理理念,注重和关心航海院校大学生的成长和进步,使之迅速成长为青岛华洋船员队伍的中坚力量,同时也为中国的船员市场注入新的航海血液。近几年,因市场形势的变化,船员资源,特别是高级优秀船员资源比较匮乏,针对这种情况,公司与山东海事职业交通学院、江苏海事职业技术学院等知名院校进行了紧密的校企合作,加强对行业的宣传,为公司的后期发展储备了坚实的人才基础。公司每年招生数量是根据不同船东的船舶计划制定的。由于公司面向国内外多个船东以及政府公务船的派遣,船舶种类和航线多样化,船东及公务船对船员的要求也是参差不齐、侧重不一,因此也为广大学生提供了非常广泛的选择平台。学生可以根据自己的实际情况来选择适合自己的发展平台。

注重船员技能培养:青岛华洋为在海事服务领域中保持高效、持续、健康、稳定的发展,在公司成立早期就开始着手船员人力资源的培养。

完善管理保障体系:坚持以国家政策和相关法律为导向,为船员缴纳社会保险,做好船员证件管理、船员档案管理、船员保险缴费管理及医疗报销、船员理赔事务等;同时青岛华洋公司根据船员的实际需要,做好户口迁移、购房贷款担保等,切实保障船员上船后无后顾之忧。

[案例启示]

青岛华洋公司采用双线模块化经营战略,创新创业近二十年来,一直秉承"团结、求实、创新、卓越"的核心服务理念,以用户需求为宗旨,在主营承接政府单位船舶的托管服务上,成长为国内最具规模的政府公务船及科考船第三方船舶管理公司。在兼营普通商船船员配备服务上,专注开拓船员劳务市场,为国内外船东公司提供船舶管理服务;凭借优质、用心的服务赢得了合作方的信赖和好评,逐渐树立起公司良好的品牌形象。

青岛华洋公司在创业创新实践的过程中,遇到的困难和阻力,都是依靠团队积极探索,逐个去攻克难关,具体如下:

主营承接政府单位船舶的托管服务:随着国家大海洋战略的发展方向,国内的科研领域、政府公共事业领域在海洋方面也得到了前所未有的发展,国家也整合了海洋资源于去年挂牌成立了自然资源部。在整个发展过程中,船舶由原有的海洋局集体管理和调拨,变成了现在各个单位都独立拥有自己的船舶。船舶航海是一个涉猎技术知识面广、专业性强的行业,在实际的运作中,船舶管理与人员管理的问题也就暴露出来。青岛华洋从国家与企业两方面考虑,积极进军科考船市场,推进船舶管理的第三方托管服务的尝试工作,目前已经是国内最大的科考船派遣和管理的非政府单位公司,为公务船/科考船的管理开拓了一个全新的市场,树立了一个全新的管理理念,得到了相关单位的肯定与好评,在业内有了一整套的管理体系文件。

为了更加规范管理船舶,青岛华洋公司 2018 年向中国船级社(CCS)递交体系认证申请。经过船级社的认证审核,同年公司获取了国内首张企业的自愿DOC,用于针对公务船/科考船的标准化管理,让中国的此类船舶管理走上国际标准接轨的量化管理。经过一年多的运行,目前这种模式越来越得到了相关部门的认可,为中国的科考事业做出了应有的贡献。在中国,公务船/科考船的整个发展毕竟还是刚刚起步,很多管理机制包括国家主管机关的规则都还在逐步健全的阶段,有着不成熟的地方。包括科考船与公务船的界限和法律地位的划分都还没有一个清晰的界限,主管机关的一些包括证书发放的办法还没有完善,与国际规范的接轨还需时日;使用陆地的规章制度去管理船舶;拥船单位缺乏真正的航运管理人才等,都是目前客观存在的,这也是任何一个国家发展中所必须经历的。敢于创新的青岛华洋创业团队坚信:随着战略的深入推广,公司的一切管理都会走向正规化,青岛华洋作为一个创新的航运管理公司,也会为之付出努力,为国家的海洋战略发展做出自己的贡献。

兼营普通商船船员配备服务:实现普通商船船员配备服务的实质,说到底就是同行企业间对航运人才的竞争和储备,以及对船东的服务信誉和品质。青岛华洋公司为了吸纳人才,秉承"稳固基础,拓宽发展,不断提高服务质量"的发展思路,坚持"以诚为本,质量第一,信誉至上,面向长远"的服务宗旨,立足根本,努力为广大船员及船东提供周到满意的服务。面向船员,积极与航运高校联系进行招聘航海类毕业生,并积极安排实习和培训;公司 2007 年安排实习生 38 人,2008 年安排实习生 45 人,2009 年安排实习生 48 人,2010 年安排实习生 40 人,2011 年安排实习生 42 人,2012 年安排实习生 51 人,2013 年安排实习生 58 人,2014 年安排实习生 62 人,2015 年安排实习生 36 人,2016 年安排实习生 56 人,2017 年安排实习生 48 人,2018 年安排实习生 36 人。2019 年公司与山东海事职业学院进行订单班的试点,将 40 名在校学生按计划安排实习,保证了学生在校就对航海有一个正确的认识,且 40 名学生毕业协议全部与公司签署成功。有了准船员的储备,为船东的船员模块化服务配备打下了坚实的基础,为公司赢得了信誉与口碑,青岛华洋公司就是这样主动践行行业社会责任,在为培养航运人才、凝聚行业力量、推动行业健康稳定的发展过程中,不断创新实践。

[案例思考]

托管经营是指受托方通过将有效的经营机制、科学的管理手段、合理的管理方法、资金、科技成果和优质品牌等企业发展要素引入企业内,从而对企业实施科学、有效的管理的一种企业经营管理形式①。

青岛华洋公司在托管经营过程中,政府机构作为委托方看好受托方管理优势,才进行深度

---

① 唐重.国有企业资产托管经营模式分析.西南财经大学 EMBA 学位论文,2011,10

合作的。而青岛华洋公司采用双线模块化为其提供船员配备服务。说白了就是:什么时间将船开到什么位置? 由委托方决定;青岛华洋公司只安排船员,将委托方的科学技术人员按时间送到目的地,船舶和设备都是委托方来提供的,青岛华洋公司只提供船舶操控人员。请思考:青岛华洋公司承接的这种托管服务方式,规避了公司创业的哪些风险? 采用模块化服务,对企业的各种生产要素进行优化配置和组合,能达到提高企业的资本营运效益的目的吗?